炒股公式编写
从入门到精通
（以通达信为例）

炒股小诸葛 ◎ 著

中国宇航出版社
·北京·

版权所有　侵权必究

图书在版编目（CIP）数据

炒股公式编写从入门到精通：以通达信为例 ／ 炒股小诸葛著. -- 北京：中国宇航出版社，2024.6
ISBN 978-7-5159-2391-8

Ⅰ. ①炒… Ⅱ. ①炒… Ⅲ. ①股票交易－基本知识 Ⅳ. ①F830.91

中国国家版本馆CIP数据核字(2024)第106867号

策划编辑	田芳卿	封面设计	王晓武
责任编辑	吴媛媛	责任校对	卢　册

出　版 发　行	**中国宇航出版社**		
社　址	北京市阜成路8号	邮　编	100830
	（010）68768548		
网　址	www.caphbook.com		
经　销	新华书店		
发行部	（010）68767386	（010）68371900	
	（010）68767382	（010）88100613（传真）	
零售店	读者服务部		
	（010）68371105		
承　印	北京天顺鸿彩印有限公司		
版　次	2024年6月第1版	2024年6月第1次印刷	
规　格	710×1000	开　本	1/16
印　张	17.75	字　数	247千字
书　号	ISBN 978-7-5159-2391-8		
定　价	69.00元		

本书如有印装质量问题，可与发行部联系调换

PREFACE 前言

投资者为什么要学习炒股公式的编写？

A股市场中有几千只股票，数以千计的个股超过了人脑可以应对的极限。因此，市场中的所有机构，如基金、私募、游资，无论规模大小，纷纷采用计算机技术，对股票进行量化分析和程序交易，成功地应对了股市海量信息的挑战。**一些个人投资者向机构学习，使用编写的炒股公式进行投资，在实战中也获得了成功。**

常用的炒股软件，如通达信软件、同花顺软件、大智慧软件等，都有强大的公式系统，非常适合个人投资者。因此，使用炒股软件编写功能强大的炒股工具包，成为当下个人投资者急需掌握的交易技能。炒股工具包主要包括自定义看盘界面、选股公式和指标公式等工具。

- **自定义看盘界面**：该工具是高效扫描整个股市的雷达，能够帮助股民看懂市场的真实动向，及时发现热点板块和热门股。
- **选股公式**：普通股民使用选股公式，就可以像机构一样，采用多因子选股模型，从技术面选出短、中线强势股，从基本面选出适合价值投资的长线股。
- **指标公式**：能够根据股民制订的交易规则，自动画辅助线，自动提示买卖信号，是自律的交易者重要的实战工具。

本书将为读者带来什么？

本书能够帮助读者看会、学会、用会炒股工具包。具体来说，读者会有三大收获。

- **大幅提升个人交易水平**。好的炒股公式背后是好的交易逻辑。读者在学习公式编写的过程中，能够梳理自己的交易知识，提炼出好的交易逻辑，进而把交易逻辑规则化、量化和程序化。这样的学习过程能够立竿见影地提升个人交易水平。
- **打造适合自己交易风格的炒股公式包**。本书内容遵循"实战视角学公式，实战场景编公式，实战交易用公式"的原则。阅读本书的过程，就是读者逐步打造个人炒股工具包的具体过程。
- **掌握龙腾虎跃战法**。从利弗莫尔到海龟交易法，趋势的量化识别和追踪永远是股市的致胜法则。因此本书为读者提供了一套高胜算的趋势交易系统——龙腾虎跃战法，并给出了完整的炒股公式包。该交易系统的交易逻辑、公式源代码，以及优化思路完全公开，读者既可以拿来就用，也能够自行优化，形成适合自己的炒股工具包。

本书内容及体系结构

公式编写不神秘，也不难。本书从最基本的问题"公式是什么"以及"公式不是什么"开始介绍。然后介绍"公式在哪里"，帮助读者熟悉看盘界面设置。在此基础上，再分模块细致讲解"公式是如何工作的""编写公式时遇到问题怎么办"，以及"如何将公式与交易逻辑结合起来分析和应用"。最后给出一个完整的案例，将碎片化的公式系统操作整合起来，为读者展示系统分析的各种技巧。全书内容层层深入，解答了炒股公式是什么和怎么用的问题。

第 1 章到第 4 章是本书的入门篇。第 1 章通过对公式的基本介绍，让读者初步了解指标公式的功能。指标公式主要是在各类走势图中对各种技术分析的结果进行标记，针对单只股票进行技术分析。选股公式主要是依据选股条件，批量筛选股票。选股公式针对特定的量化选股条件筛选出多只股票，可以满足投资者依据量化规则挑选股票的实战需求。

第 2 章和第 3 章分别介绍系统公式和自编公式。系统公式也叫自带公式，是通达信软件安装之后系统里自带的公式，有些系统公式可在实战中直接使用。事实上，系统公式是学习公式编写的资料库，能够帮助投资者熟悉公式片段和常用函数。自编公式也叫用户公式，是投资者在炒股软件中自己编写的公式。由于系统自带的公式不能修改，无论是学习公式编写，还是炒股实战，通常都建立在自编公式的基础上。

第 4 章介绍如何设置个性化看盘界面。这部分内容尽管不属于严格意义上的公式编写，但在实战交易中非常重要，是个性化交易系统的重要组成部分。本书强调的交易工具包不仅包括自编的交易公式包，还可配合交易策略设置相应的看盘界面。

第 5 章至第 14 章是本书的进阶篇，也是本书的重点，旨在带领读者系统学习各类公式。通过大量案例，帮助投资者对公式系统知其然，知其所以然，最终正确编写出适合自己的公式。

第 5 章介绍的常用界面与公式编写后的结果相关。例如，选股公式需结合股票列表和股票板块。指标公式需结合 K 线图、分时图、F10 基本信息等界面。

第 6 章介绍公式系统的入口、自编公式的安装和存放规则，以及编写公式最常用的工作界面。

第 7 章主要围绕公式的加工处理对象——数据，讲解了常见的数据表格、数据下载和数据导出等内容。

第 8 章讲解公式的语法规则、语句的基本结构和常见变体、参数等基本知识。

第 9 章以指标公式编辑器为例，讲解公式编辑器的界面功能和按钮，对比熟悉其他三个公式编辑器。

第 10 章侧重于函数，讲解不同类型的数据对应的常用表现方式，涉及编写公式过程中常用的调试方法。

第 11 章主要讨论公式的逻辑，这也是选股公式的核心。首先需要将其与语言的逻辑区分开来。此外，将逻辑画出来也是常用的调试方法。

第 12 章介绍学习编写公式的三个基本流程，如何把系统公式改为自编公式，如何依据现有的指标公式改写为选股公式，以及如何将五彩 K 线公式改写为选股公式。

第 13 章主要讨论交易的逻辑，它是公式的核心算法。首先需要搞清楚交易的逻辑与公式的逻辑之间的关系，然后介绍了三种吸收交易逻辑的方式：研究系统公式、阅读技术分析相关书籍、阅读相关新闻。

第 14 章作为学习公式系统的收尾，主要探讨如何解决公式编写过程中出现的问题。面对机器报错，一定不要慌，要耐心调试，寻找解决办法。

第 15 章至第 19 章是本书的高级篇，结合技术分析的知识和规则量化的公式编写方法，手把手教会投资者如何打造适合个人实战使用的交易公式包。

第 15 章介绍 K 线的常用公式，以及编写有 K 线交易逻辑的公式。此外，还介绍如何利用指标公式画出个性化的特征 K 线样式，例如影线粗一点、实体部分更换颜色等。

第 16 章介绍常见的指标公式写法。例如，编写指标公式实现均线多头排列，并改写为选股公式；尝试编写海龟交易法则中提到的几个交易策略买点公式等。

第 17 章介绍基本面的常用函数，以及基本面数据的常见展示效果，一是在副图显示，二是以列表形式显示。

第 18 章讨论三种常用的公式选股，即基本面、即时盘中和形态选股，还介绍了几个新公式。

第 19 章围绕**龙腾虎跃战法**，从分析交易系统的原理出发，一步一步编写出战法的指标公式和选股公式。最后结合区间分析功能（区间分析功能是历史验证的重要方法之一），探讨战法的实战意义。

总之，在通达信软件中编写公式是与软件的深层次交互。

读者阅读完本书，除了能熟悉通达信软件的功能菜单、显示区域和基本操作，还可以了解公式的工作逻辑、常用函数、编写流程，以及不同场景的公式实战应用分析，真正成长为炒股公式编写的高手。

本书特色

- **从感性认识到理性学习**。编写炒股公式与编写计算机程序不一样，并不需要读者掌握面向对象的计算机编程范式。炒股公式也与数学公式有所区别，炒股公式除了可以做加减乘除外，还可以画线、选股、标记买卖点等。

- **从系统学习到实战应用**。本书的进阶篇带领读者系统化地学习如何编写公式，掌握指标线的画法、选股公式的写法、买卖点逻辑判断的公式写法等。俗话说，台上一分钟，台下十年功。尽管利用炒股公式交易实战，不需要投资者先做十年功，但将公式应用于历史数据分析是必经阶段。利用编好的炒股公式拿着真金白银去实战之前，需要经过大量练习，积累分析图表的经验。本书的高级篇陪着读者一起探讨如何将编写的公式用于实战测试。

- **案例丰富，紧跟时代**。全书提供了丰富的公式片段及完整案例，囊括设置看盘界面、公式的写法及实战应用，同时还介绍了通达信软件的部分新公式。

本书读者对象

- 想要学会炒股公式编写的投资者。
- 想要使用炒股公式包,提升交易绩效的投资者。
- 想要构建个人交易系统的投资者。

由于水平有限,本书如有不足之处,欢迎读者指正。

作者

炒股小诸葛

CONTENTS 目 录

入门篇

第 1 章 通达信公式／2

    1.1 公式是可视化的交易策略／2

    1.2 公式是炒股赚钱的有效工具／5

    1.3 公式源代码不等于公式编写／6

    1.4 如何成为公式编写高手／9

第 2 章 通达信的系统公式／11

    2.1 五彩 K 线公式／11

    2.2 指标公式／14

    2.3 专家公式／18

    2.4 选股公式／20

    2.5 利用指标公式快速分析／23

第 3 章 通达信的自编公式／26

    3.1 自编主图指标公式／26

3.2 自编副图指标公式 / 28

3.3 自编选股公式 / 30

第 4 章 自定义看盘界面 / 32

4.1 市场分析全景图 / 32

4.2 全景图界面交互 / 34

4.3 管理自定义版面 / 36

4.4 自选股看盘界面设置 / 39

4.5 中线看盘界面各区域内容 / 45

4.6 中线看盘界面各区域设置 / 46

4.7 热点板块看盘界面设置 / 51

4.8 热点板块看盘界面内容设置 / 54

4.9 热点板块看盘界面交互设置 / 55

4.10 星空图的基本操作 / 58

进阶篇

第 5 章 常用界面 / 62

5.1 选股结果列表 / 62

5.2 板块与品种 / 65

5.3 自定义板块 / 67

5.4 个股详情页——K 线图 / 69

5.5 个股详情页——分时图 / 74

5.6 个股详情页——筹码分布图 / 75

5.7 个股基本信息页——图文 F10 / 76

5.8 个股基本信息页——基础 F10 / 77

第 6 章　公式系统／79

6.1　公式管理系统／79

6.2　添加公式源代码／81

6.3　存放公式的原理／85

6.4　公式编写的主要界面／86

第 7 章　数据是公式编写的原料／89

7.1　数据格式与归类／89

7.2　数据管理界面／91

7.3　下载行情数据／93

7.4　下载财务数据包／96

7.5　导出数据／97

第 8 章　公式编写基本语法／99

8.1　公式编写前的注意事项／99

8.2　基本语句的结构／100

8.3　常见的语句变体／104

8.4　参数／106

第 9 章　认识通达信公式编辑器／112

9.1　指标公式编辑器／112

9.2　其他公式编辑器／118

第 10 章　函数的使用／121

10.1　用指标公式写字／121

10.2　时间序列与时间周期／129

10.3　数学计算／137

第 11 章　公式编写的逻辑判断／144

　　11.1　语言逻辑与公式逻辑／144

　　11.2　画出逻辑判断／146

　　11.3　逻辑判断的应用／150

第 12 章　改写公式常用流程／158

　　12.1　把系统公式改成自编公式／158

　　12.2　把指标公式改成选股公式／166

　　12.3　把五彩 K 线公式改成选股公式／173

第 13 章　编写有交易逻辑的公式／178

　　13.1　公式逻辑与交易逻辑／178

　　13.2　通过系统公式学逻辑／180

　　13.3　阅读书籍吸收逻辑并试验／185

　　13.4　阅读新闻吸收逻辑并试验／191

第 14 章　公式测试／193

　　14.1　公式测试基本原则／193

　　14.2　常见错误提示与修改方法／194

高级篇

第 15 章　编写实战 K 线公式／202

　　15.1　常见 K 线元素公式表／202

　　15.2　用五彩 K 线公式研究 K 线逻辑／203

　　15.3　用指标公式画特征 K 线／208

第 16 章　编写实战指标公式／215

　　16.1　编写公式分析均线多头排列／215

16.2 编写海龟交易法则提到的买点公式 / 221

第 17 章 编写基本面实战公式 / 229

17.1 基本面常用函数 / 229

17.2 编写基本面指标公式 / 231

17.3 制作个性化基本面数据列表 / 235

第 18 章 选股公式实战讨论 / 238

18.1 基本面选股 / 238

18.2 即时盘中选股 / 242

18.3 形态选股 / 246

第 19 章 打造龙腾虎跃交易系统公式包 / 252

19.1 交易系统的原理 / 252

19.2 制作 K 线分析图表 / 253

19.3 编写配套的选股公式 / 262

19.4 选股结果分析 / 264

入门篇

　　一个人不愿意努力工作和研究,也不愿意提前为成功付出,永远也不会取得成功。

　　——威廉·D.江恩(William D.Gann,1878—1955年)

《江恩趋势预测法》

第 1 章　通达信公式

通达信公式通常是指通达信行情软件的公式系统，能够帮助投资者打造个性化的交易系统。投资者可以将交易策略规则化后，利用公式编写的方法把交易规则量化，进而成长为一名自律的交易者。

通达信软件和其他炒股软件如同花顺软件、大智慧软件等一样，为所有证券公司提供基础服务，因此，这些软件都采用了同样的技术原理。站在公式编写的角度，通达信公式编写简单易学，能够帮助投资者精准、高效地把握行情走势和买卖点。投资者只要掌握了通达信软件的公式编写方法，其他的交易软件都可以触类旁通。

公式系统并不是一个复杂的计算机编程系统，投资者不必对其望而生畏。事实上，公式编写并不需要投资者掌握复杂的计算机编程知识，关键在于对交易思想和交易逻辑的实战规则化和量化。

1.1　公式是可视化的交易策略

通达信公式编写的基础是交易策略，特定的公式是对特定交易规则量化后编写出来的。通常情况下，可以在 K 线图中直观地展示出来，是可视化的交易规则。如图 1-1 所示，图中标注了交易策略的三个重要因素：趋势方向、信号 K 线和买点。

在图 1-1 中，趋势方向由不同的颜色带进行标记。当市场处于多头趋势时，投资者可以考虑进场做多；当市场进入空头趋势后，投资者应考虑暂时离场观望。

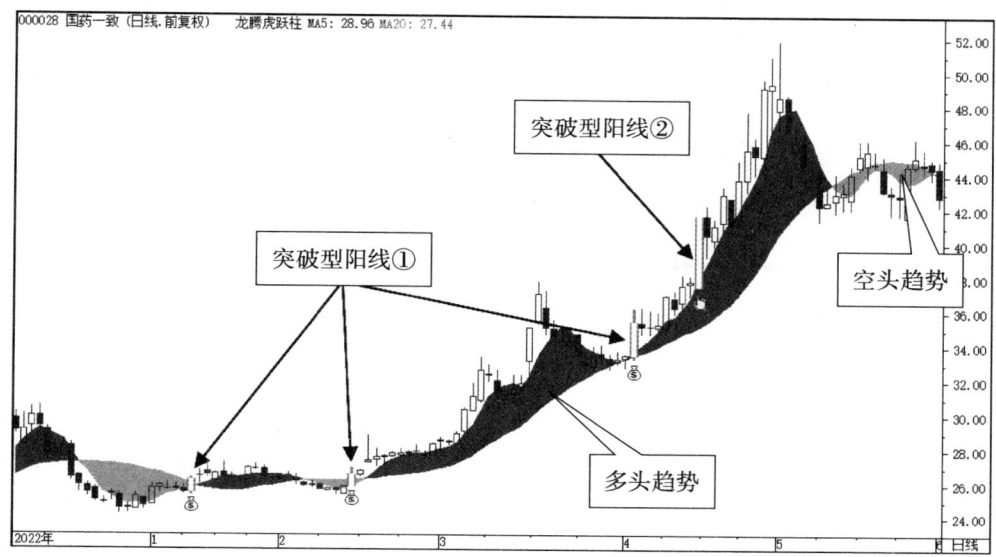

图 1-1 带指标公式的 K 线图

此外,图中还对 4 根 K 线做了特殊标记,用于表示突破阳线。从左往右,前三根属于同一类突破型阳线,本书命名为"虎跃柱"。第四根则是另一类突破型阳线,本书称为"龙腾柱"。两者都是进场的信号 K 线。

两种突破型阳线分别用不同的小图标在 K 线下方做了标记,同时也是买点信号。小钱包图标对应的是虎跃柱,小手图标对应的是龙腾柱。

很明显,利用公式编写能够实现以下几种实战量化指示。

第一,市场趋势。将趋势理论相关的指标进行量化,使用不同的展示效果指示市场的运行方向。编写公式可分别对市场短、中、长期的运行方向进行指示。图 1-1 是日 K 线图,通常对应了中期趋势。

第二,特殊 K 线。将单根 K 线或者多根 K 线组合进行量化,可以分别对其做特殊颜色标记,以提醒投资者价格运动进入了实战的关键时空点。

第三,买卖点标识。综合前面的市场趋势量化指标以及特殊的 K 线,用特定的小图标在符合规则的 K 线上进行标记。

相对于图 1-1 的一目了然,图 1-2 则是没有指标公式的 K 线图。由于图中没有对市场趋势方向、信号K线以及买卖点做任何标识，因此投资者难以一眼就识别出有交易价值的时间点和价格区间。有经验的投资者通过肉眼观察，即使观察到市场走出了一段上升趋势，但应在何时、以何价做买卖交易决策，并不像图1-1那么直观。

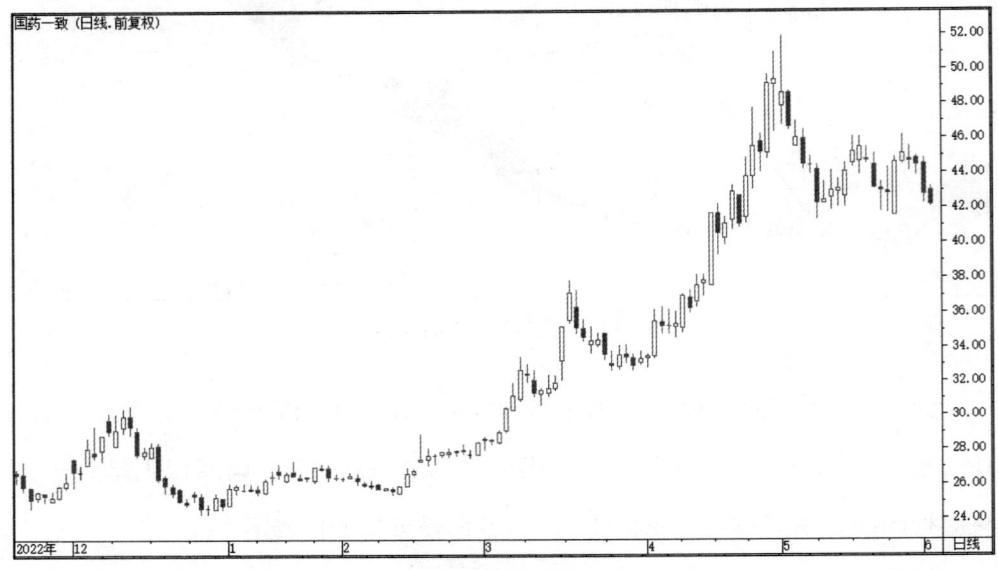

图 1-2　不带指标公式的 K 线图

众所周知，一致性交易是长期盈利的基本前提。但是对于很多投资者来说，采用一致性交易规则是很困难的。一方面，投资者容易受市场波动以及个人情绪的影响，冲动交易；另一方面，市场是在上涨波段与下跌波段之间交替，市场的热点板块也是处于轮动状态的。通常情况下，投资者借助图形化的客观交易规则，才能更加理性地与市场互动，从而在股市中赚钱。

投资者一旦进场，就很容易被市场带着走，产生过强的主观判断，容易在持股阶段操作失误，大涨的股票没有拿住，小幅盈利的股票变成套牢。使用公式辅助交易，目的就是为了尽量保持个人交易规则的一致性，以及客观上对市场的价格运动做出结论，从而不易受到市场各方面的影响。

公式把交易规则可视化之后，投资者便能按提示的信号进行操作，极大地减少了因主观偏差导致的亏损。同时，也不会错过交易规则内的任何一个买点。

图 1-1 是本书第 19 章要讨论的龙腾虎跃交易系统的主图指标公式，是该交易策略具体规则量化后的展示效果。由于公式指示的趋势、K 线和买点的标准是统一的，投资者可以依据此标准，做两件事。

第一，对交易策略进行历史回测，具体方法是对同一只股票的不同时间段或者不同股票进行复盘验证。这样做的好处是，帮助投资者理解交易策略的胜率、盈亏比以及适用条件，从而对该交易策略建立信心。

第二，在实战中，按照交易策略的规则进出场，实现交易的一致性，成为有交易规则的投资者，避免在市场中随机地追涨杀跌，加剧亏损。

1.2　公式是炒股赚钱的有效工具

一百多年前的华尔街，交易者们获取信息的方式是阅读行情纸带、看报纸，或者听取场内消息；记录行情的方式是手工做表格、手工计算，以及手工在坐标纸上绘图。随着技术进步，个人交易者从打电话委托交易下单，到现今移动互联网时代，只要手机在手，就能随时随地下单做交易。

近些年股市中的程序化交易体量不断上升，各投资机构都在使用量化交易。而量化交易把市场的交易节奏再次提速，强势股的换手率比 20 年前要高很多。《关于加强程序化交易管理有关事项的通知》（上交所、深交所、北交所于 2023 年 9 月 1 日发布本通知，2023 年 10 月 9 日起施行）中提到要重点监控"最高申报速率达到每秒 300 笔以上，或者单日最高申报笔数达到 20000 笔以上的交易行为"。

对于个人投资者而言，要完成 300 笔交易是一个艰难的任务。因此，投资者需要清楚地认识到，市场中的各类投资机构不仅具有资金规模大的优势，还具有数据接口多、交易频率高、交易成本低等各方面优势。总的来说，就是"数据"和"计算"的优势。个人投资者想要在量化交易时代生存下来，必须学会公式编写，熟练使用公式。通过公式编写在交易规则实现量化的过程中，建立良好的交易习惯，与市场的成功者站在同一起跑线上。

尽管普通人资金量有限，但是必须紧跟时代，才能在市场中不被量化"割韭菜"。投资者需要在弄懂机构量化交易基本原理的基础上，采用科学的思维方式做交易。一方面，把个人擅长的交易规则量化，并且建立系统的交易策略，不再看心情做随机交易；另一方面，利用公式实现批量选股，快速从A股几千只股票中筛选出可能存在交易机会的个股。

通达信公式除了能够画出图1-1中的趋势方向、信号K线以及买卖点，还能帮助个人投资者借助选股公式，与机构一样进行多因子量化选股，批量筛选强势股。用好通达信公式，投资者可以事半功倍，节省大量分析市场和研究个股的时间，把宝贵的时间放在有交易价值的个股或者赚钱效率更高的交易时段上。

1.3 公式源代码不等于公式编写

通常情况下，公式指的是公式源代码，以图1-1的指标为例，其公式源代码如下。

```
MA5:MA(C,5);
MA20:MA(C,20);
DRAWBAND(MA5,RGB(204,102,102),MA20,RGB(153,153,153));
DRAWKLINE(H,O,L,C);
HYZ:=(C-REF(C,1))/REF(C,1)>0.025 AND MA5>O AND MA20>O AND MA5<C AND MA20<C;{虎跃柱}
DRAWICON(HYZ,LOW*0.99,9);
```

```
STICKLINE(HYZ,H,MAX(C,O),0.1,0),RGBXCC9933;
STICKLINE(HYZ,MIN(C,O),L,0.1,0),RGBXCC9933;
STICKLINE(HYZ,C,O,3.2,0),COLOR0077FF;
STICKLINE(HYZ,C,O,2.5,0),COLOR0099FF;
STICKLINE(HYZ,C,O,1.9,0),COLOR00BBFF;
STICKLINE(HYZ,C,O,1.2,0),COLOR00DDFF;
STICKLINE(HYZ,C,O,0.3,0),COLOR00FFFF;
LTZ:=(C-REF(C,1))/REF(C,1)>0.07 AND MA5>O AND MA20<O AND MA5<C AND MA20<C;{龙腾柱}
DRAWICON(LTZ,LOW*0.99,11);
STICKLINE(LTZ,H,MAX(C,O),0.1,0),RGBXCC9933;
STICKLINE(LTZ,MIN(C,O),L,0.1,0),RGBXCC9933;
STICKLINE(LTZ,C,O,3.2,0),COLOR0077FF;
STICKLINE(LTZ,C,O,2.5,0),COLOR0099FF;
STICKLINE(LTZ,C,O,1.9,0),COLOR00BBFF;
STICKLINE(LTZ,C,O,1.2,0),COLOR00DDFF;
STICKLINE(LTZ,C,O,0.3,0),COLOR00FFFF;
```

实际上，公式编写的含义远比公式源代码丰富得多。公式编写指的是将具体的交易策略先规则化后，再进行交易规则的量化，编写公式源代码，最后才是在实战中使用。

图1-3是交易系统公式包的编写流程。

公式编写的内核是交易策略，公式源代码是最终的结果。只有编写出具有实战价值的公式源代码才有意义，这里的实战价值主要包含两个部分。

第一，利用指标公式对个股进行技术分析。指标公式能够把特定的交易策略在图中直观地展示出来，方便投资者快速研判个股，得出指导实战的结

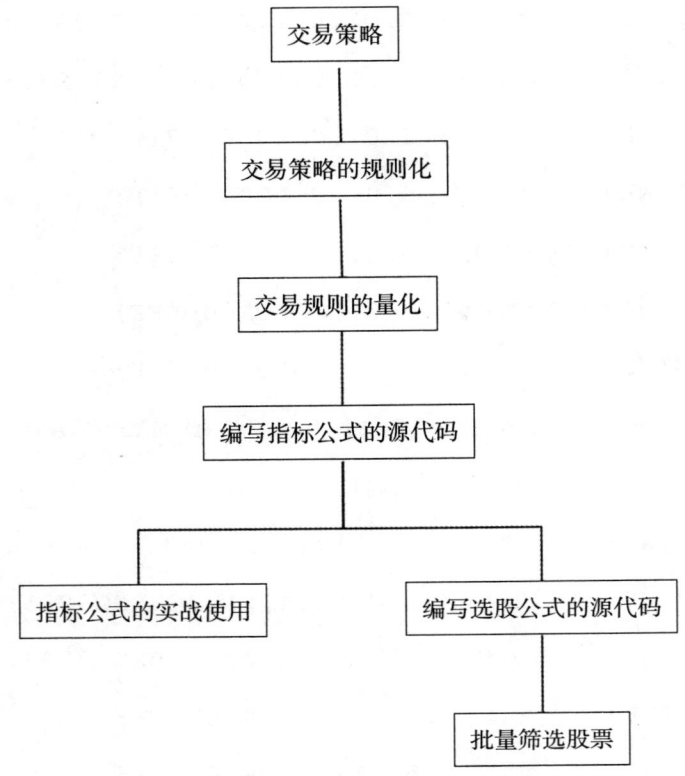

图 1-3 交易系统公式包编写流程

论。例如,通过趋势的指示结果,研判个股属于短期强势股,还是中期潜力股;通过信号 K 线的指示结果,研判个股是否已经到达可操作的价格空间,或是进入可观察的时间;通过买卖点图标的指示结果,提示投资者进行交易决策。

第二,利用选股公式批量筛选股票。编写选股公式的关键是确定选股逻辑,也就是以什么样的量化标准筛选股票。选股标准的量化可以通过对指标公式的研究来完成。由于指标公式实现了对交易策略的可视化,投资者可以在图中直观看到交易规则量化后的研判结果。将指标公式中的核心计算逻辑提取出来,就能快速编写选股公式。

总的来说,指标公式是将一套交易规则在一只股票的历史走势上展现出来;而选股公式是用一套交易规则在同一个时间点将符合条件的股票都罗列出来。

指标公式和选股公式需要分别对交易规则、交易品种、交易时间这三个要素进行控制。利用指标公式，就是针对确定的交易规则和交易品种，在所有交易时间上进行研究。利用选股公式，就是针对确定的交易规则和交易时间，对所有交易品种进行筛选。

假如以龙腾虎跃交易系统中的"虎跃柱"作为选股标准，其选股公式的源代码在通达信中就是如下三句。

MA5:=MA(C,5);

MA20:=MA(C,20);

HYZ:(C-REF(C,1))/REF(C,1)>0.025 AND MA5>O AND MA20>O AND MA5<C AND MA20<C;{虎跃柱}

1.4 如何成为公式编写高手

图1-4所示的学习路线图是本书的知识线索，将对通达信软件的公式编写进行详细讲解。这种层层递进的讲解方式可以帮助投资者更好地学习，即使是从来没有公式编写经验的投资者，只要勤加练习，都有机会成为公式编写的高手。

学习公式编写需要注意以下几点。

第一，耐心、不放弃。

第二，熟悉软件的界面分区，以及按钮、菜单和核心显示区域等基本布局。

第三，区分编写工作界面和结果验证界面。

第四，区分语言逻辑、公式逻辑和交易逻辑。

第五，养成先把计算结果画出来的习惯。这么做的好处是，容易快速发现错误，及时修改。最终调试正确了，再删除中间过程画的线。

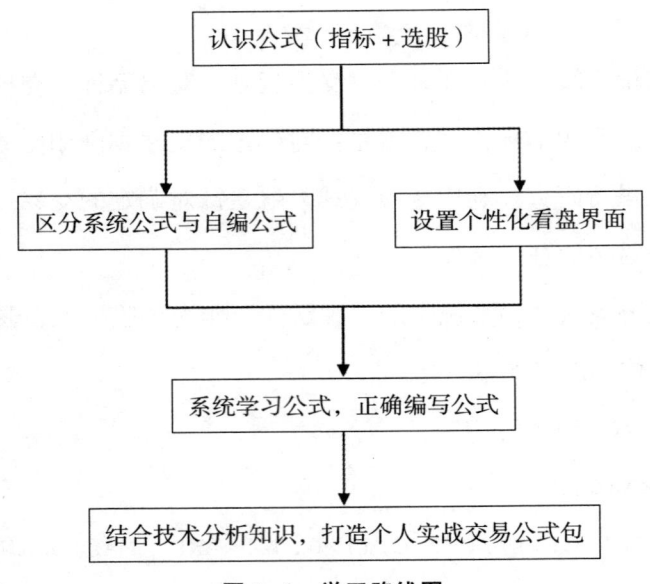

图 1-4 学习路线图

第六，积累常用的公式写法。就像写作文要积累名人名言，做设计需要积累素材包一样，编写公式也需要公式素材。这些素材既可以从系统公式获取，也可以通过互联网检索积累。

第七，分析任何公式，心里都要揣着一个问题：此公式能否提供盈利的交易机会？然后在分析过程中尝试寻找答案。

在研究公式的实战效用方面，需要结合不同的市场环境和不同的时间点。通过对比多个结果寻找规律，切记不能只根据某一只股票在某一个时点上有盈利，就认为策略具有通用性，而着急下结论。

任何公式都不是万能的，通常每个公式具有特定的适用范围和市场环境。只有多做试验多分析，才可以打造出适合自己交易风格的公式包。

第 2 章 通达信的系统公式

通达信的系统公式是通达信软件自带的公式。这些公式已经为投资者编写好了，可以直接使用。自带公式中有一些可以直接用于实战，效果不错。

通达信的系统公式分为四大类，分别是五彩 K 线公式、指标公式、专家公式和选股公式。第 1 章中从实战的角度又将公式分为了指标公式和选股公式，所以通达信中的五彩 K 线公式和专家公式，可以视为特殊的指标公式。

2.1 五彩 K 线公式

几乎所有股民入门时都要学习蜡烛图，即 K 线。通达信为了帮助投资者快速、正确地掌握 K 线知识，专门开发了系统自带的五彩 K 线公式。因此，想要学习 K 线，可以使用通达信自带的五彩 K 线公式。

由于 K 线的构造使用了单位时间内的四个价格（开盘价、最高价、最低价、收盘价），对于新手来说，记忆各种典型的单根 K 线和 K 线组合形态比较耗费时间和精力，而且即使理解了 K 线组合原理，在实战中快速辨认典型 K 线，也考验着投资者的实战经验。但在实战中，通达信自带的五彩 K 线公式可以帮助投资者快速识图、辨图，寻找可靠的交易信号。

五彩 K 线公式通过对特定的典型 K 线高亮显示，能够帮助投资者分辨出信号 K 线。图 2-1 所示为裸 K 线交易法常用的信号 K 线——锤子线（pinbar），图中将符合锤子线公式的 K 线用明亮的颜色突出显示，其余 K 线均用另一种颜色显示（称为"背景板"K 线），呈现出"万绿丛中一点红"的视觉效果。这样的方式能强化投资者识别 K 线的能力，从大量 K 线组成的背景板中，快速找到特定的信号 K 线。掌握 K 线知识是炒股赚钱的基本功。

由于在单位时间里，K线能够用最直观的方式传递丰富的价格信息，同时时效性最强，因此成为价格行为学和裸K线交易法的重要基础。

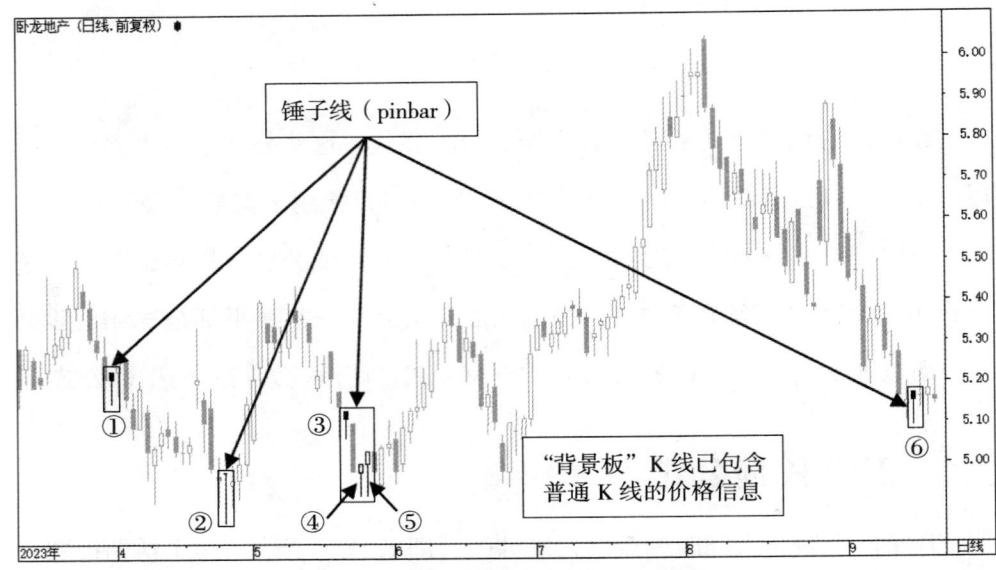

图 2-1　五彩 K 线公式指示的锤子线

当 K 线图处于五彩 K 线指示的状态时，与第 1 章中的图 1-2 所示的普通 K 线图不太一样。K 线的颜色用来区分信号 K 线和"背景板"K 线，而信号 K 线和"背景板"K 线的阴线与阳线用空心和实心来区分，空心的 K 线是阳线，实心的 K 线是阴线。由于"背景板"K 线本身已包含了普通 K 线的阴线和阳线信息，所以可以把图 2-1 的"背景板"K 线视为一张普通 K 线图。

图 2-1 中共有 6 根高亮显示的 K 线，从左往右，可以观察到以下特征。

（1）无上影线。

（2）下影线特别长，实体部分很短。尤其②为 T 字线。

（3）锤子线为阳线或阴线都可以。①③⑥是阴线，④⑤是阳线。

需要注意的是，图 2-1 的锤子线特征是由系统公式"K170 锤头"的公式源代码设定的。

```
OUT:HIGH=MAX(OPEN,CLOSE)&&
HIGH-LOW>3*(HIGH-MIN(OPEN,CLOSE))&&
CLOSE<MA(CLOSE,5);
```

公式第三行是一个筛选条件，意思是收盘价低于 5 均线。这一行源代码说明绝大多数的通达信系统公式是内含交易逻辑的，投资者不能等闲视之。

调用"K170 锤头"五彩 K 线公式的步骤如下。

步骤 1：在普通 K 线图中，按快捷键 Ctrl+K，打开"五彩 K 线指示"窗口，如图 2-2 所示。

步骤 2：在左侧公式树中，选择公式"K170 锤头"，单击"确定"按钮，即可打开图 2-1 所示的五彩 K 线指示状态。

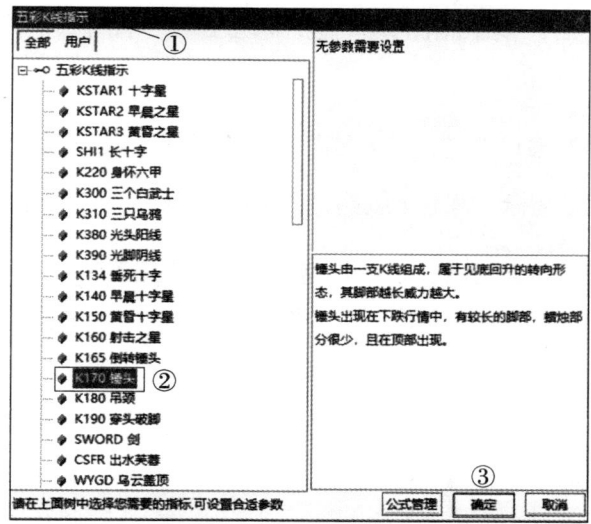

图 2-2　五彩 K 线公式选择窗口

从图 2-1 的五彩 K 线指示状态回到普通 K 线图，只需按快捷键 Ctrl+H 即可。

2.2 指标公式

如果说 K 线的四个价格和成交量是市场的基本交易数据，那么通达信软件对这些基本数据用数学方式处理并呈现出来，就可以视为指标。其处理的具体方法可以视为特定的指标公式。使用指标公式能够帮助投资者对价格行为进行更好的技术分析。

通达信软件自带的指标公式包括常用指标公式，如 MACD、KDJ 等，以及不常用的指标公式，如 ATR、OBV、老鸭头、神奇九转等，基本能够满足投资者的实战需求。

在通达信软件中，指标公式一般在个股详情页呈现，也就是对个股进行技术分析时，通常使用的 K 线图界面。K 线图界面通常采用"一主多副"的形式，即一个主图，多个副图。有些指标公式在主图中使用，有些指标公式在副图中使用。

图 2-3 所示为常见的"一主三副"个股分析图。主图使用了均线指标，第一个副图是成交量指标，第二个副图是 MACD 指标，第三个副图是 SAR 指标。

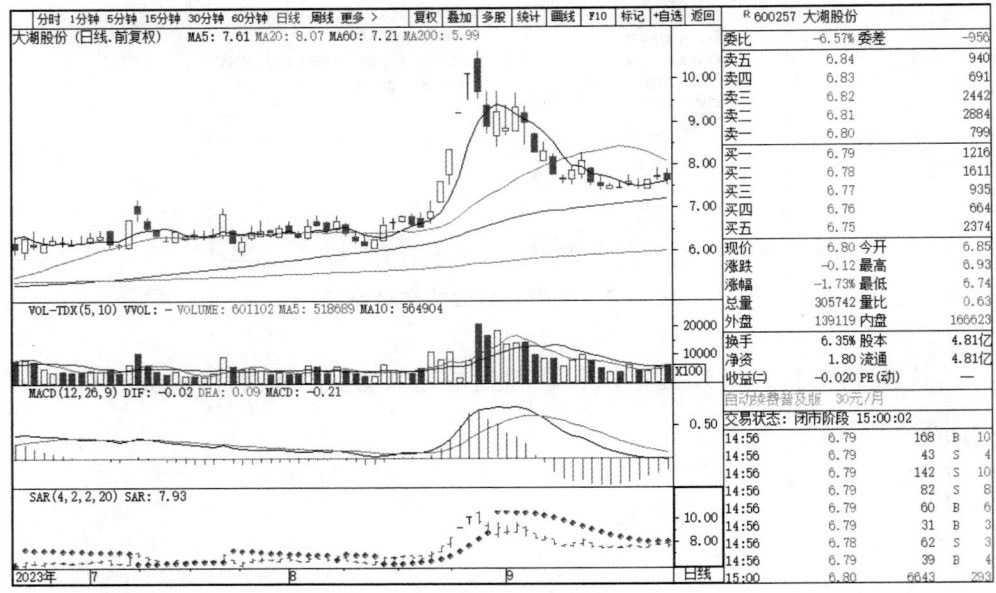

图 2-3 "一主三副"个股详情页

1. 调用主图指标公式

图 2-3 的主图使用了系统公式"MA 均线",主图共有 4 根均线:5 均线"MA5"表示短期均线,根据一周有 5 个交易日设置;20 均线"MA20"表示中短期均线,根据一个月大概有 20 个交易日设置;60 均线"MA60"表示中长期均线,根据一个季度有 3 个月设置;200 均线"MA200"表示长期均线,根据一年有 200 多个交易日设置。

调用主图指标公式,以及设置公式参数的步骤如下。

步骤 1:在普通 K 线图中,右击鼠标打开主图快捷菜单,选择"主图指标"—"选择主图指标"菜单,如图 2-4 所示。

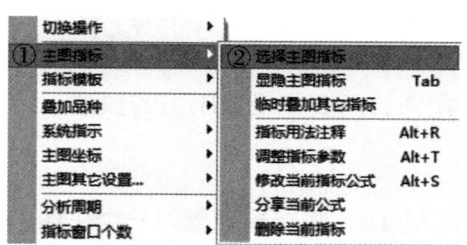

图 2-4　主图快捷菜单

步骤 2:弹出如图 2-5 所示的"请选择主图指标"窗口。在左侧公式树中,选择公式"MA 均线",在右侧的输入框中分别设置均线的参数。在"第 1 条"后面的输入框填入"5","第 2 条"后面的输入框填入"20","第 3 条"后面的输入框填入"60","第 4 条"后面的输入框填入"200",其余输入框均填"0"。

步骤 3:单击"确定"按钮,即可打开图 2-3 所示的主图指标。

2. 调用副图指标公式

在个股详情页中,主图是不可删除的。副图最多可以设置 11 个,也可以不设置副图。

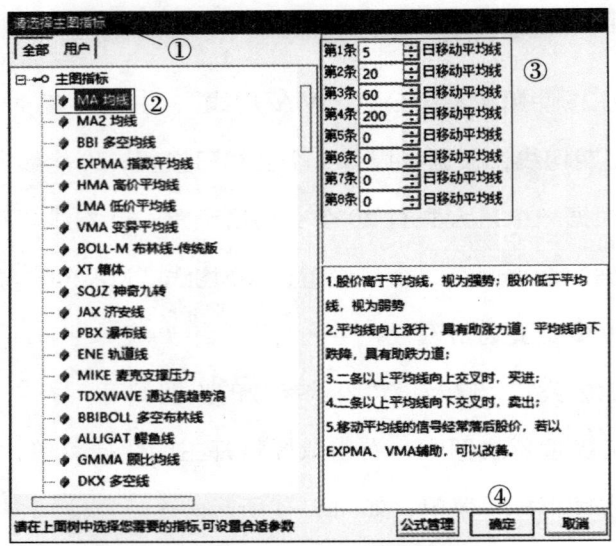

图 2-5 "请选择主图指标"窗口

图 2-3 中有 3 个副图，需要先设置副图的数量，然后逐个调用副图指标公式，步骤如下。

步骤 1：按快捷键 Alt+4，将布局设置为一个主图，三个副图。此时界面中的三个副图不一定恰好是图 2-3 中的三个指标公式，即成交量、MACD 和 SAR 指标。

步骤 2：在第一个副图的区域右击鼠标，打开如图 2-6 所示的副图快捷菜单。选择"副图指标"—"选择副图指标"菜单。

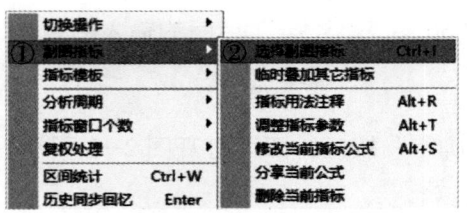

图 2-6 副图快捷菜单

步骤 3：弹出如图 2-7 所示的"请选择副图指标"窗口。在左侧公式树中，选择公式"VOL-TDX 成交量（虚拟）"，在右侧的输入框中分别设置均线的参数。

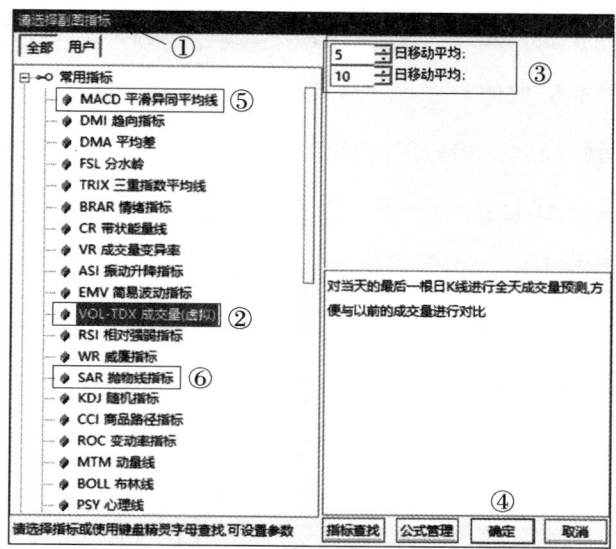

图 2-7　选择副图指标窗口

步骤 4：单击"确定"按钮，回到个股详情页，可以看到第一个副图的指标设置完成。

步骤 5：在第二个副图的区域右击鼠标，再次调用副图指标公式，打开"请选择副图指标"窗口。在左侧公式树中，选择公式"MACD 平滑异同平均线"，不改参数，单击"确定"按钮。回到个股详情页，可以看到第二个副图的指标设置完成。

步骤 6：在第三个副图的区域右击鼠标，再次调用副图指标公式，打开"请选择副图指标"窗口。在左侧公式树中，选择公式"SAR 抛物线指标"，不改参数，单击"确定"按钮。回到个股详情页，可以看到第三个副图的指标设置完成。

最终效果如图 2-3 所示。

2.3 专家公式

通达信软件自带了很多经典的技术指标。为了帮助投资者快速、正确地理解指标买卖点，还开发了专家系统指示公式（简称专家公式），方便投资者把副图的关键指标数值与主图的 K 线图结合起来分析。因此，投资者学习编写买卖点的指标公式，最好的方法就是利用通达信自带的专家公式。

以指标之王 MACD 指标为例。为了指示清晰，便于分析，此处采用一张主图和一张副图的形式。主图设置 MACD 专家公式，副图调用 MACD 指标公式。主图中 K 线下方的上箭头图标表示 MACD 指标的买点，K 线上方的下箭头图标表示 MACD 指标的卖点，如图 2-8 所示。

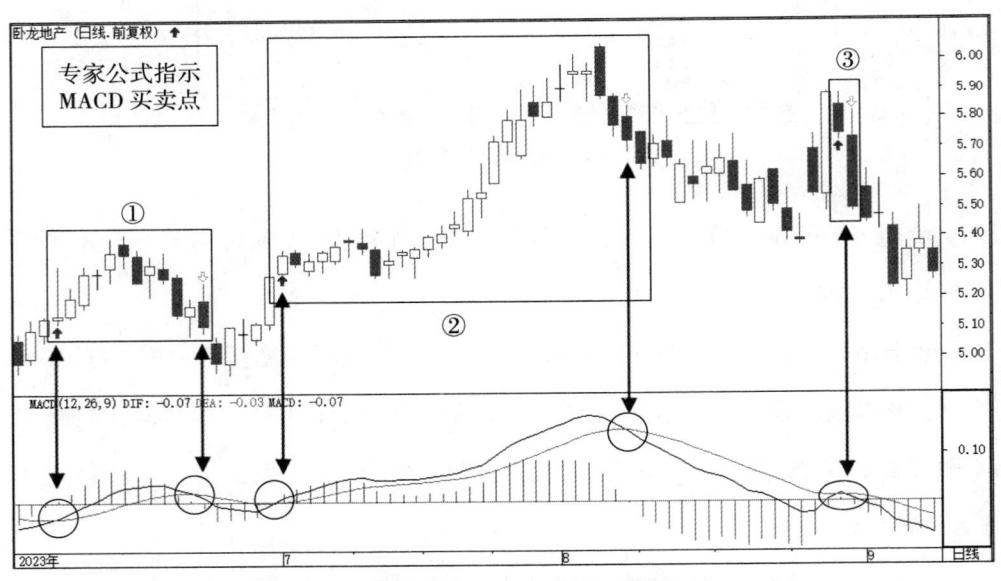

图 2-8　专家公式指示 MACD 买卖点

当 K 线图处于专家公式的状态时，可以对根据指标计算出的买卖点 K 线，用上下箭头图标进行标记。由于 MACD 指标是对收盘价进行数学计算，因此主图中的 MACD 买入信号和卖出信号都是以收盘价计算出来的。图 2-8 中的箭头图标只是参照投资习惯，将买入信号图标放在 K 线下方，卖出信号图标放在 K 线上方。

图 2-8 中有三组买卖点，下面从左往右进行分析。

第①组买点信号和卖点信号：根据这对买卖点指示进行交易，是一笔小亏的交易。买点信号是 MACD 指标的快线 DIF 和慢线 DEA 在 0 轴下方形成了金叉，卖点信号是快线 DIF 和慢线 DEA 在 0 轴上方形成了死叉。

第②组买点信号和卖点信号：根据这对买卖点指示进行交易，是一笔盈利的交易。这对买卖点指示跟随了一段小型上涨趋势。买点信号是快线 DIF 和慢线 DEA 在 0 轴附近形成了金叉，卖点是快线 DIF 和慢线 DEA 在 0 轴上方形成了死叉。

第③组买点信号和卖点信号：根据这对买卖点指示进行交易，是一笔亏损的交易。但是与第①组的买点信号不同，第③组的买点信号是快线 DIF 和慢线 DEA 在 0 轴上方形成了金叉，卖点信号是随后第二个交易日快速形成了死叉。

通过以上分析可以发现，主图中同样的买卖点信号小图标，在副图中的细节并不完全一样。更重要的是，三次交易中有两次是亏钱的。造成这样的原因是，图 2-8 主图指示的 MACD 买卖点是由系统公式"MACD 专家系统"的公式源代码对应的买卖点语句设置决定的。

```
DIFF:=EMA(CLOSE,SHORT)-EMA(CLOSE,LONG);
DEA:=EMA(DIFF,M);
MACD:=2*(DIFF-DEA);
ENTERLONG:CROSS(MACD,0);
EXITLONG:CROSS(0,MACD);
```

公式第三行的意思是 MACD 等于快线 DIFF 减去慢线 DEA 的差值，再乘以 2，也就是将差值放大一倍。公式第四行的意思是买入信号为 MACD 上穿 0 轴。公式第五行的意思是卖出信号为 MACD 下穿 0 轴。ENTERLONG

和 EXITLONG 是专家公式特有的输出函数，分别输出专家公式的买入信号和卖出信号。

主图调用"MACD 专家系统"的步骤如下。

步骤 1：在普通 K 线图中，按快捷键 Ctrl+E，打开"专家系统指示"窗口，如图 2-9 所示。

步骤 2：在左侧公式树中，选择公式"MACD MACD 专家系统"，不改参数，单击"确定"按钮，即可打开图 2-8 所示的主图专家指示状态。

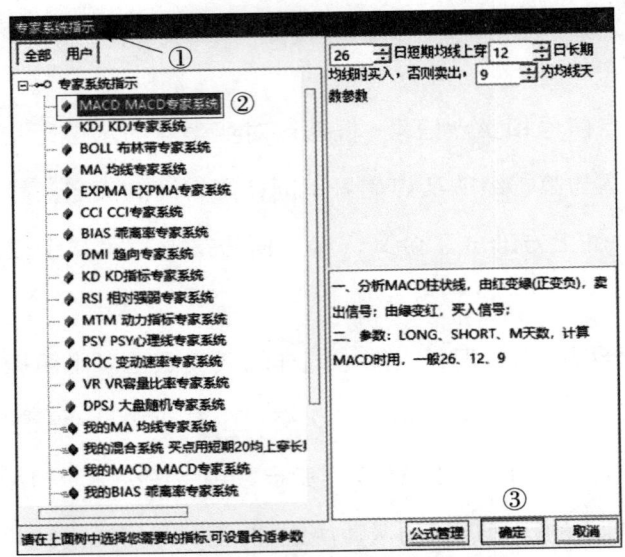

图 2-9 "专家系统指示"窗口

从图 2-8 的专家指示状态回到普通 K 线图，按快捷键 Ctrl+H 即可。

2.4 选股公式

选股公式与指标公式最大的不同，就是可以批量筛选股票。选股公式的目的是为了买进股票。因此，有经验的投资者能够根据各种特定的交易逻辑，编写特定的选股公式选出强势股。

批量筛选股票依据的是特定的选股标准，通常可以参考特定的指标公式。例如，投资者在个股详情页观察到买点信号后，就可以通过对应的选股公式筛选出符合该买点信号的所有股票，之后还应该对选股结果进行手动筛选。

在图 2-8 的专家公式指示的三对 MACD 买卖点小图标中，其中买点对应的选股公式是系统公式"MACD 买入点条件选股"。

调用"MACD 买入点条件选股"的步骤如下。

步骤 1：在任意界面按快捷键 Ctrl+T，打开如图 2-10 所示的"条件选股"窗口。

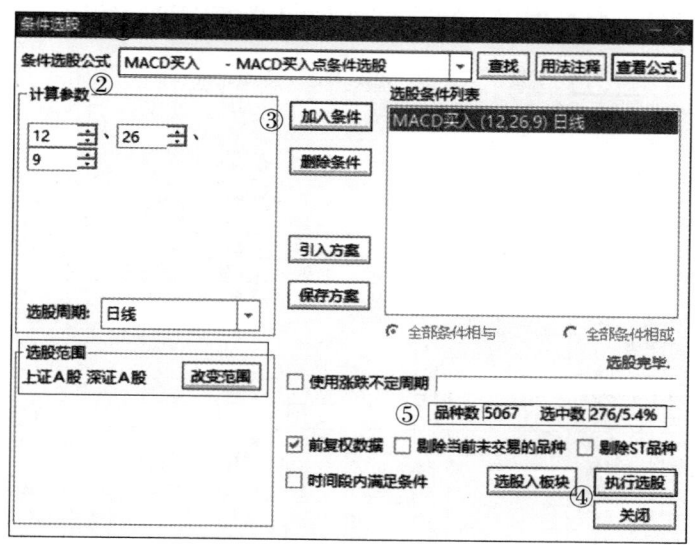

图 2-10 "条件选股"窗口

步骤 2：选择条件选股公式"MACD 买入 – MACD 买入点条件选股"，不改参数，单击"加入条件"按钮。选股范围默认上证 A 股和深证 A 股。

步骤 3：单击"执行选股"按钮，等待选股结束。

在图 2-10 的位置⑤可以看到选股结果，本次选股从 5067 只个股筛选出了 276 只符合 MACD 买入点条件选股的股票，选中率为 5.4%。单击右上角的"查看公式"按钮，可以在"条件选股公式编辑器"界面看到"MACD 买入点条件选股"的公式源代码。

```
DIFF:=EMA(CLOSE,SHORT)-EMA(CLOSE,LONG);
DEA:=EMA(DIFF,M);
CROSS(DIFF,DEA);
```

公式第三行的意思是快线 DIFF 上穿慢线 DEA 形成金叉。由于 MACD 的数值是对快线 DIFF 与慢线 DEA 的差值进行放大，从公式的算法逻辑分析，CROSS（DIFF，DEA）和上一节中专家公式中的 CROSS（MACD，0）是等价的。

关闭"条件选股"窗口，回到如图 2-11 所示的选股结果列表。

	代码	名称(276)	涨幅%	现价	涨跌	涨速%	换手%	买价	卖价	总量	现量
1	600007	中国国贸	0.30	19.82	0.06	0.00	0.17	19.81	19.82	17439	266
2	600010	包钢股份	0.00	1.78	0.00	0.00	0.55	1.77	1.78	173.3万	30735
3	600051	宁波联合	0.68	7.35	0.05	0.00	0.99	7.34	7.35	30856	163
4	600052	东望时代	0.62	4.85	0.03	0.21	0.81	4.84	4.85	68120	123
5	600076	康欣新材	1.13	2.69	0.03	0.37	0.90	2.68	2.69	92739	717
6	600083	博信股份	3.47	7.15	0.24	0.00	1.09	7.14	7.15	24862	190
7	600101	明星电力	-0.12	8.48	-0.01	0.24	0.83	8.47	8.48	35065	117
8	600107	美尔雅	1.64	5.59	0.09	0.00	1.57	5.59	5.60	56630	573
9	600133	东湖高新	0.00	6.49	0.00	-0.14	1.49	6.49	6.50	131845	2644
10	600137	浪莎股份	5.86	17.87	0.99	0.17	2.83	17.86	17.87	27500	404
11	600148	长春一东	3.43	15.66	0.52	0.06	2.04	15.65	15.66	28862	309
12	600150	中国船舶	1.57	27.85	0.43	0.04	0.67	27.84	27.85	300936	3518
13	600156	华升股份	2.18	4.69	0.10	0.00	1.25	4.69	4.70	50120	422
14	600180	瑞茂通	1.29	6.26	0.08	0.32	1.39	6.25	6.26	151380	1536
15	600193	创兴资源	1.90	5.36	0.10	0.00	0.60	5.35	5.36	25350	142
16	600235	民丰特纸	1.04	5.84	0.06	0.00	1.16	5.83	5.84	40628	330
17	600262	北方股份	2.06	18.35	0.37	0.44	0.93	18.35	18.36	15786	465
18	600300	维维股份	2.27	3.16	0.07	0.00	1.99	3.16	3.17	322088	3249
19	600305	恒顺醋业	0.38	10.48	0.04	-0.09	0.25	10.47	10.48	24723	313
20	600356	恒丰纸业	1.40	7.94	0.11	-0.12	1.04	7.94	7.95	31097	423
21	600363	联创光电	1.72	33.62	0.57	0.03	0.96	33.62	33.64	43410	464
22	600371	万向德农	0.18	11.13	0.02	0.00	0.47	11.13	11.14	13851	233
23	600373	中文传媒	0.83	12.11	0.10	0.17	1.09	12.10	12.11	148314	3253
24	600381	青海春天	1.23	8.25	0.10	0.00	1.10	8.25	8.26	64460	1509
25	600389	江山股份	0.38	21.28	0.08	-0.08	0.45	21.28	21.31	19210	111
26	600421	华嵘控股	3.40	10.05	0.33	0.10	0.71	10.04	10.05	13928	137
27	600439	瑞贝卡	3.11	2.65	0.08	0.00	1.12	2.64	2.65	126812	2033

图 2-11 选股结果列表

注意：表头栏目"名称（276）"中的数字表示当前板块有 276 只股票，与条件选股的结果一致。

2.5 利用指标公式快速分析

自从道琼斯工业指数（Dow Jones Industrial Averages）在 1896 年发布以来，采用技术分析观察市场的价格波动，就是建立在时间刻度连续的基础上。最简单的指标就是在纸上将每个交易周期的收盘价连接成折线，不对价格做附加的计算。这种技术分析的方式既可用在分时图中，也可用在对大盘进行长期走势的分析上。

技术分析需要投资者具备两大技能：第一是作图能力，第二是分析图表的能力。在没有计算机的时期，通常手绘都是先制作表格，再画图，所以技术分析使用的"图表"实际上包含了直观的图形走势和内在的数据关系。分析图表的能力，也相应体现在画几何线图和数据计算等方面。

20 世纪后半叶，随着计算机技术大量用于技术分析，出现了威尔斯·威尔德（Wells Wilder）、查拉尔·阿佩尔（Gerald Apple）、唐纳德·兰伯特（Donald Lambert）、约翰·布林格（John Bollinger）、汤姆·狄马克（Tom DeMark）等技术分析大师。他们发明了各种各样的指标，依然对技术分析领域影响深远。即使在 AI 时代，各种创新指标也脱离不了这些大师的贡献。

事实上，指标公式就是对价量基础数据的数学处理，因此这是一个广义的概念。通达信软件中的一些快捷键对应的功能，本质上也是一些特殊的、简洁的指标。

例如，将上证指数 30 多年来的数据使用季线和对数坐标的形式制作成技术分析图表，如图 2-12 所示。

通达信软件首先帮助投资者节省了作图的时间，其次才是快速分析图表。如图 2-12 所示，在上证指数折线图中，以 3000 点画一条水平横线，可以看出市场自 2014 年底大部分时间在 3000 点上方运动。

图 2-12 的折线图设置步骤如下。

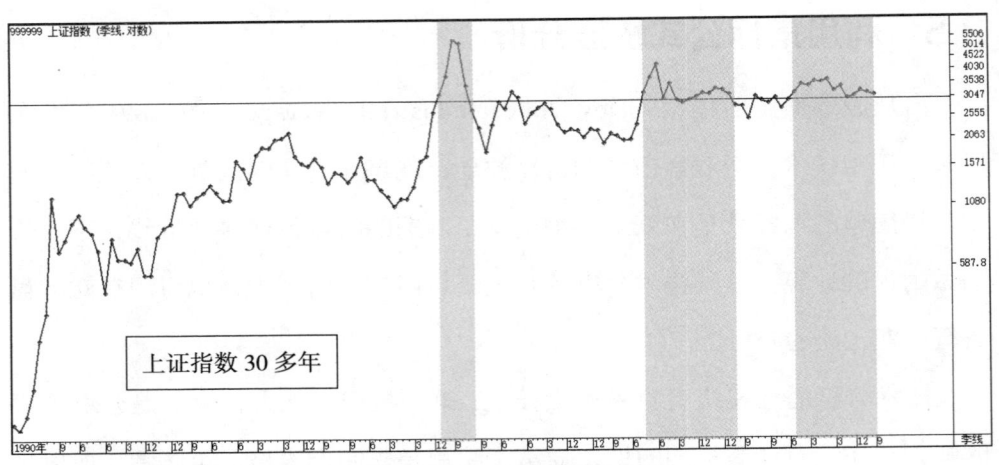

图 2-12 上证指数季线折线图

步骤 1：打开通达信软件，直接输入代码 999999，调出"通达信键盘精灵"窗口，选中"上证指数"并按回车键，即可打开上证指数 K 线图，然后输入 SCLOSE，如图 2-13 所示，按回车键设置主图类型为"收盘站线"。

步骤 2：在键盘精灵中输入 911，如图 2-14 所示。然后按回车键，设置时间周期为季线。

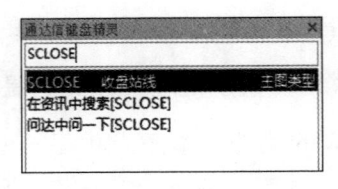

图 2-13 键盘精灵 1

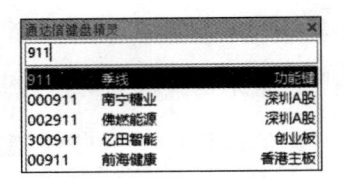

图 2-14 键盘精灵 2

步骤 3：在主图区域纵坐标右击鼠标，选择"对数坐标系"命令，将纵坐标设置为对数坐标。

把图 2-12 再处理一下，效果如图 2-15 所示。懂技术分析的投资者看到图 2-15，都能得出一个令人兴奋的结论：30 多年来，上证指数一直在走上涨趋势。从左往右数第三个更高的低点 HL，只要不跌破 2008 年第四季度的收盘价 1820.81 点（对应日 K 线图，2008 年 10 月 28 日的最低点 1664.93 点），上证指数的上涨趋势结构就没有被破坏。

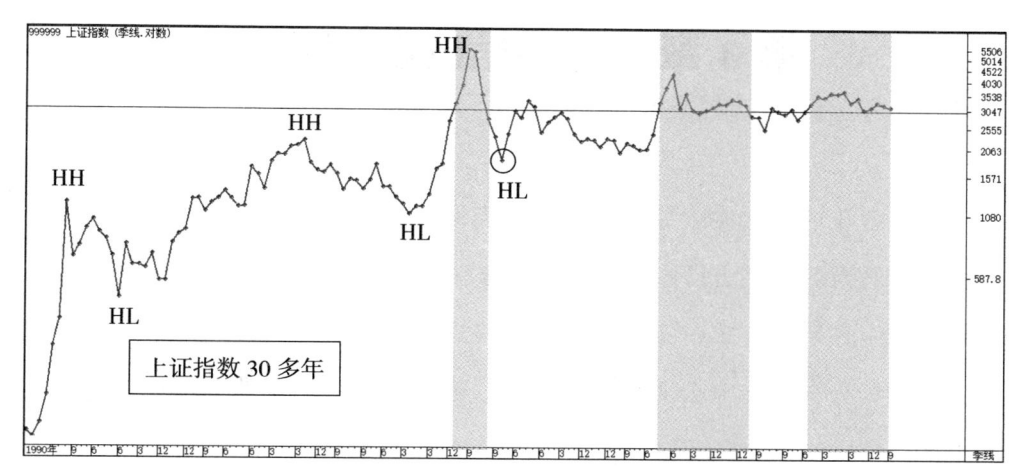

图 2-15　上证指数趋势结构分析

第 3 章　通达信的自编公式

投资者在炒股软件中编写的公式叫自编公式，也称为用户公式。投资者可以自行对自编公式进行修改、删除、分享、加密等处理。

通达信的系统公式有四大类，自编公式也对应分为四大类，即五彩 K 线公式、指标公式、专家公式和选股公式。自编公式最常用的是指标公式和选股公式。

自编的指标公式既可以在主图绘制 K 线、指标、买卖点等，也可以在副图绘制。自编的选股公式与系统的选股公式一样，输出的都是股票列表。

3.1　自编主图指标公式

通常个股详情页的主图是 K 线图，纵坐标是价格（元）。在价格波动不大的个股 K 线图中，很难直接看出特定大阳线的具体涨幅。

如图 3-1 所示，粗略看来，在标记的三个时间点上 K 线涨幅似乎差不多。实际上，2023 年 4 月 14 日（周五）的阳线涨幅约为 4.18%；5 月 29 日（周一）的阳线涨幅约为 2.99%；6 月 27 日（周二）的阳线涨幅约为 4.10%。5 月 29 日的阳线比另外两根阳线的涨幅要少 1 个多点。

通常情况下，投资者查看 K 线图的重点之一是找出大阳线。为了让投资者对大阳线建立统一的量化观测标准，可以编写一个"主图大阳线"指标公式。调用该指标公式后，K 线图中对涨幅超过 6% 的大阳线使用了金色（颜色代码为 RGBXCC9933）进行标记，效果如图 3-2 所示。

图 3-2 中，2023 年 4 月 17 日（周一）尽管 K 线的实体不长，但它是一根跳空大阳线，涨幅约为 7.41%。4 月 26 日（周三）是一根涨幅约为 6.33%

的大阳线。6月16日（周五）是一根涨幅约为6.85%的跳空大阳线。

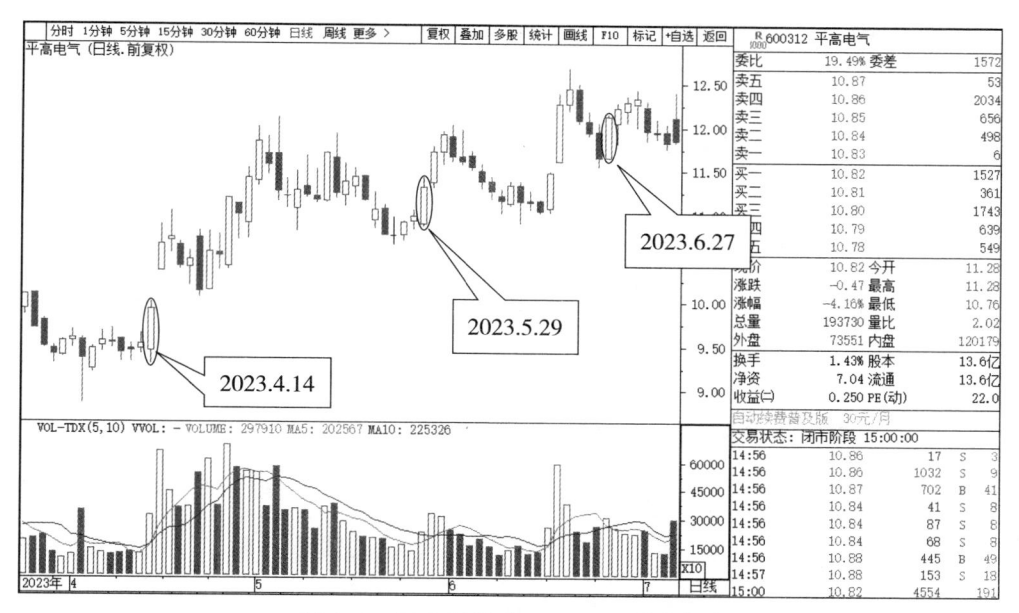

图3-1 区分阳线（600312平高电气）

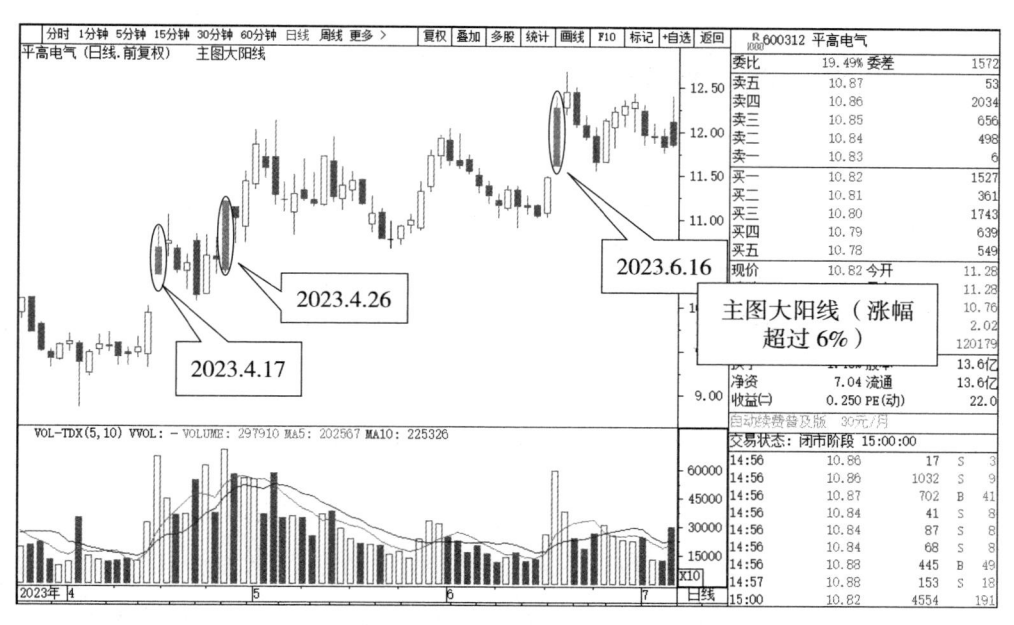

图3-2 主图大阳线指标（600312平高电气）

由于图中对涨幅超过 6% 的大阳线进行了特殊标记，那么其余没有被特殊标记的阳线，即使看着感觉是根大阳线，但涨幅都小于 6%。

主图指标公式"主图大阳线"的公式源代码如下。

```
DYX:=CLOSE/REF(CLOSE,1)>1.06 AND C>O;
STICKLINE(DYX,H,MAX(C,O),0,0),RGBXCC9933;
STICKLINE(DYX,MIN(C,O),L,0,0),RGBXCC9933;
STICKLINE(DYX,CLOSE,OPEN,-1,0),RGBXCC9933;
```

公式第一行的意思是设定大阳线的量化标准。这里设为当日收盘价大于前一个交易日收盘价的 1.06 倍，并且当日收盘价大于开盘价，也就是一根涨幅超过 6 个点的阳线。公式第二行至第四行设定了大阳线的画线效果。第二行画上影线，第三行画下影线，第四行画大阳线的实体，为了突出显示大阳线，公式的第四行将实体部分用颜色填满。

注意：选用与阴线不同的颜色。

3.2 自编副图指标公式

通常情况下，投资者在个股详情页，除了重点查看主图上价格大幅上涨的阳线，也会重点关注副图上大幅变动的成交量。与主图大阳线指标类似，可以对成交量建立一个量化观测指标，编写"副图倍量"指标公式。调用该指标公式后，副图对成交量超过前一交易日一倍的巨量柱线使用了特殊颜色标记，效果如图 3-3 所示。

图 3-3 分别在副图标记了多个成交量倍量柱线，它们都是实心柱线，颜色与常见的成交量柱线颜色不同。图中的倍量阳线是金色实心柱（颜色代码为 RGBXCC9933），倍量阴线是蓝色实心柱（颜色代码为 COLORFF0000）。而常见的成交量柱线颜色与 K 线保持一致。当 K 线是阳线时，成交量柱线是红色空心柱；当 K 线是阴线时，成交量柱线是绿色

实心柱。

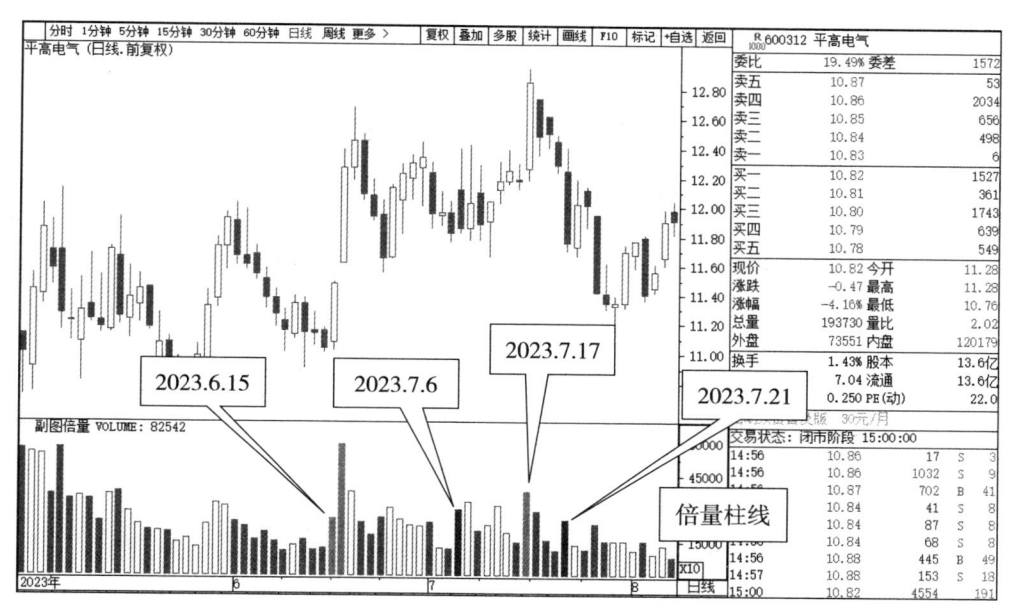

图 3-3 "副图倍量"指标（600312 平高电气）

2023 年 6 月 15 日（周四）的成交量柱线是倍量阳线，该日的成交量是 258465 手，超过了 6 月 14 日（周三）成交量 126849 手的一倍。6 月 16 日（周五）的成交量柱线也是倍量阳线，该日的成交量是 594472 手，超过了 6 月 15 日（周四）成交量 258465 手的一倍。7 月 6 日（周四）的成交量柱线是倍量阴线，该日的成交量是 297910 手，超过了 7 月 5 日（周三）成交量 121046 手的一倍。7 月 17 日（周一）的成交量柱线是倍量阳线，该日的成交量是 381381 手，超过了前一个交易日 7 月 14 日（周五）成交量 153273 手的一倍。7 月 21 日（周五）的成交量柱线是倍量阴线，该日的成交量是 250709 手，超过了 7 月 20 日（周四）成交量 114346 手的一倍。

副图指标公式"副图倍量"的公式源代码如下。

```
VOLUME:VOL,VOLSTICK;
BL:=V/REF(V,1)>2;
```

```
YANX:=C>O;
YINX:=C<O;
STICKLINE(BL AND YANX,V,0,-1,0),RGBXCC9933;
STICKLINE(BL AND YINX,V,0,-1,0),COLORFF0000;
```

公式第一行的意思是使用常见的成交量柱线画出成交量。公式第二行设定了倍量的量化标准。这里设为当日成交量是前一个交易日成交量的 2 倍以上。公式第三行的意思是阳线，即收盘价大于开盘价。公式第四行的意思是阴线，即收盘价小于开盘价。公式第五行画出倍量阳线，对于同时满足倍量和阳线两个条件的成交量，使用颜色 RGBXCC9933 把柱线填满。公式第六行画出倍量阴线，对于同时满足倍量和阴线两个条件的成交量，使用颜色 COLORFF0000 把柱线填满。

3.3 自编选股公式

选股公式主要由选股的逻辑决定。例如，股票的上涨可以由技术逻辑和基本面逻辑共同推动。技术面可以使用换手率，把换手率理解为特殊的成交量指标。基本面可以使用动态市盈率（PE），把 PE 简单理解成股票现价与每股收益的比值。

编写选股公式"换手率加 PE"，公式源代码如下。

```
DYNAINFO(37)>0.15 AND DYNAINFO(39)>40;
```

该选股公式仅一行，设定选股条件必须同时满足两个条件：一是换手率大于 15%；二是动态市盈率大于 40。

打开如图 3-4 所示的"条件选股"窗口，选择条件选股公式"换手率加 PE"，单击"加入条件"按钮。选股范围默认上证 A 股和深证 A 股。单击"执行选股"按钮，等待选股结束。

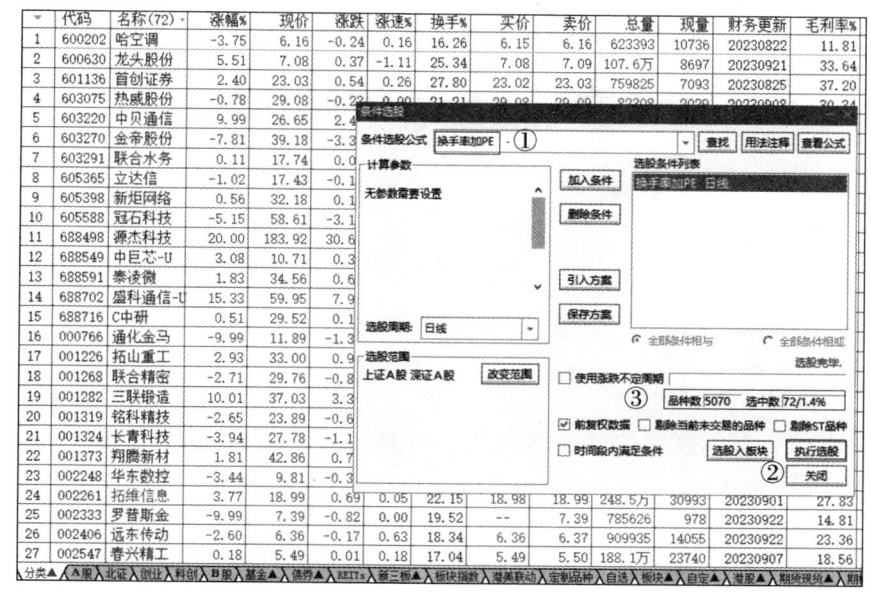

图 3-4 "换手率加 PE"选股

在图 3-4 的位置③可以看到选股结果，本次选股从 5070 只个股筛选出 72 只符合选股公式"换手率加 PE"选股条件的股票，选中率为 1.4%。

当执行了选股公式后，系统会自动显示选股结果列表。此时表头栏目"名称（72）"中的数字表示当前板块中有 72 只股票，与选中数量一致。

第 4 章　自定义看盘界面

在正式学习编写公式之前，先来学看盘界面。此功能对于投资者打造个性化的交易系统，以及日常交易实战非常重要。设置看盘界面的过程对后面学习编写公式也有帮助。

本章首先介绍通达信系统自带的全景图，通过认识该界面的区域和交互，熟悉看盘界面的主要功能，然后分别介绍如何自定义中线看盘界面、热点板块看盘界面等内容。

4.1　市场分析全景图

全景图是炒股软件的预制界面，方便投资者在一个界面中同时查看大盘走势、个股涨跌排行、板块指数、自选股行情、分时图和 K 线图等信息。进入全景图的步骤是单击软件最上方偏左侧的"市场"按钮，然后选择左侧的"全景图"。此时软件的核心区域便显示为全景图界面，如图 4-1 所示。

要认识全景图，首先将其划分为 3×3 的九宫格，从上往下，从左往右，依次为区域 A、B、C、D、E、F、G、H、I，共 9 个区域，如图 4-2 所示。（全景图中各区域由专业人员维护，会随着市场发展有小的变化，比如目前的版本在区域 A 添加了沪深 300 指数标签，在区域 B 将深证综指改为了北证 50 标签。此处按图中所示进行介绍。）

区域 A 分别展示了上证指数、上证 50、B 股指数的分时图。区域 B 分别展示了深证成指、创业板指、深证综指、成份 B 指的分时图。区域 C 分别展示了沪深主连、恒生指数的分时图。区域 D 展示了上证 A 股的涨跌幅前 5 名、

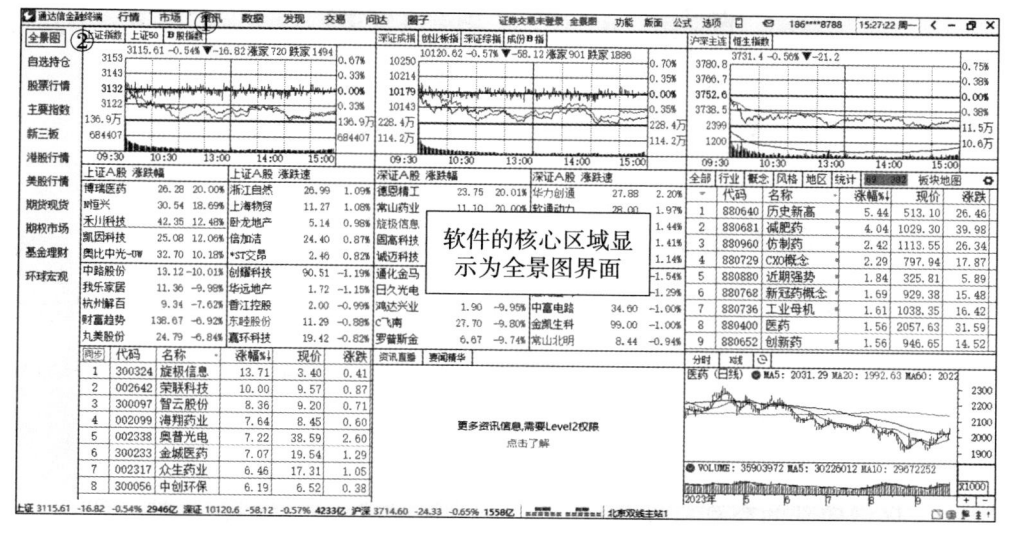

图 4-1 软件自带的全景图

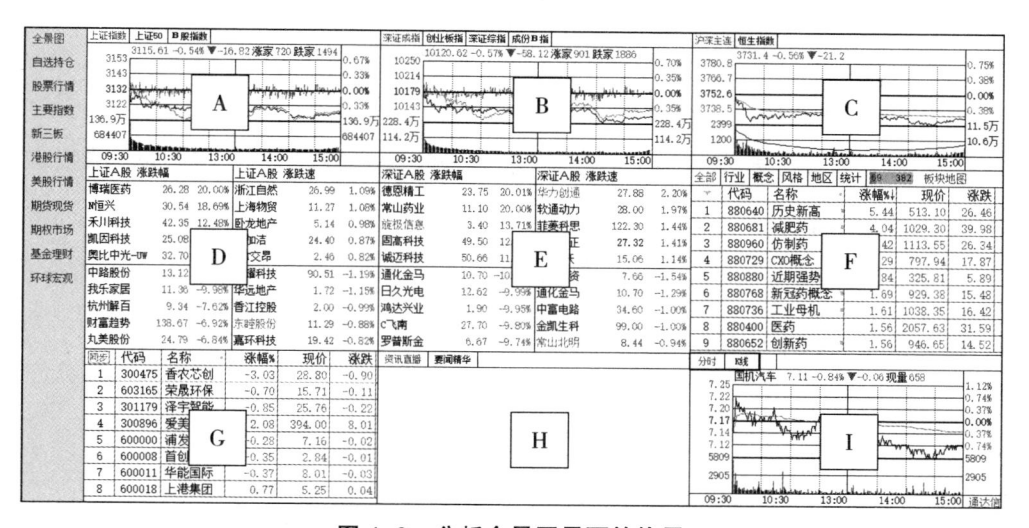

图 4-2 分析全景图界面的格局

涨跌速前 5 名的个股。区域 E 展示了深证 A 股的涨跌幅前 5 名、涨跌速前 5 名的个股。区域 F 分别展示了行业板块、概念板块、风格板块、地区板块等指数行情列表。区域 G 是自选股行情列表。区域 H 是市场资讯信息。区域 I 是个股的分时图和 K 线图。

这 9 个区域中，区域 A、B、C、F、H 和 I 可以选择不同的标签，例如，区域 I 有"分时""K 线"两个标签，此处默认选择"分时"，若点击"K 线"标签，则会显示出 K 线图。

4.2 全景图界面交互

全景图的界面交互，指的是点击界面的某个位置，软件自动显示对应的信息，主要分为区域内部、区域与区域之间、区域跳转到其他界面等交互方式。

1. 区域内部的交互

区域内部的交互主要指点击区域内部的某个位置，直接影响该区域的功能显示。此外，常见的操作还有列表排名、区域内部设置等。

例如，单击图 4-2 区域 G 上方的"涨幅%"，此时"涨幅%"后面出现了向下的小箭头，表示区域 G 中的股票列表按照涨幅从大到小排序，涨幅最大的个股排在第一位，如图 4-3 所示。若再次单击"涨幅%"，则"涨幅%"后面变为向上的小箭头，表示区域 G 中的股票列表按照涨幅从小到大排序，跌幅最大的个股排在第一位。

同步	代码	名称	涨幅%↓	现价	涨跌
1	300324	旋极信息	13.71	3.40	0.41
2	002642	荣联科技	10.00	9.57	0.87
3	300097	智云股份	8.36	9.20	0.71
4	002099	海翔药业	7.64	8.45	0.60
5	002338	奥普光电	7.22	38.59	2.60
6	300233	金城医药	7.07	19.54	1.29
7	002317	众生药业	6.46	17.31	1.05
8	300056	中创环保	6.19	6.52	0.38

图 4-3 区域内的列表排序

再如，单击图 4-2 区域 F 上方的"板块地图"，将弹出"板块地图"窗口，如图 4-4 所示，单击右上角的"关闭"按钮，可以关闭此窗口。

第 4 章 自定义看盘界面 | 35

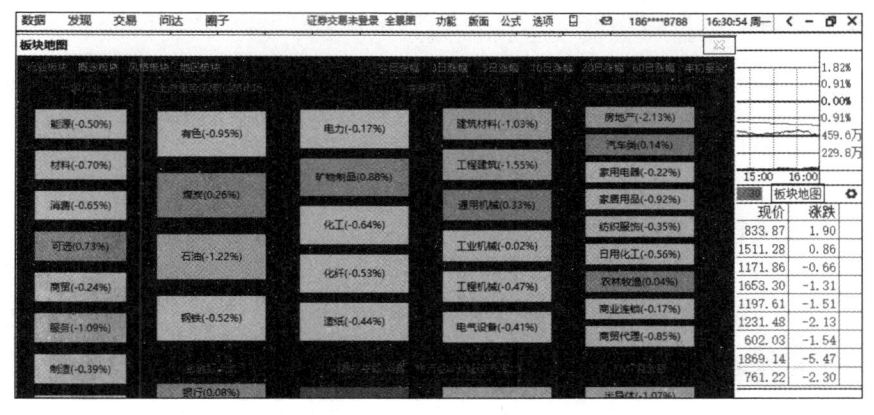

图 4-4 "板块地图"窗口

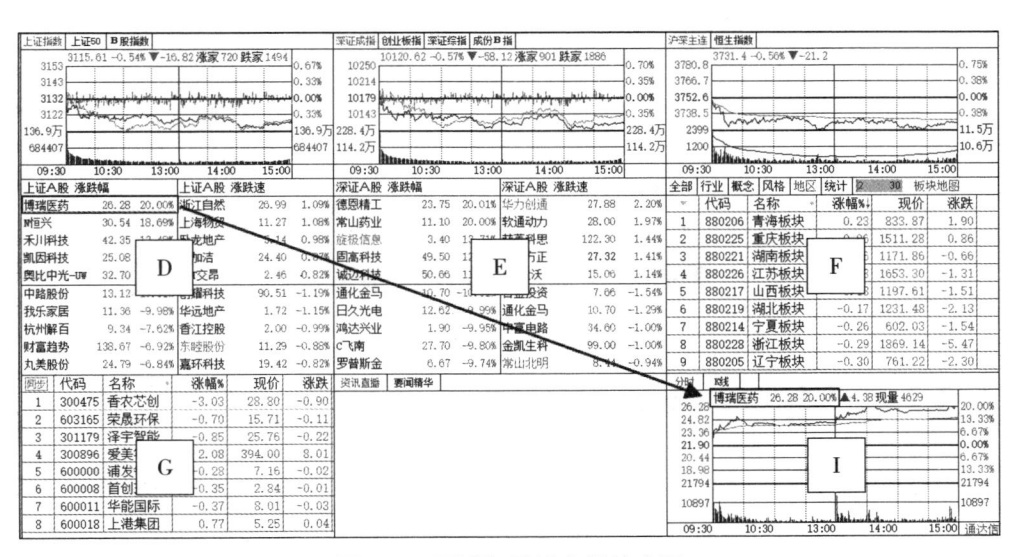

2. 区域与区域之间的交互

区域与区域之间的交互主要指点击区域内部的某个位置，直接影响其他区域的功能显示。

例如，单击图 4-2 区域 D 涨幅排名第一的个股"博瑞医药"，此时区域 I 将显示"博瑞医药"的分时图，如图 4-5 所示。

图 4-5 区域与区域之间的交互

全景图是一个区域之间交互比较复杂的界面，除了单击区域 D，会影响区域 I 的显示，单击区域 E 或区域 G 的个股，或者单击区域 F 的某个指数，都会影响区域 I 的显示内容。

3. 区域跳转到其他界面的交互

区域跳转到其他界面的交互主要指点击区域内部的某个位置，软件将从全景图界面跳转到其他界面。

例如，双击图 4-2 区域 D 中的个股"博瑞医药"，此时炒股软件跳转到"博瑞医药"的个股详情页，即 K 线图界面，如图 4-6 所示。单击右上角的"返回"按钮，或者按快捷键 Esc，可以回到全景图界面。

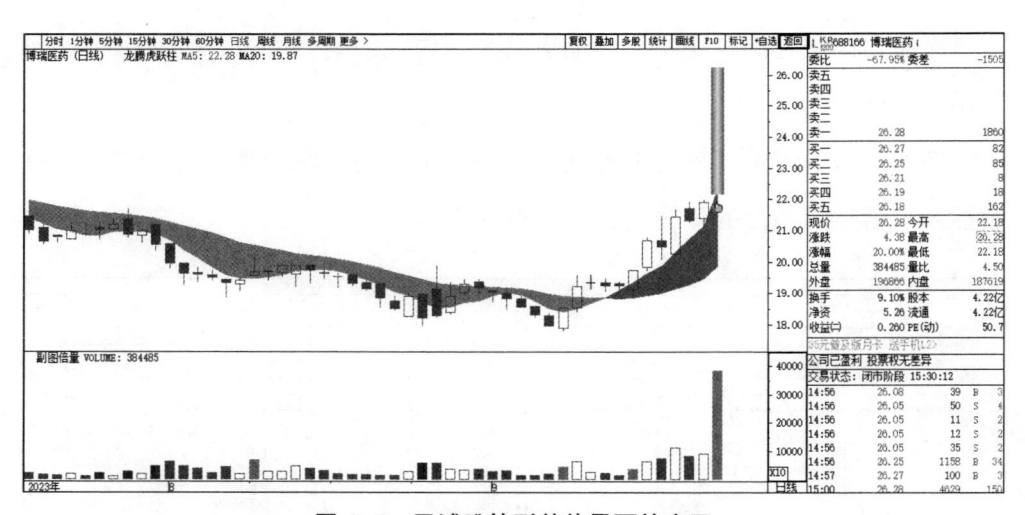

图 4-6　区域跳转到其他界面的交互

4.3　管理自定义版面

在通达信中管理自定义版面，需要使用位于软件最上方偏右侧的"版面"功能。单击"版面"，弹出如图 4-7 所示的"版面"功能菜单，中间的横线将菜单分成了不同的组：第①个菜单是设置版面的入口；第②组菜单主要用于设置单个版面；第③组菜单主要用于多个版面的管理和设置；第④组菜单是当前软件中单个版面的入口。

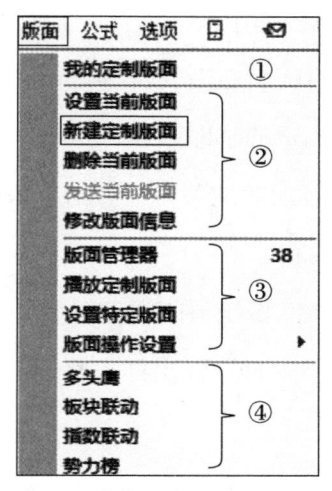

图 4-7 "版面"功能菜单

图 4-7 中的"多头鹰""势力榜"版面等都是股民常见的看盘界面。而我们要设置的中线看盘界面不是系统自带的版面，因此需要点击图 4-7 中的"新建定制版面"菜单进行设置。此时系统会打开一个临时版面，并且弹出如图 4-8 所示的提示框，点击"确定"按钮，关闭此提示框。

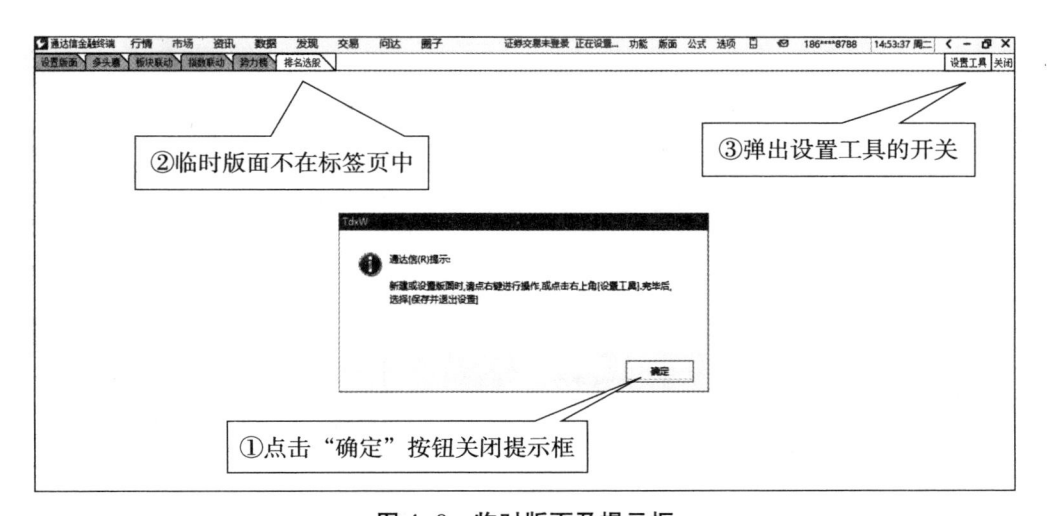

图 4-8 临时版面及提示框

图 4-8 的提示框主要提示了两种设置版面的方式。

第一，在版面中右击鼠标打开快捷菜单，进行相应的操作。

第二，使用"设置工具"弹出框，进行版面设置。本书主要介绍此方式。

需要注意的是，新建的版面在没有保存之前，属于临时版面。左上角的标签页不会显示当前正在编辑的临时版面。点击第一个标签页"设置版面"，可以弹出与图 4-7 类似的版面功能菜单。点击其余的某个标签，会在下面的空白区域显示对应的版面内容。

在图 4-8 中，单击"确定"按钮关闭提示框后，单击右上角的"设置工具"，弹出如图 4-9 所示的"设置工具"弹出框。此弹出框主要分为单元区、操作区和属性区。

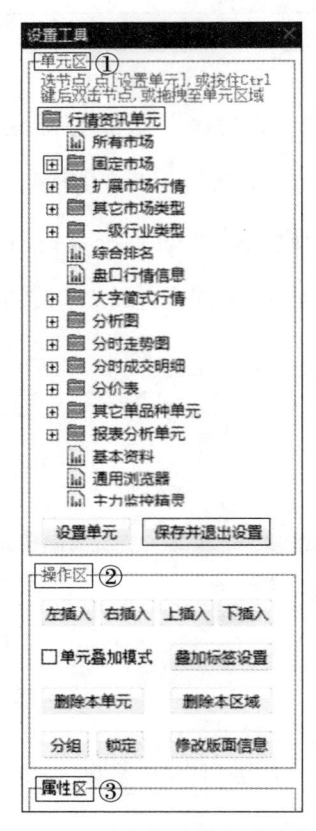

图 4-9 "设置工具"弹出框

4.4 自选股看盘界面设置

实战中，投资者最重要的是管理好个人的自选股。因此，需要专门设定一个自选股的看盘界面。通常情况下，自选股池就是个人投资者的中线投资标的。看盘主要会关注大盘走势、板块指数和自选股票池的行情等信息，那么看盘界面的格局可能无须全景图的九宫格那么多，但是最好可以把个股的短、中、长期走势展示在同一个界面中。图4-10所示为常见的中线看盘界面。

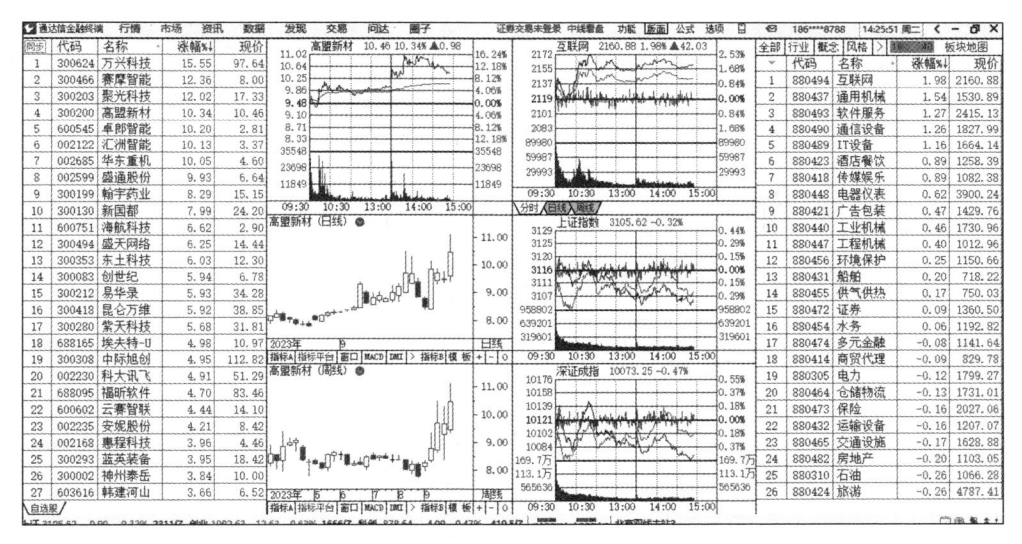

图4-10 中线看盘界面示例

要实现图4-10所示的界面效果，先来创建一个中线看盘界面的布局版面。

首先，将界面分为A、B、C、D、E、F、G、H共8个区域。如果把中间的区域B、C、D、E、F、G合并成一组，左侧是区域A，右侧是区域H，此界面可以看作左、中、右的格局，如图4-11所示。

其次，利用图4-9所示的"设置工具"弹出框中的"操作区"，在一张空白的临时版面中完成图4-11的布局。在设置版面布局时，不用关注每个区域的功能。

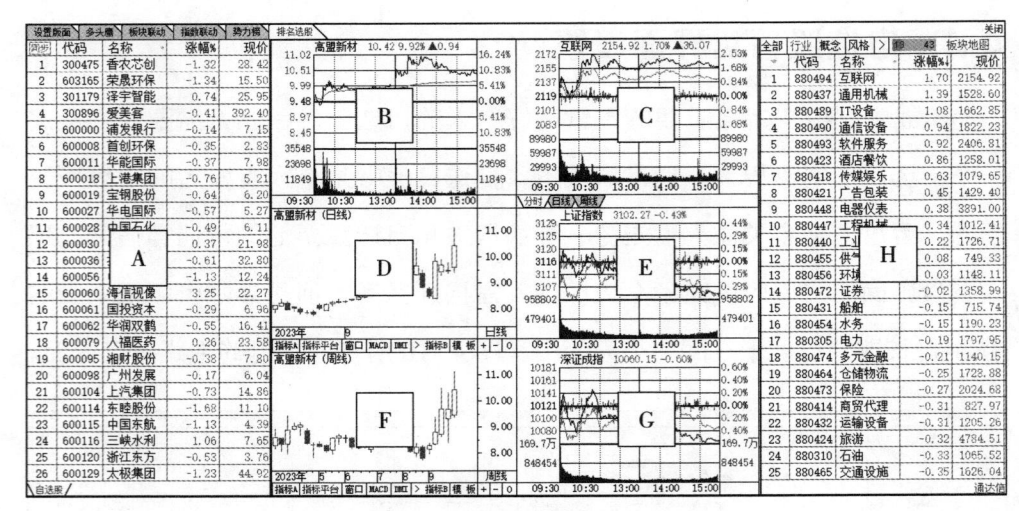

图 4-11　分析中线看盘界面的布局

步骤 1：单击"版面"功能，在弹出的版面功能菜单中选择"新建定制版面"命令，关闭图 4-8 所示的提示框后，进入图 4-12 所示的空白临时版面。

图 4-12　空白临时版面（新建版面）

步骤 2：单击图 4-12 右上角的"设置工具"，此时界面变为图 4-13 所示的状态，"空白单元 分组 1"带有颜色，表示区域被选中，整个背景色的宽度就是此区域的宽度。由于当前只有一个区域，因此背景色横跨了整个版面。鼠标左键按住"设置工具"的顶部，可以在屏幕中任意拖动该弹出框。

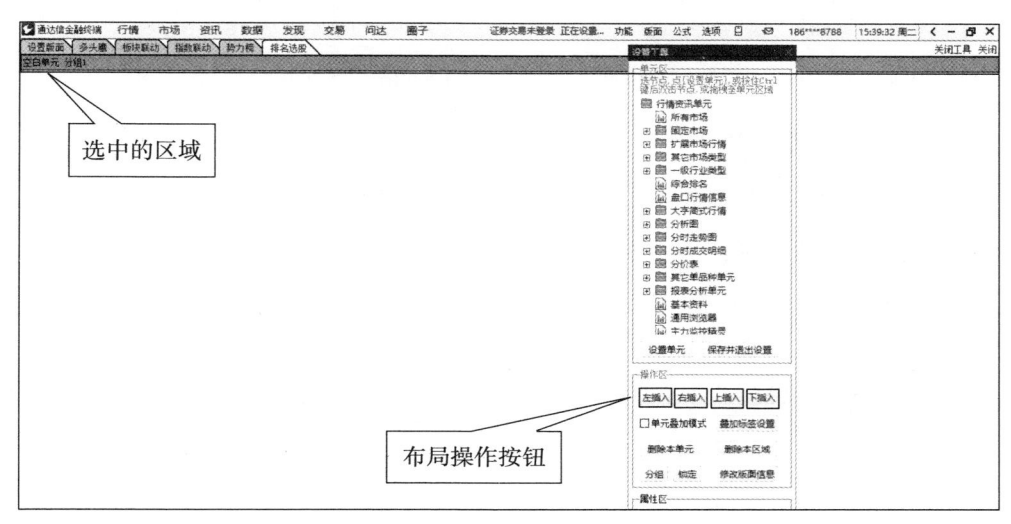

图 4-13　使用"设置工具"操作版面

步骤 3：单击"设置工具"弹出框中操作区的"左插入"按钮，此时界面变为图 4-14 所示的状态。整个版面被分成了两个区域，左右各一个，并且右侧的区域背景色与左侧的区域背景色不同，表示右侧区域没有被选中。

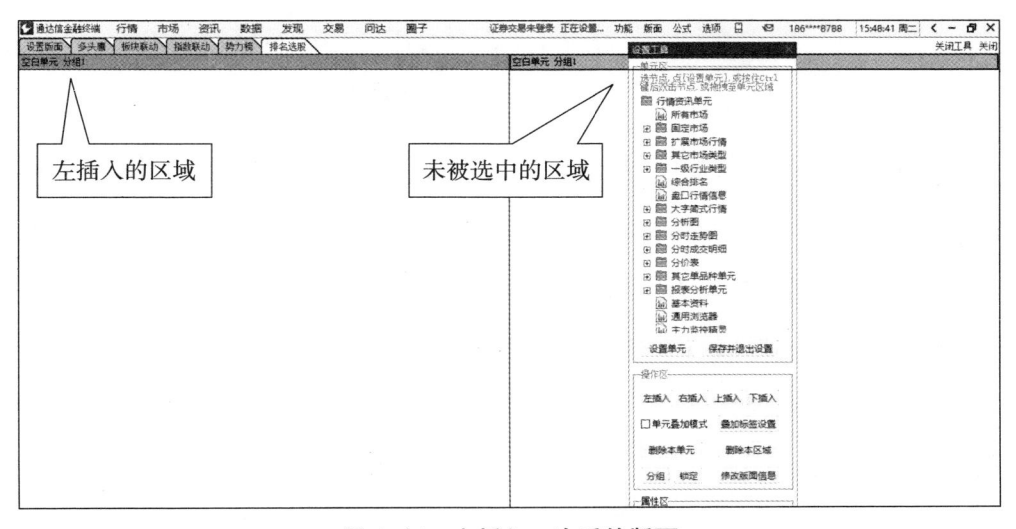

图 4-14　左插入一次后的版面

"左插入"按钮的工作逻辑是：在图4-13的选中区域左侧增加一个新区域，并且自动选中新区域。因此，图4-14右侧未被选中的区域对应图4-13的原区域，而左侧被自动选中的区域是左插入后的新区域。

步骤4：理解了选中区域和插入按钮的工作逻辑后，在图4-14的左侧选中区域再一次单击"左插入"按钮。然后选中图4-14的右侧区域，再单击"左插入"按钮，结果如图4-15所示，整个版面被纵向分成了四等分。对应图4-11的布局，最左侧为区域A，最右侧为区域H。

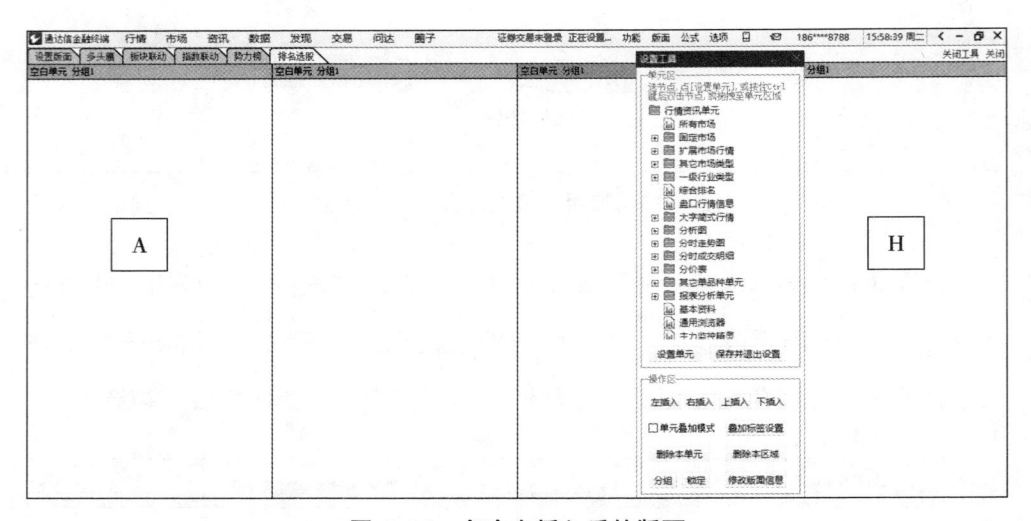

图4-15 多次左插入后的版面

步骤5：分别对图4-15中间的两个区域进行操作。先选中区域A右侧的空白区域，然后单击"下插入"按钮两次，结果如图4-16所示。对应图4-11的布局来看，区域B、D、F设置完成。

步骤6：选中区域H左侧的空白区域，单击"下插入"按钮两次，结果如图4-17所示。对应图4-11的布局来看，区域C、E、G设置完成。版面的所有区域设置完成后，单击右下角的"保存并退出设置"按钮。

步骤7：弹出图4-18所示的"修改版面信息"对话框，在"版面名称"文本框中输入"中线看盘界面"，"存盘简称"是根据版面名称自动生成的大写首字母，建议保留。单击"确定"按钮，保存新建的版面。

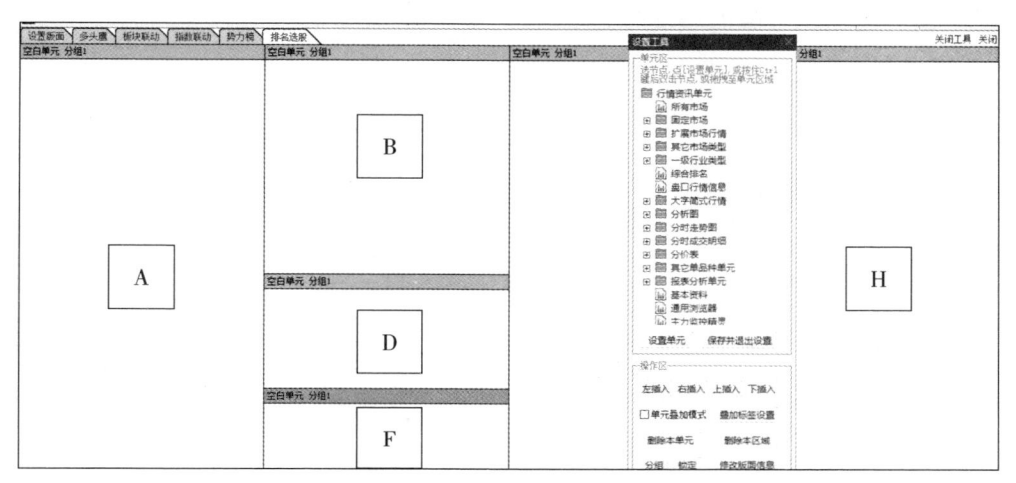

图 4-16　两次下插入后的版面

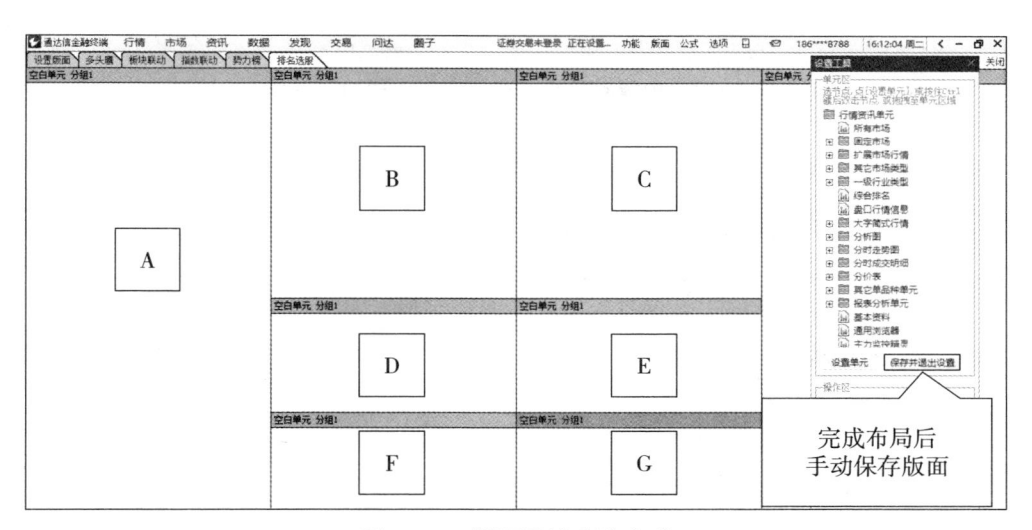

图 4-17　版面区域大致完成

图 4-18　设置版面名称

步骤 8：如图 4-19 所示，在标签页中，可以看到新版面"中线看盘界面"。说明新版面不再是临时版面了。

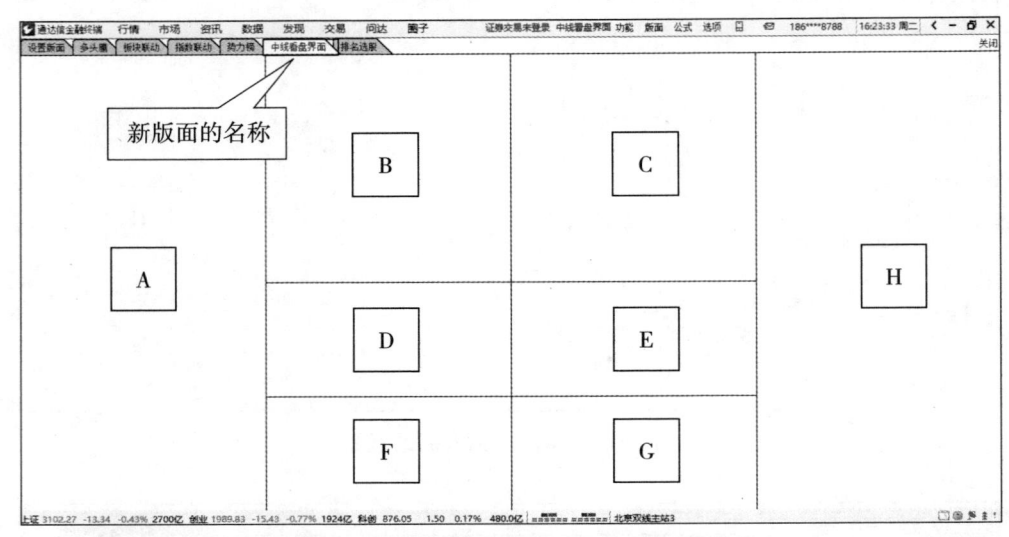

图 4-19　中线看盘界面布局完成（版面已保存）

要调整区域大小，只需将鼠标放在区域之间的细线上，待鼠标变为双箭头形状，按住鼠标拖动至合适位置即可，如图 4-20 所示，此布局与图 4-11 基本一致。

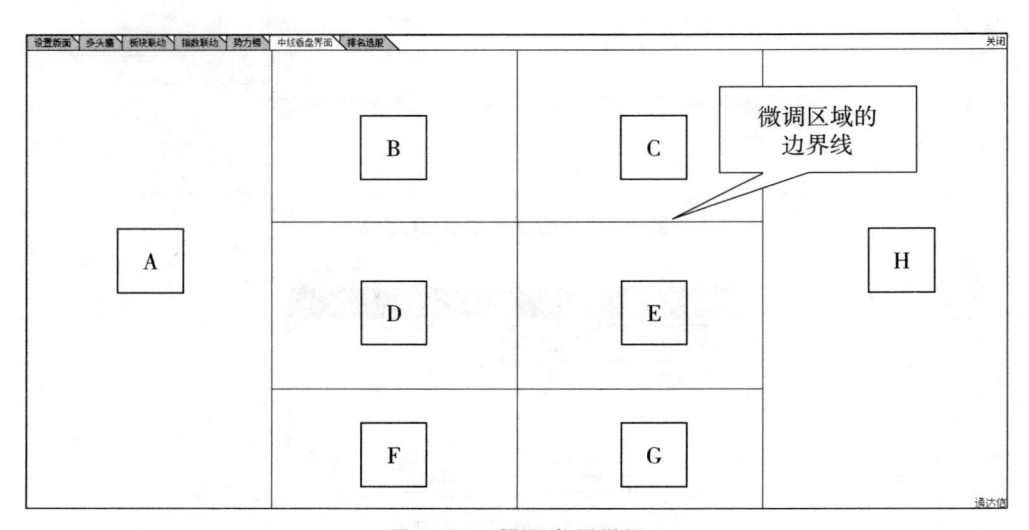

图 4-20　界面布局微调

4.5 中线看盘界面各区域内容

完成了新版面创建以及区域的布局设置后，就可以在每个区域里放置对应的内容了。设置区域内容之前，先要分析每个区域的显示功能以及交互逻辑，然后使用设置工具逐个对区域进行设置。

1. 分析各区域内容与交互逻辑

中线投资者通常对自选股的品种非常熟悉，看盘重点是自选股的短、中、长期价格走势变化，从中寻找合适的进场机会。因此，左侧的区域 A 主要显示自选股行情列表，区域 B、D、F 分别显示选中个股的分时图、日 K 线图和周 K 线图，市场动态主要通过区域 H 的板块指数行情列表获取。选中区域 H 中的某个指数，在相邻的区域 C 可以看到指数的分时图、日 K 线图和周 K 线图。与直接查看个股的三张图不同，区域 C 的三张图通过标签页来切换。区域 E 显示上证指数分时图，区域 G 显示深证成指分时图。

至此，基本清楚了中线看盘界面的内容及交互逻辑。

2. 制作区域单元的设置顺序表

图 4-9 所示的"设置工具"弹出框的"单元区"是一个树形结构的单元树，单击文件夹前面的"+"，可以展开文件夹里的具体单元，包含"行情资讯单元""交易策略单元"两大类，双击任何一类可以打开其中的单元树，再次双击可以收起单元树。

图 4-11 中 8 个区域里的单元内容都可以在"行情资讯单元"的单元树中找到，如表 4-1 所示。

表 4-1　区域对应的单元树设置顺序

界面效果 （见图 4-11）	区域功能	单元树的设置顺序
区域 A	自选股列表	行情资讯单元—固定市场—自选股
区域 B	个股分时图	行情资讯单元—分时走势图—普通分时走势图

界面效果 （见图 4-11）	区域功能	单元树的设置顺序
区域 C	指数分时图、日 K 线图、周 K 线图	操作区勾选"单元叠加模式" 行情资讯单元—分时走势图—普通分时走势图 行情资讯单元—分析图—普通分析图（设置两次）
区域 D	个股日 K 线图	行情资讯单元—分析图—普通分析图
区域 E	上证指数分时图	行情资讯单元—分时走势图—上证指数分时走势图
区域 F	个股周 K 线图	行情资讯单元—分析图—普通分析图
区域 G	深证成指分时图	行情资讯单元—分时走势图—深证成指分时走势图
区域 H	板块指数列表	行情资讯单元—固定市场—板块指数

4.6　中线看盘界面各区域设置

要完成图 4-11 所示的各区域内容与交互逻辑的设置，首先需要参照表 4-1 逐个设置单元内容，然后设置单元的交互逻辑。具体操作步骤如下。

步骤 1：将"中线看盘界面"的布局版面设置为编辑状态。以图 4-20 所示界面作为操作起点，单击左上角的"设置版面"标签页，弹出版面功能菜单，选择"设置当前版面"菜单后关闭弹出的提示框，单击右上角的"设置工具"，打开"设置工具"弹出框，如图 4-21 所示。

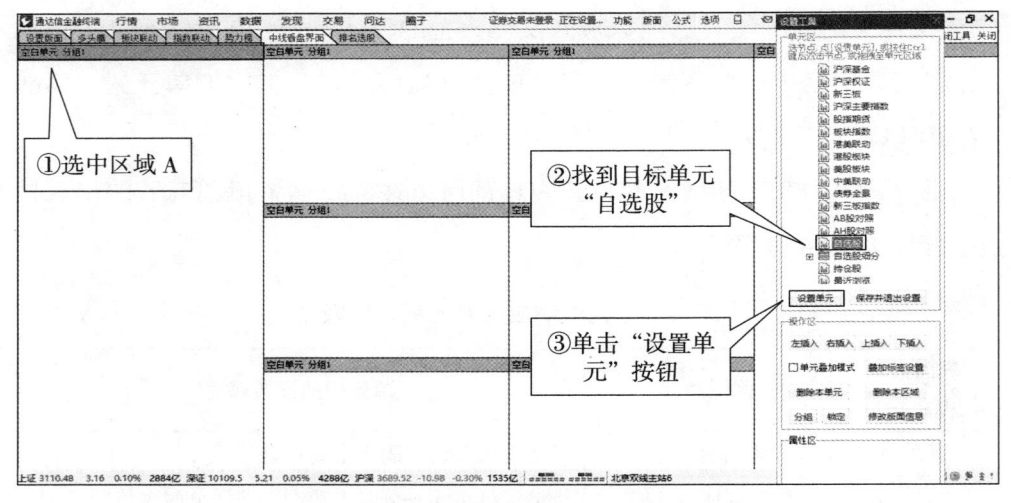

图 4-21　版面设置状态（修改版面）

步骤 2：设置区域 A。选中区域 A，在单元树中依据表 4-1 中的"行情资讯单元—固定市场—自选股"，找到"自选股"节点并选中，单击"设置单元"按钮，即可将自选股列表设置在区域 A，区域 A 将自动填充自选股列表。此时"设置工具"弹出框中的属性区也出现了对应的选项，默认为"不排名"，如图 4-22 所示。

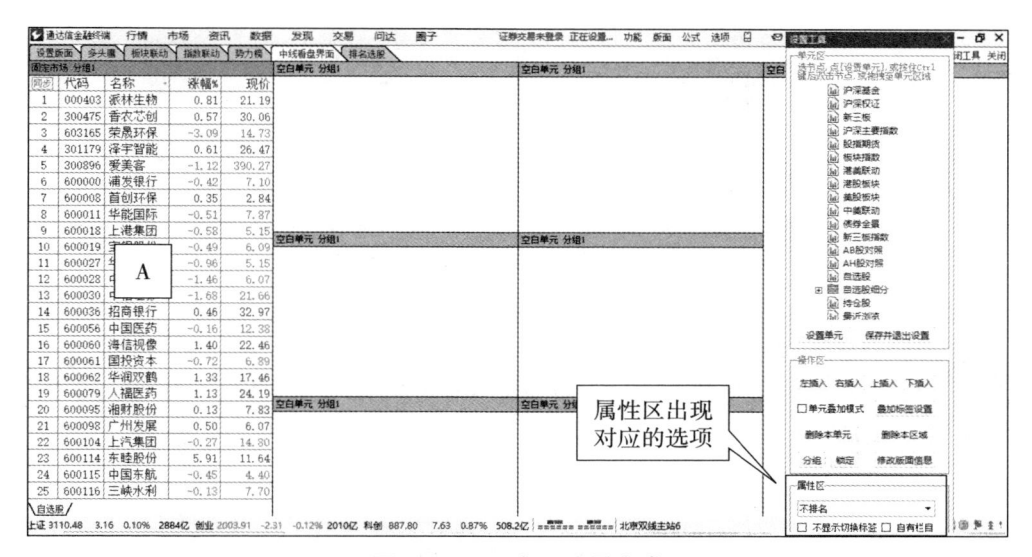

图 4-22 区域 A 设置完成

步骤 3：重复前面设置区域 A 的步骤，完成除了区域 C 之外的区域（B、D、E、F、G、H）的设置。将区域 H 的列表设置为按涨幅从大到小顺序，效果如图 4-23 所示。

步骤 4：重点设置相对复杂的区域 C。区域 C 相当于把区域 B、D、F 合并在了一个区域里，用多标签的形式显示。因此在区域 C 填充单元之前，先在"设置工具"弹出框中勾选"单元叠加模式"。参照表 4-1 的顺序设置完三个单元后，效果如图 4-24 所示。

尽管图 4-24 看上去跟图 4-10 差不多，但细节上还有几处不同。

第一，标签页的名字。图 4-24 中有两个"分析图"，不易区分。

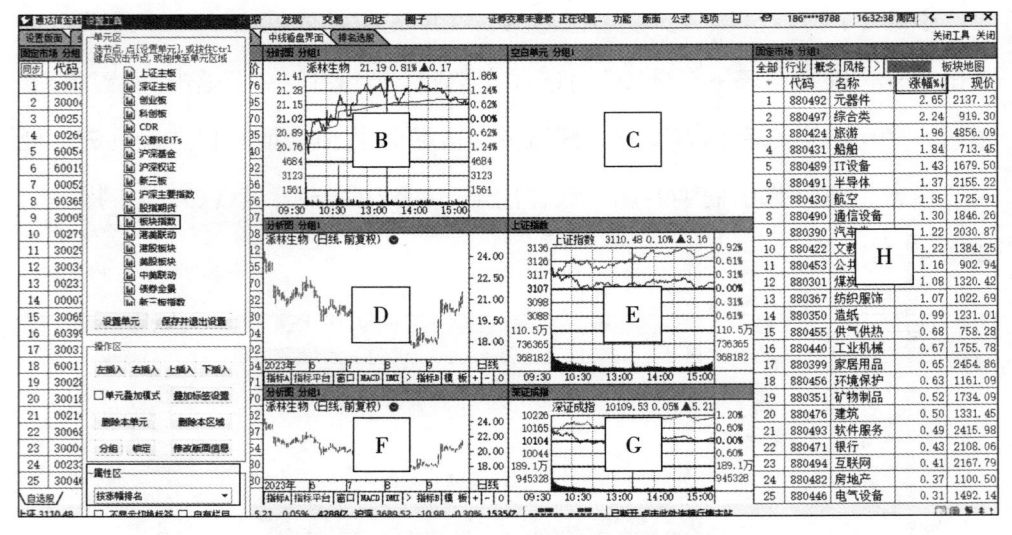

图 4-23　区域 C 以外的区域设置完成

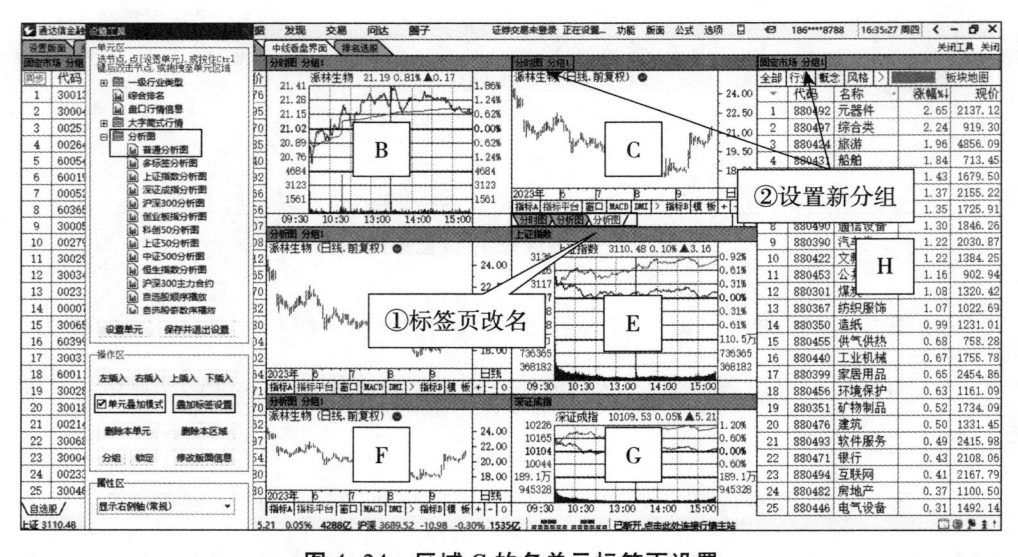

图 4-24　区域 C 的多单元标签页设置

第二，区域 C 显示的品种并没有与区域 H 自动关联，而是与区域 B、D、F 的品种相同。这与图 4-10 不一致。

第三，区域 C 的第二个分析图是日 K 线图，与图 4-10 的周 K 线图不一致。区域 F 存在同样的问题，图 4-24 是日 K 线图，而图 4-10 是周 K 线图。

步骤 5：针对区域 C 仍然存在的问题，耐心地一个一个去解决。

解决问题一：将图 4-24 区域 C 最后添加的单元"分析图"改为"周线"。选中区域 C 的第三个标签（即最右侧的"分析图"），在"设置工具"弹出框中单击操作区的"叠加标签设置"按钮，弹出如图 4-25 所示的提示框。将"标题"输入框中的"分析图"改为"周线"，单击"确定"按钮。

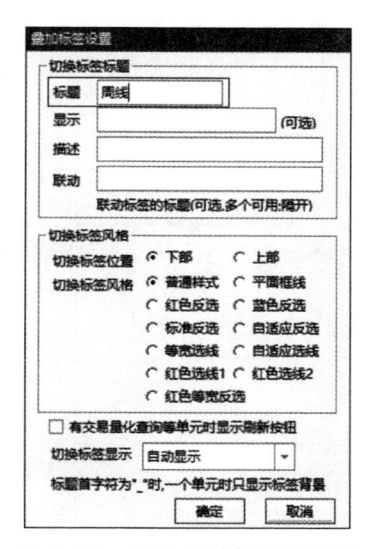

图 4-25　区域 C 的标签页设置

选中区域 C 的第一个标签页，把标签页的名称从"分时图"改为"分时"，选中区域 C 的第二个标签页，把标签页的名称从"分析图"改为"日线"。

解决问题二：图 4-24 中区域 C 和 H，与区域 B、D、F 都是分组 1，造成了区域 C 显示的品种与区域 B 相同。要想让区域 C 与区域 H 关联，只需将这两个区域设置成新的分组。选中区域 C 的第一个标签页，在"设置工具"弹出框中，单击操作区的"分组"按钮，弹出如图 4-26 所示的选择项，单击"分组 2"。

选中区域 C 的其余标签页，重复此步骤，也将其设置为分组 2。然后选中区域 H，重复此步骤，将其设置为分组 2。通过对不同区域的分组进行设置,可以更好地理解区域与区域之间的交互关联性。

解决问题三:此时区域 C 中的"周线"标签对应的 K 线图是日线图,因此需要将日线图改为周线图。切换到区域 C 中的"周线"标签页,直接按键盘上的 97,如图 4-27 所示。

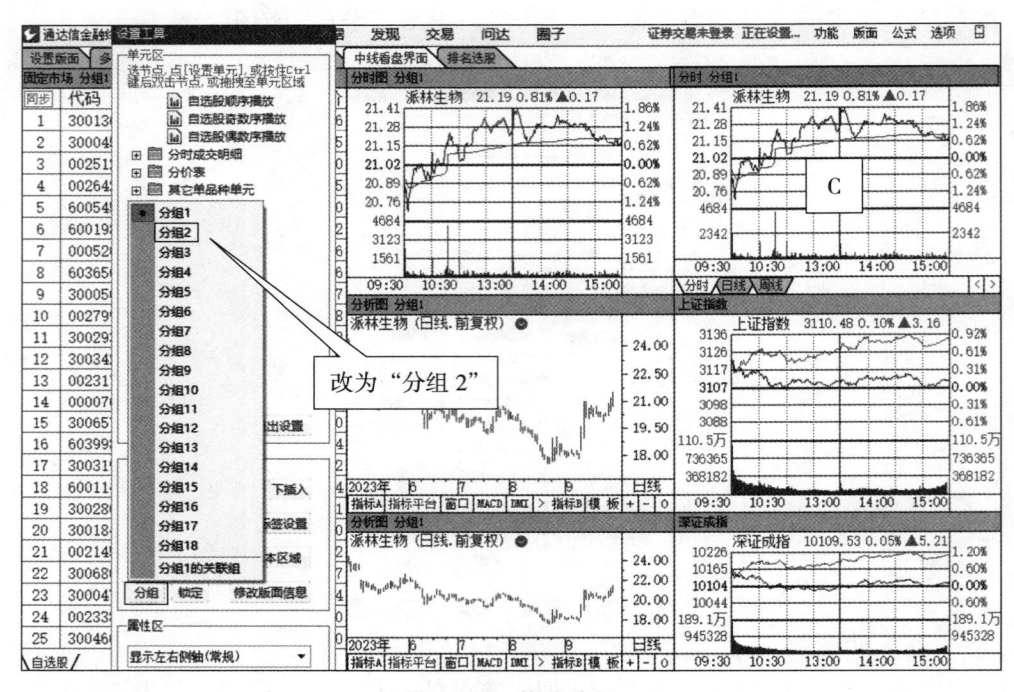

图 4-26 修改分组

按 Enter 键,即可将此标签页中的 K 线图从日线图改为周线图,如图 4-28 所示。选中区域 F,重复此步骤,即可将区域 F 的 K 线图也由日线图改为周线图。

步骤 6:设置完成后,保存版面。在"设置工具"弹出框中,单击操作区的"保存并退出设置"按钮,完成"中线看盘界面"全部的版面设置,最终的效果见图 4-10。

图 4-27　键盘精灵

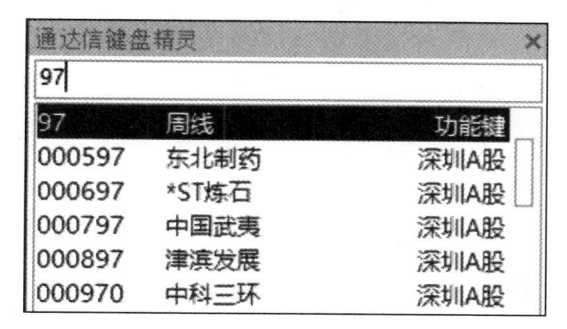

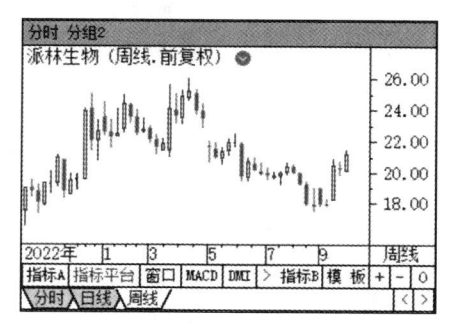

图 4-28　设置单元为周线图

4.7　热点板块看盘界面设置

投资者通常会从热点板块中发现最具赚钱效应的热门股。图 4-29 所示为常见的热点板块看盘界面，界面整体清爽简洁，主要包含了板块指数排名、板块龙头股，以及个股分布星空图等信息。

图 4-29　热点板块看盘界面示例

要实现图 4-29 所示的界面效果，先来创建一个热点板块看盘界面的布局版面。

首先，分析图 4-29 的布局。此界面共分 3 个区域，即区域 A、B、C。把左侧的区域 A 和区域 B 合并成一组，可以把界面看作左右格局。左侧有区域 A 和区域 B，右侧是区域 C，如图 4-30 所示。

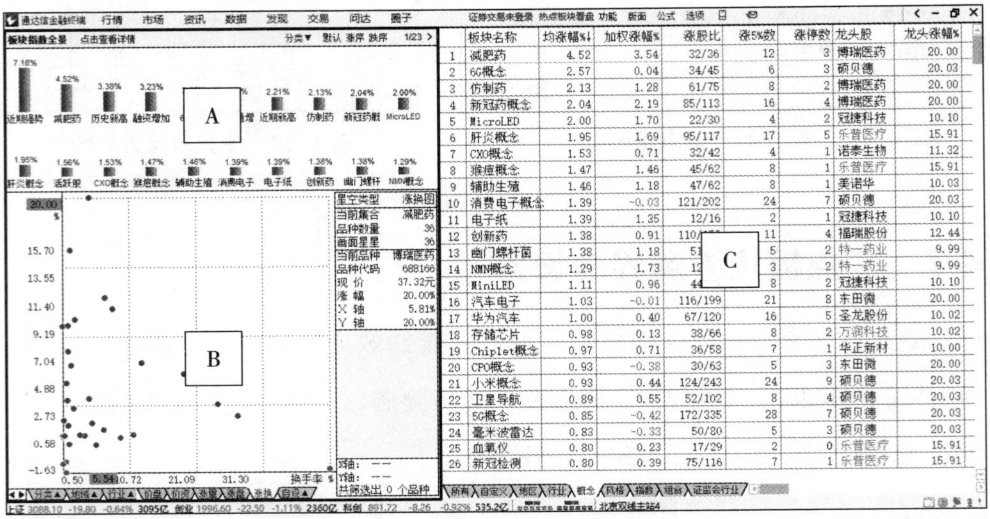

图 4-30 热点板块看盘界面布局

其次，利用"设置工具"弹出框中的"操作区"，在一张空白的临时版面中，完成图 4-30 所示的布局。具体操作过程不再赘述。

关键步骤是先"左插入"，把界面一分为二，接着在左侧区域"上插入"，把左侧区域分为上下两块，看盘界面的布局大致就完成了，如图 4-31 所示。把区域 C 调整得更宽一点，区域 B 调整得更高一点。

最后，单击单元区右下角的"保存并退出设置"按钮，设置版面名称为"热点板块看盘"，单击"确定"按钮，如图 4-32 所示，保存新版面。

需要说明的是，由于此版面包含的区域较少，不容易搞混，可以把 3 个区域的内容设置完成之后，再保存版面。为了防止投资者忘记保存新创建的版面，建议在布局设置完成后，养成先保存版面的习惯。然后通过修改版面的方式进行操作，也就是使用图 4-7 所示的"版面"功能菜单中的"设置当前版面"菜单。"热点板块看盘"保存成功后，新版面如图 4-33 所示。

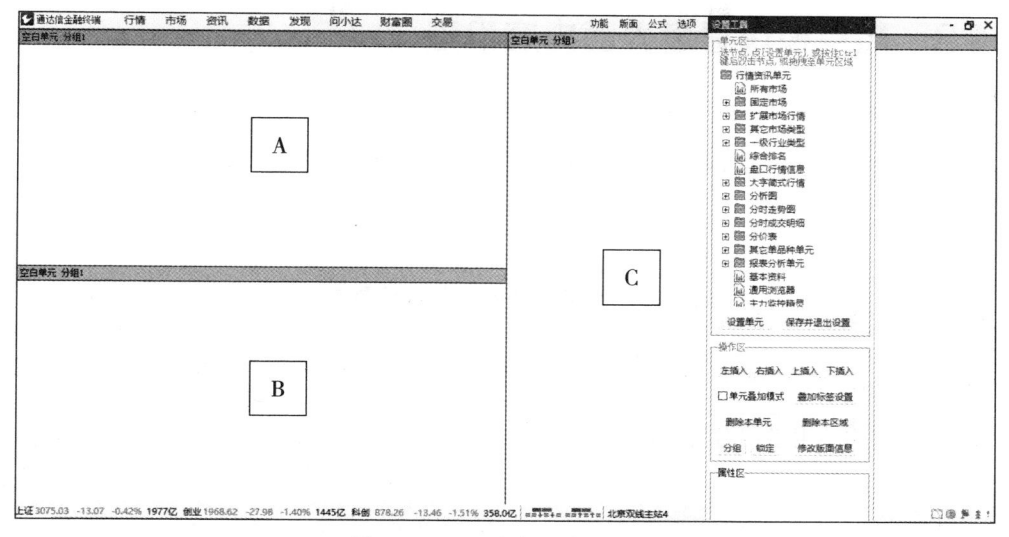

图 4-31　区域布局大致完成

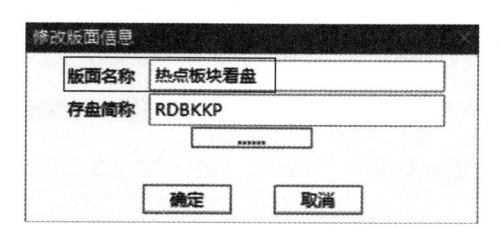

图 4-32　设置版面名称

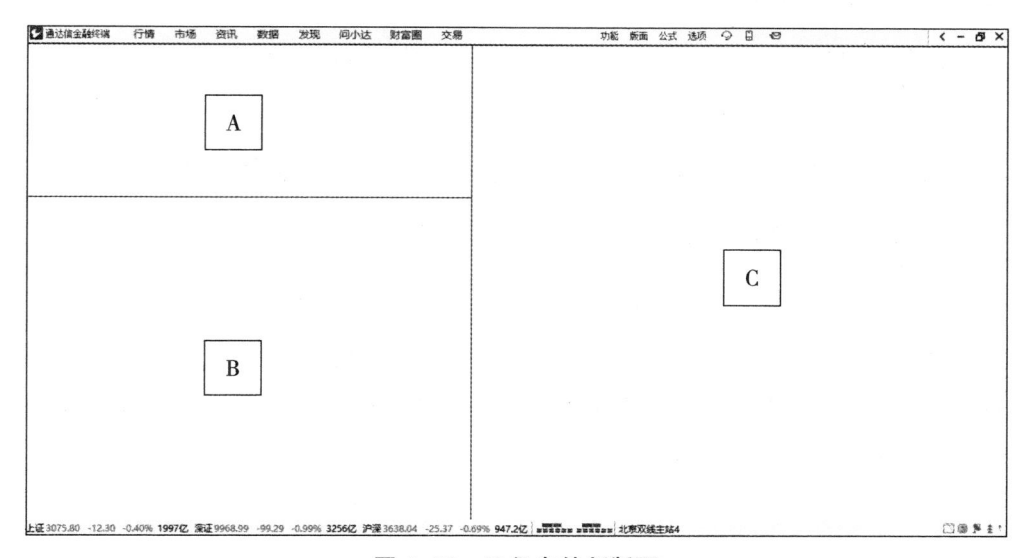

图 4-33　已保存的新版面

4.8 热点板块看盘界面内容设置

在给每个区域设置内容之前，先分析一下内容，制作一张设置顺序表。图 4-30 所示的 3 个区域里的单元内容可在"行情资讯单元"的单元树中找到，如表 4-2 所示。

表 4-2 区域对应的单元树设置顺序

界面效果 （见图 4-30）	区域功能	单元树的设置顺序
区域 A	板块指数的涨幅柱状图	行情资讯单元—板块指数全景（倒数第二个）
区域 B	星空图	行情资讯单元—星空图（倒数第一个）
区域 C	板块列表及龙头股	行情资讯单元—报表分析单元—板块分析

参照表 4-2 的设置顺序，利用"设置工具"弹出框中的"单元区"，完成热点板块看盘界面的设置。

步骤 1：将"热点板块看盘"的布局版面设置为编辑状态。打开"版面"功能菜单，选择"设置当前版面"菜单，关闭提示框，然后单击右上角的"设置工具"，打开"设置工具"弹出框。尽管此时在软件中看到的界面与图 4-31 相同，但现在版面是编辑状态，而不是新建状态。

步骤 2：依据表 4-2 的设置顺序，分别设置区域 A、B、C。设置完成后，关闭"设置工具"弹出框，界面如图 4-34 所示。

对比图 4-23，图 4-34 中的 3 个区域并没有显示设置好的图表或者列表，而是在区域中间分别显示了一行文字"保存并退出设置后，显示……"。这是由于 3 个单元的功能属性造成的。

步骤 3：单击软件最上方的"版面"，弹出如图 4-35 所示的"版面"功能菜单，选择"保存并退出设置"命令，完成"热点板块看盘"版面的全部设置，最终效果见图 4-29。

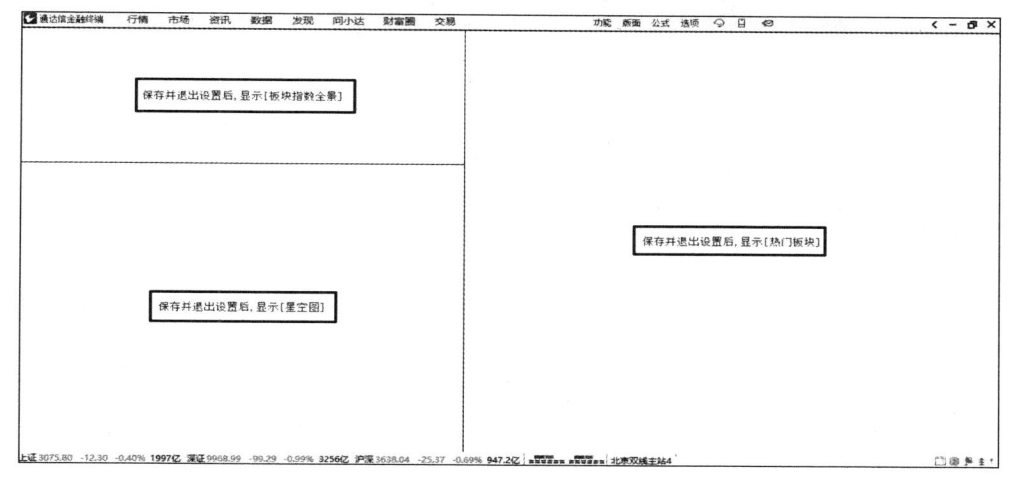

图 4-34 区域设置完成（未保存）

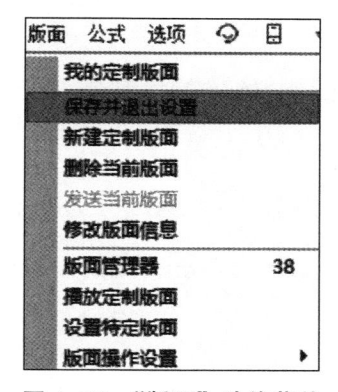

图 4-35 "版面"功能菜单

4.9 热点板块看盘界面交互设置

在图 4-36 所示的热点板块看盘界面中，常用的操作流程可以按照从区域 A 到区域 C，再到区域 B 的顺序进行。区域 B 的星空图是通达信软件中用来抓取热点板块中的龙头股、强势股比较直观的界面，深受投资者的青睐。

在区域 A，用柱形图的方式按照各个板块指数的涨幅进行排名，左边是涨幅最高的板块。按照从左往右，从上往下的顺序排列，区域 A 可以快速查看板块动向。

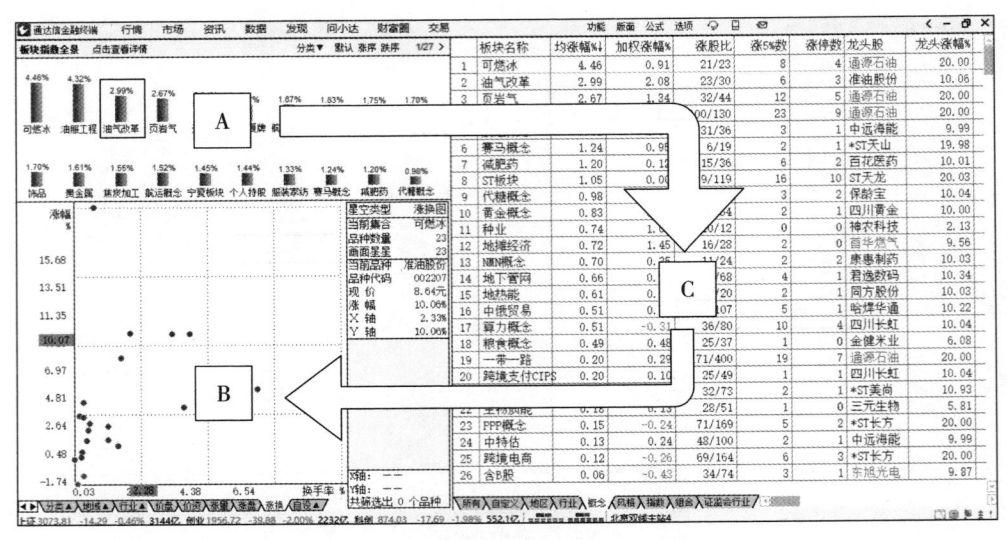

图 4-36 热点板块看盘界面操作流程

双击某个柱子,例如图 4-36 中的第三个"油气改革",界面跳转到如图 4-37 所示的指数行情界面。左侧下方的"成份股"标签页中,可以看到"油气改革"板块的个股按照涨幅从高到低进行了排序。右击某只个股可快速添

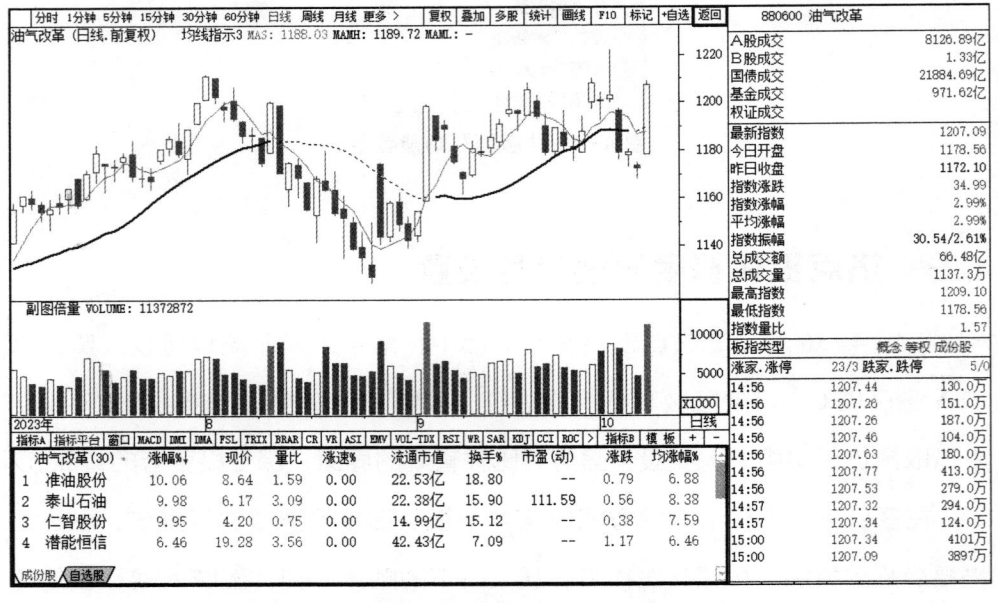

图 4-37 指数行情界面（880600 油气改革）

加至自选股或者自定义板块中。单击右上角的"返回"按钮，或按快捷键Esc，将回到图 4-36 所示的界面。

在图 4-36 中的区域 C，通过切换下方的标签页，可以查看不同的板块指数排名。

对比区域 A 和区域 C 的排序可以看到，区域 A 的排序第一个是"可燃冰"板块，第二个是"油服工程"板块，第三个是"油气改革"板块。而区域 C 的排序第一个是"可燃冰"板块，第二个是"油气改革"板块，如图 4-38 所示。

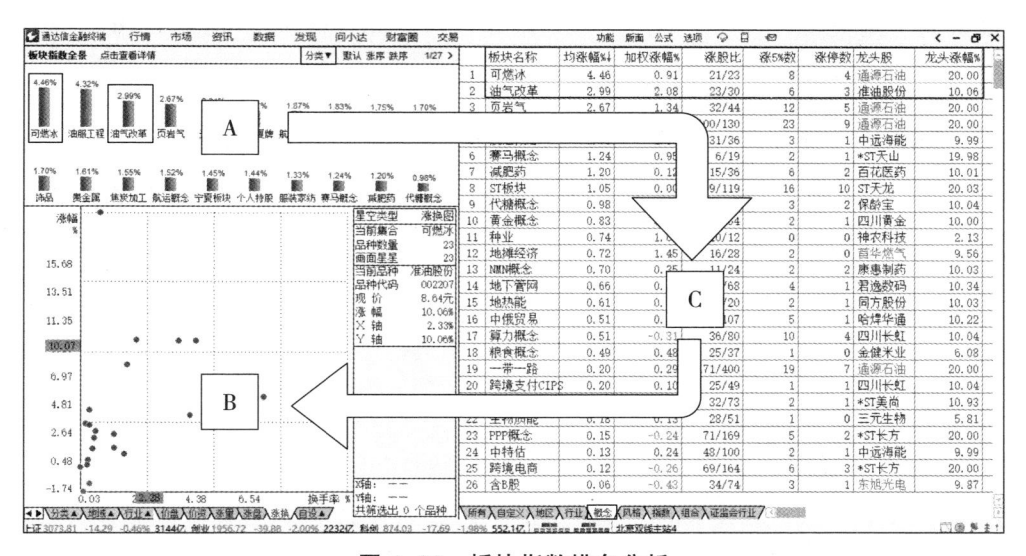

图 4-38　板块指数排名分析

两个排序不一致，原因是当前区域 C 选中了"概念"标签页。此板块类型中没有区域 A 排名第二的"油服工程"板块，而"油服工程"板块属于"行业"板块类型。由此可知，区域 A 和区域 C 的指数排名不一致是由各自的设置决定的。区域 C 的指数排名由区域下方的标签页指定排序范围；而区域 A 的排序范围是由区域右上角的"分类"按钮设置的。

区域 B 是依据区域 C 选中的某个板块指数，自动画出的星空图。例如选中区域 C 排第一的"可燃冰"板块，如图 4-39 所示。

在星空图中滑动鼠标，放在任意一个星点上，例如图中的准油股份，星空图的右侧将自动显示星点的信息"当前品种 准油股份 品种代码 002207……"。信息框里的"涨幅 10.06%"是个股当前的涨幅。而星空图纵坐标的"10.07"是提取了鼠标位置的数值。换句话说，星空图的星点占用的空间，比真实的 X 轴和 Y 轴确定的位置（X，Y）稍大一点。可以通过快捷菜单手动调节星点的大小。

"可燃冰"板块中涨幅最高的个股是通源石油，因此被显示在"可燃冰"板块的"龙头股"一列。而准油股份既是"可燃冰"板块涨幅排第二的个股，又是"油气改革"板块涨幅排第一的个股。

把准油股份加入自选股，可以在图 4-37 所示的股票界面操作，也可以在图 4-39 所示的星点上操作。滑动鼠标到准油股份对应的星点位置右击，弹出如图 4-40 所示的快捷菜单，选择"另存为板块"。

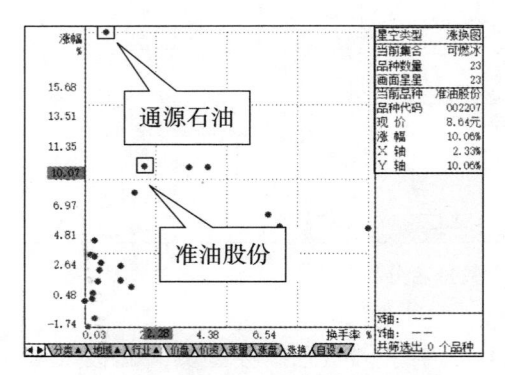

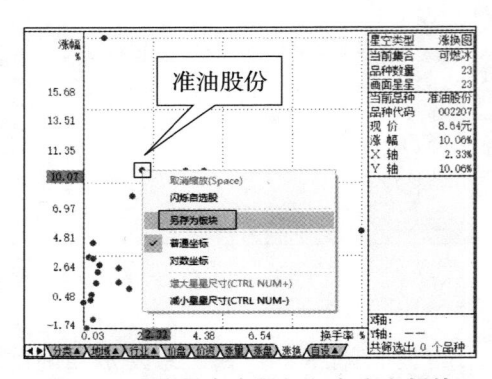

图 4-39　"可燃冰"板块星空图　　　　图 4-40　将星点个股加入自定义板块

4.10　星空图的基本操作

星空图是一张包含横坐标 X 轴和纵坐标 Y 轴的坐标图。图中的每一个星点代表一只个股，依据个股横坐标和纵坐标的数值确定位置。

图 4-41 的横坐标是"换手率%",纵坐标是"涨幅%",是由下方的标签页"涨换"设置的。

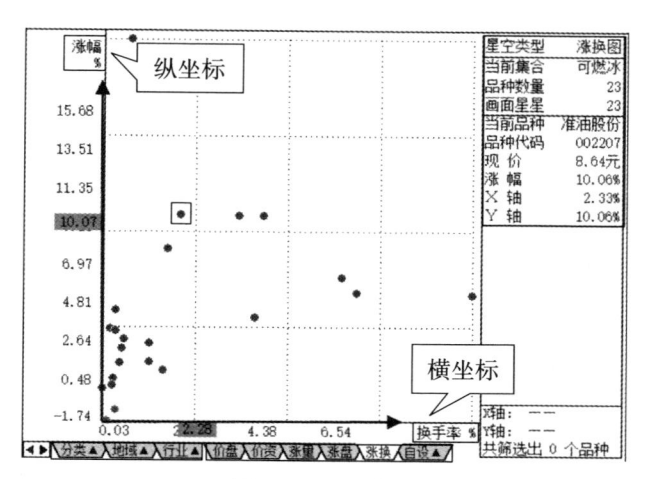

图 4-41　星空图

区域 B 显示的星空图与区域 C 自动关联,同时它也可以作为一个独立的单元,通过下方的标签页"分类""地域""行业"等,显示不同的星空图。还可选择"价盘""价资""涨量""涨盘"等不同标签页显示出不同的星空图。通过"自设"标签页还能自定义横、纵坐标。

"价盘"是指纵坐标为现价(单位:元),横坐标为流通股本(单位:亿股)。

"价资"是指纵坐标为现价(单位:元),横坐标为每股净资产(单位:元)。

"涨量"是指纵坐标为涨幅(%),横坐标为量比。

"涨盘"是指纵坐标为涨幅(%),横坐标为流通股本(单位:亿股)。

进阶篇

任何类型的人才都因稀缺而能获得很高的回报。

——威廉·彼得·汉密尔顿

(William Peter Hamilton, 1867—1929年)

《股市晴雨表》

第 5 章　常用界面

界面，通常指的是股票软件的核心显示区域，也就是把底层数据可视化，用图形或者表格的形式将其展示给投资者。在这个区域，既可以显示独立功能的单元（单独的列表或者图表），也可以显示多个单元。一个界面需要设置的单元，主要取决于界面的用途，也就是界面的使用场景。

本章主要介绍通达信中的常用界面。

5.1　选股结果列表

选股结果列表是以表格的形式展示多个品种信息的界面。比如，"设置工具"弹出框中"行情资讯单元"的单元树会依据不同选项，在选股结果列表中展示所有市场行情、固定市场行情、其他市场类型、一级行情类型、报表分析单元等信息。而在公式编写时使用的选股结果列表，主要根据选股公式的选股结果来展示信息。

依据不同的设置，选股后的结果列表被放在不同的板块里。

1. 执行选股后的选股结果列表

在 2.4 节图 2-10 的"条件选股"窗口中，单击"执行选股"按钮自动完成选股后，页面自动打开选股结果列表。该列表位于默认的"临时条件股"板块。

常见的选股结果列表如图 5-1 所示，在软件的核心区域显示股票列表，上方的表头栏目是可以自定义的。

如果使用了好几个财务指标选股，可以通过修改表头栏目的方式，让选股结果列表与选股条件相匹配，方便判断选股公式是否编写无误。通过列表中的自定义表头栏目数据，可以进一步进行筛选。

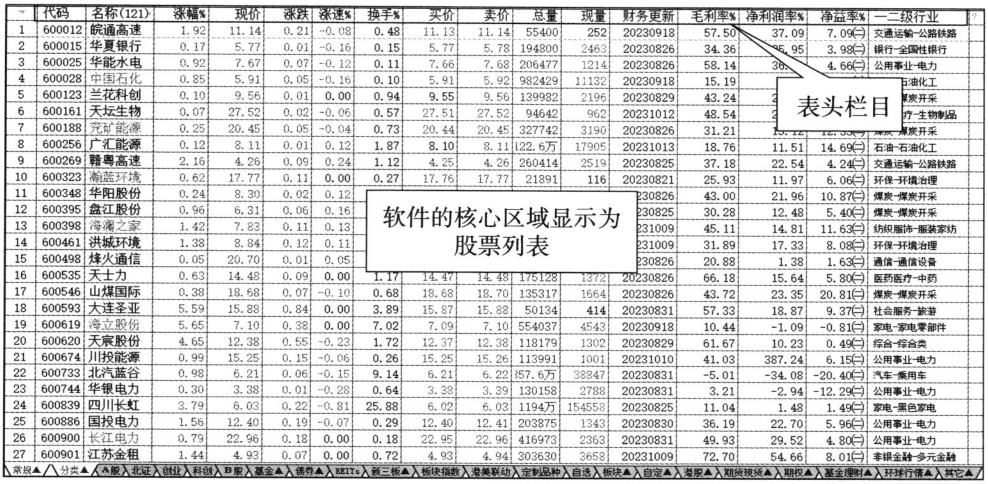

图 5-1 选股结果列表

例如在表 5-1 的"现量"前增加一列"量比"。操作过程是：在表头栏目"现量"的位置右击鼠标，弹出如图 5-2 所示的快捷菜单。在"基本栏目"的子菜单，找到"量比"命令后单击即可。

图 5-2 表头栏目快捷菜单

调整表头栏目后，股票列表如图 5-3 所示。可以观察到在“总量”和“现量”两列之间，插入了一列“量比”，而“现量”右侧的表格数据没有变化。

	代码	名称(121)	涨幅%	现价	涨跌	涨速%	换手%	买价	卖价	总量	量比	现量	财务更新	毛利率%	净利润率%	净益率%	一二级行业
1	600012	皖通高速	1.92	11.14	0.21	-0.08	0.48	11.13	11.14	55400	1.34	252	20230918	57.50	37.09	7.09㈡	交通运输-公路铁路
2	600015	华夏银行	0.17	5.77	0.01	-0.16	0.15	5.77	5.78	194800	0.69	2463	20230826	34.36	25.95	3.98㈡	银行-全国性银行
3	600025	华能水电	0.92	7.67	0.07	-0.12	0.11	7.66	7.68	206477	1.38	1214	20230826	58.14	36.06	4.66㈡	公用事业-电力
4	600028	中国石化	0.85	5.91	0.05	-0.16	0.10	5.91	5.92	982429	0.78	11132	20230918	15.19	2.54	4.41㈡	石油-石油化工
5	600123	兰花科创	0.10	9.56	0.01	0.00	0.94	9.55	9.56	139982	0.87	2196	20230829	43.24	21.98	8.56㈡	煤炭-煤炭开采
6	600161	天坛生物	0.07	27.52	0.02	-0.06	0.57	27.51	27.52	94642	0.78	962	20231012	48.54	28.77	6.11㈡	医药医疗-生物制品
7	600188	兖矿能源	0.25	20.45	0.05	-0.04	0.73	20.44	20.45	327742	1.07	3190	20230826	31.21	15.12	12.33㈡	煤炭-煤炭开采
8	600256	广汇能源	0.12	8.11	0.01	0.12	1.87	8.10	8.11	122.6万	1.26	17905	20231013	18.76	11.51	14.69㈡	石油-石油化工
9	600269	赣粤高速	2.16	4.26	0.09	0.24	1.12	4.25	4.26	260414	1.13	2519	20230825	37.18	22.54	4.24㈡	交通运输-公路铁路
10	600323	瀚蓝环境	0.62	17.77	0.11	0.00	0.27	17.76	17.77	21891	0.50	116	20230821	25.93	11.97	6.06㈡	环保-环境治理
11	600348	华阳股份	0.24	8.30	0.02	0.12	0.92	8.29	8.30	331682	1.20	3056	20230826	43.00	21.96	10.87㈡	煤炭-煤炭开采
12	600395	盘江股份	0.96	6.31	0.06	0.16	0.42	6.30	6.31	90168	0.83	602	20230825	30.28	12.48	5.40㈡	煤炭-煤炭开采
13	600398	海澜之家	1.42	7.83	0.11	0.13	0.37	7.82	7.83	158391	1.23	943	20231009	45.11	14.81	11.63㈡	纺织服饰-服装家纺
14	600461	洪城环境	1.38	8.84	0.12	0.11	0.36	8.83	8.84	36463	0.69	270	20231009	31.89	17.33	8.08㈡	环保-环境治理
15	600498	烽火通信	0.05	20.70	0.01	0.05	1.76	20.70	20.71	199492	0.99	3182	20230826	20.88	1.38	1.63㈡	通信-通信设备
16	600535	天士力	0.63	14.48	0.09	0.00	1.17	14.47	14.48	175128	1.43	1372	20230826	66.18	15.64	5.80㈡	医药医疗-中药
17	600546	山煤国际	0.38	18.68	0.07	-0.10	0.68	18.68	18.70	135317	0.68	1664	20230826	43.72	23.35	20.81㈡	煤炭-煤炭开采
18	600593	大连圣亚	5.59	15.88	0.84	0.00	3.89	15.87	15.88	50134	2.81	414	20230831	57.33	18.87	9.37㈡	社会服务-旅游
19	600619	海立股份	5.65	7.10	0.38	0.00	7.02	7.09	7.10	554037	3.27	4543	20230918	10.44	-1.09	-0.81㈡	家电-家电零部件
20	600620	天宸股份	4.65	12.38	0.55	-0.23	1.72	12.37	12.38	118179	3.08	1302	20230829	61.67	10.23	0.49㈡	综合-综合类
21	600674	川投能源	0.99	15.25	0.15	-0.06	0.26	15.25	15.26	113991	1.55	1001	20231010	41.03	387.24	6.15㈡	公用事业-电力
22	600733	北汽蓝谷	0.98	6.21	0.06	-0.15	9.14	6.21	6.22	357.6万	2.76	38847	20230831	-5.01	-34.08	-20.40㈡	汽车-乘用车
23	600744	华银电力	0.30	3.38	0.01	-0.28	0.64	3.38	3.39	130158	0.98	2788	20230831	3.21	-2.94	-12.29㈡	公用事业-电力
24	600839	四川长虹	3.79	6.03	0.22	-0.81	25.88	6.02	6.03	1194万	2.23	154558	20230825	11.04	1.48	1.49㈡	家电-黑色家电
25	600886	国投电力	1.56	12.40	0.19	-0.07	0.29	12.40	12.41	203875	1.05	1343	20230830	36.19	22.70	5.96㈡	公用事业-电力
26	600900	长江电力	0.79	22.96	0.18	0.00	0.18	22.95	22.96	416973	1.10	2363	20230831	49.93	29.52	4.80㈡	公用事业-电力
27	600901	江苏金租	1.44	4.93	0.07	0.00	0.72	4.93	4.94	303630	1.08	3658	20231009	72.70	54.66	8.01㈡	非银金融-多元金融

常规▲ 分类▲ A股 北证 创业 科创 B股 基金▲ 债券▲ REITs 新三板▲ 板块指数 港美联动 定制品种 自选 板块▲ 自定▲ 港股▲ 期货现货▲ 期权▲ 基金理财▲ 环球行情▲ 其它▲ 通达信

图 5-3　调整表头栏目后的股票列表

实际上，股票列表页面能够显示的栏目数量与投资者使用的计算机屏幕大小有关。如果把炒股软件的宽度缩小，那么列表页面显示的栏目会自动减少。

2. 选股入板块后的选股结果列表

除了将选股结果放在默认的“临时条件股”板块，投资者还可以依据个人的投资风格，将选股结果放进自定义的板块中。

例如，想将选股结果放入一个叫“大选股池”的板块中，那么在执行条件时，就不能单击“执行选股”按钮了，而应单击“选股入板块”按钮，如图 5-4 所示。在“请选择板块”弹出框中选择“大选股池”，单击“确定”按钮，开始自动选股。

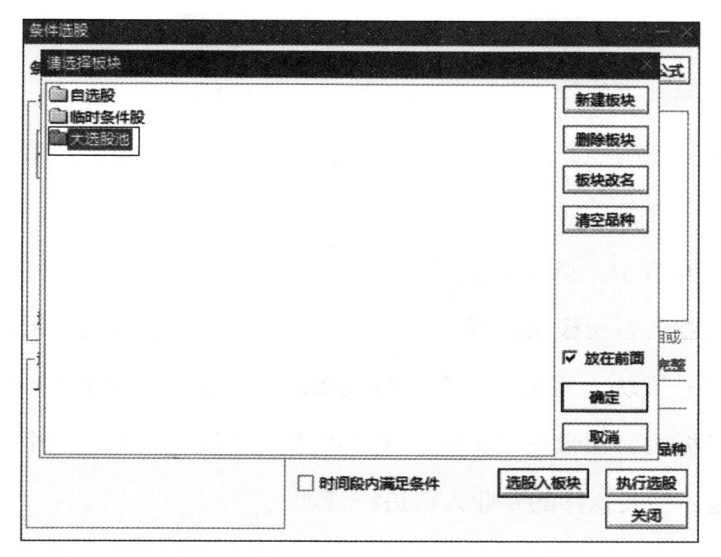

图 5-4　选择要放入的板块

5.2　板块与品种

软件中的"板块"功能可以对多只股票进行分组管理。一个板块可以包含多只股票，一只股票可以放在多个板块中。一个板块类型包含了多个子板块，每个子板块又包含多只个股。简单来说，板块与个股的关系如图 5-5 所示。

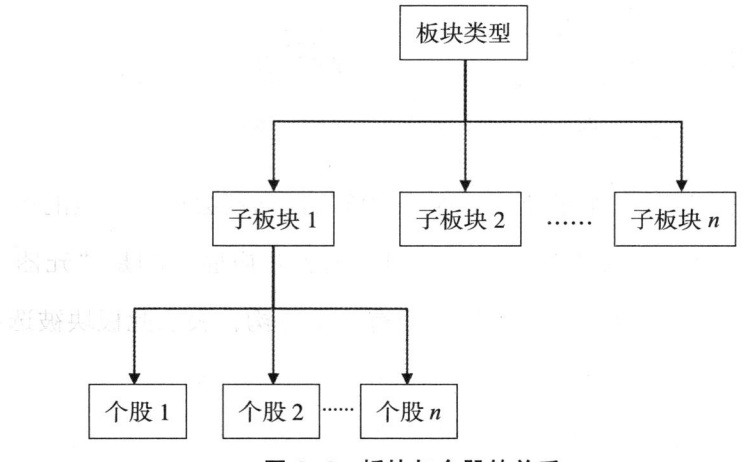

图 5-5　板块与个股的关系

炒股软件提供了众多板块，供投资者日常使用。在图 4-2 所示的全景图中，区域 F 展示了软件自带的行业板块、概念板块、风格板块、地区板块等类型。需要注意的是，这里的行业、概念、风格、地区指的是板块类型，每个板块类型包含多个子板块。

如图 5-6 所示，选中列表下方的"板块"标签页，弹出"板块"选项，它包含了证监会行业板块、概念板块、风格板块、指数板块、组合板块、地区板块和行业板块。将鼠标放在"行业板块"上方，自动打开"行业板块"类型下的子板块，包含煤炭开采、焦炭加工、油气开采等上百个子板块，这些数据都是由炒股软件的专业人员进行管理的。

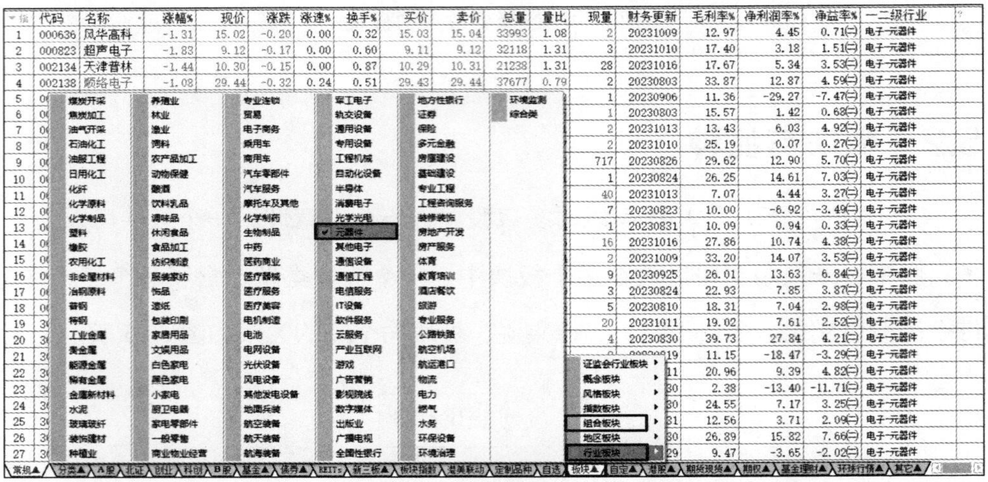

图 5-6 行业板块类型下的子板块

投资者只需选择某个子板块，软件的核心区域便会显示对应的列表。图 5-6 中，选择了"元器件"子板块，因此列表对应显示的是"元器件"板块包含的个股。子板块"元器件"前面有一个对钩，表示此板块被选中了。

"板块"选项中的"组合板块"类型与投资者自定义组合有关。当投资者设置了自定义交易品种组合时，自定义的组合便显示在"组合板块"类型的子板块中。设置自定义品种组合的入口位于"功能"菜单下，选择"定制品种"—"组合品种管理",如图 5-7 所示。具体设置过程此处不赘述。

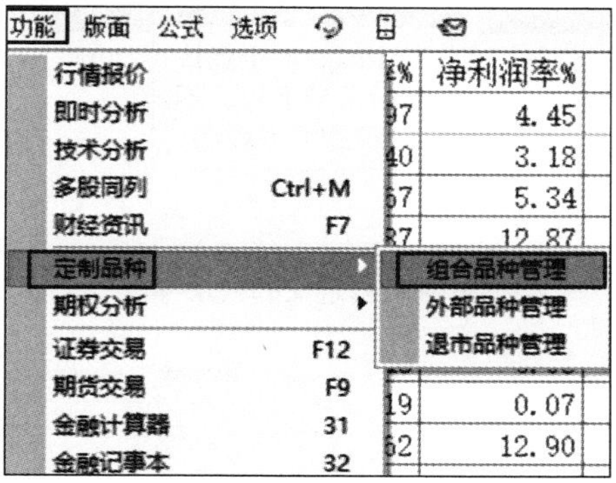

图 5-7 组合品种管理

5.3 自定义板块

自定义板块是一类特殊的板块功能,投资者使用自定义板块功能,能够灵活创建板块与设置板块内包含的个股。自定义板块与自定义组合是不同的功能。设置自定义板块的入口如图 5-8 所示,位于"自定"标签页的"自定义板块设置"选项。

图 5-8 自定义板块设置

选择"自定义板块设置"选项后,打开"自定义板块设置"窗口,如图 5-9 所示。该界面主要分为上、下两部分,上面是管理自定义板块的区域,下面用于管理自定义板块中包含的交易品种。也就是说,图 5-9 是用可视化界面的形式表现了图 5-5 的逻辑关系。图 5-9 是一个复杂的交互界面,能够同时管理软件中的板块和板块中的个股,而图 5-4 中的"请选择板块"弹出框只包含对板块的管理。

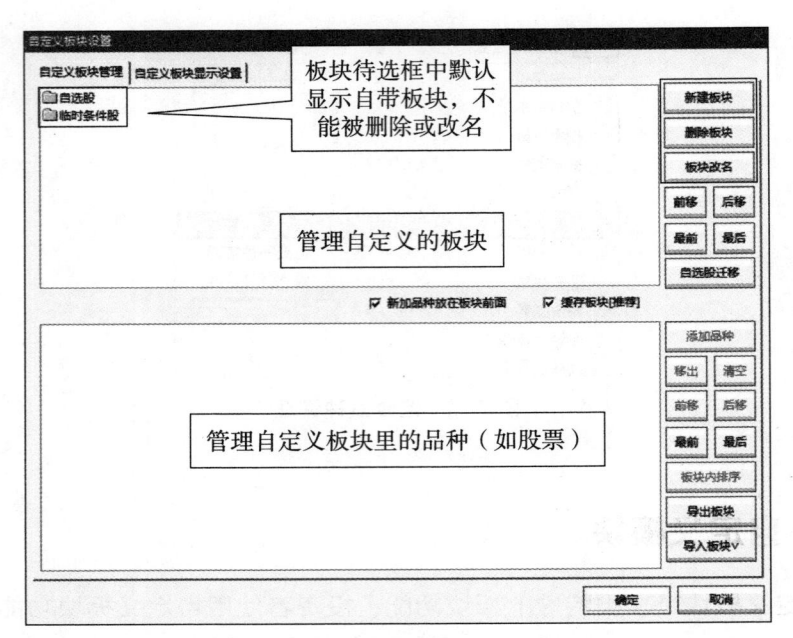

图 5-9 "自定义板块设置"窗口

图 5-9 的板块待选框中，系统自带了"自选股"和"临时条件股"两个板块。选中这两个板块时，右侧的"删除板块"和"板块改名"按钮是灰色的，不能点。

如果要新建一个叫"大股票池"的板块，可以先单击图 5-9 右侧的"新建板块"按钮，弹出如图 5-10 所示的"新建板块"对话框。在"板块名称"文本框中输入"大股票池"。单击"确定"按钮，保存新建的板块。

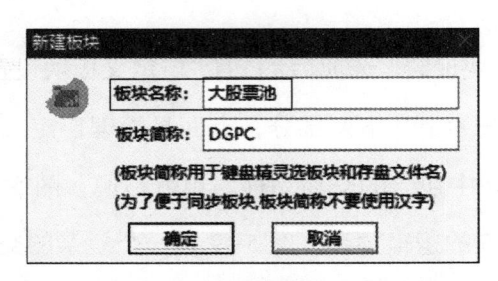

图 5-10 设置新板块的名称

新板块"大股票池"创建成功,自动排在板块待选框中的最后。同时可以看到新创建的板块是空的,包含的交易品种数量是 0,如图 5-11 所示。

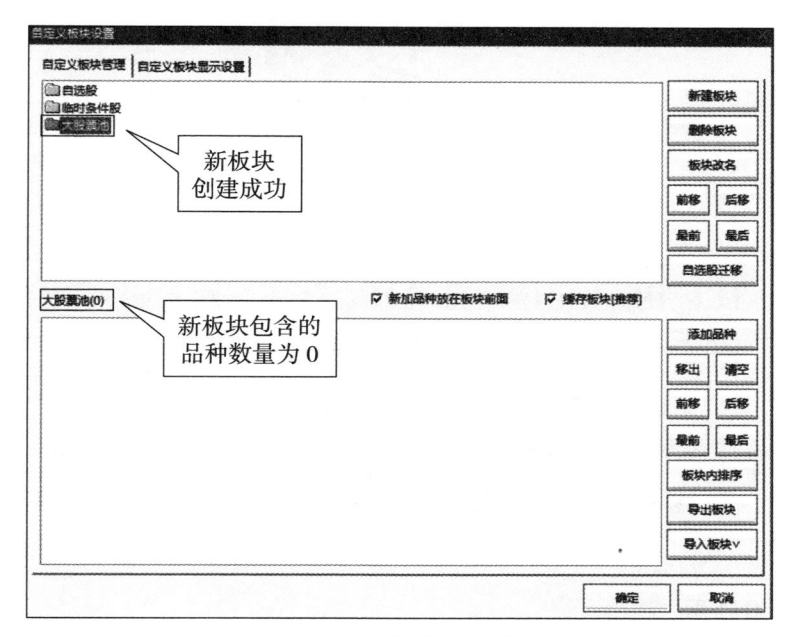

图 5-11　新板块创建成功

需要注意的是,图 5-11 右下角的"确定"和"取消"按钮用来控制在此界面对某个板块设置了交易品种后,是否保存该设置。如果修改了某个板块内的交易品种,但是点了"取消"按钮,则系统不会保存修改后的结果。

5.4　个股详情页——K 线图

个股详情页通常是指以图表的形式,展示单个品种在多时间周期内的量价信息界面。个股详情页主要分为左侧区域和右侧区域。编写指标公式时,通常是在左侧区域展示结果。

在个股详情页的左侧区域,主图设置了 K 线图的显示效果如图 5-12 所示。新安装的炒股软件默认在左侧区域显示 K 线图。

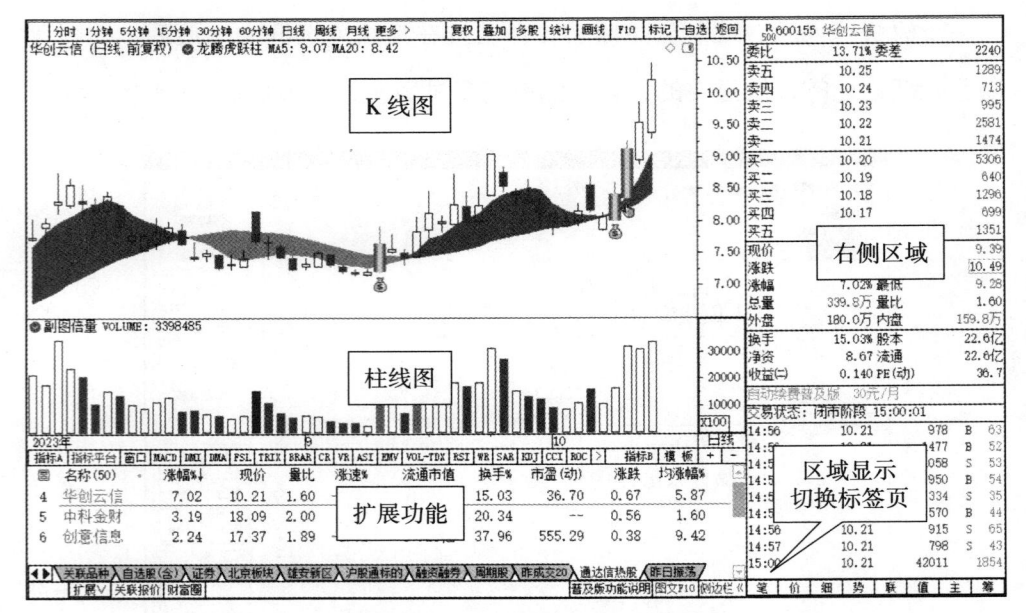

图 5-12　个股详情页——K 线图（600155 华创云信）

1. 认识界面

图 5-12 的左侧区域主要分为上、中、下三个区域。上面是使用 K 线图显示价格信息，中间是使用柱线图显示成交量信息，下面是打开"扩展"功能，方便依据当前显示的个股，查看与关联品种的实时行情。单击图 5-12 左下角的"扩展"按钮，可以收起扩展区域，再次单击可以打开。

右侧区域显示的信息主要由下方的标签页决定。图 5-12 的右侧区域显示了五档盘口等信息，是由于当前选中了标签页"笔"。

2. 熟悉 K 线图

双击 K 线图中的第一根"虎跃柱"，如图 5-13 所示。此时主图弹出了历史行情数据框，显示此根 K 线出现在 2023 年 9 月 11 日，周一。在历史行情数据框中，还有该交易日的开盘价、最高价、最低价、收盘价、成交量、成交额、涨幅、振幅、换手率、流通股等数据信息。

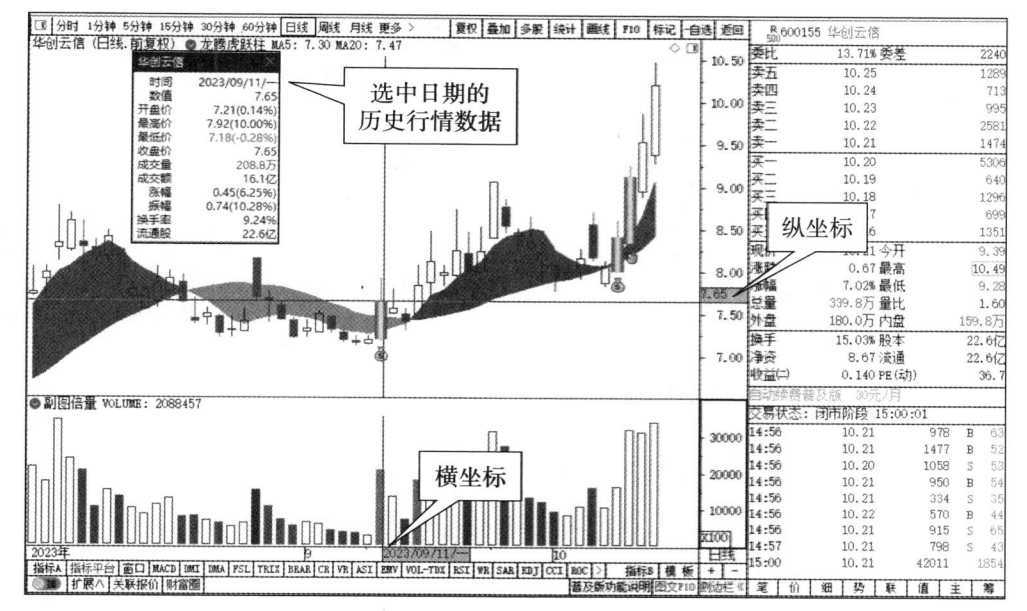

图 5-13　K 线图（600155 华创云信）

图 5-13 中 K 线图的横坐标是时间周期日线，设置方法位于 K 线图的上方，此时"日线"的颜色与其他周期不同。K 线图的横坐标只显示交易日的数据，直接跳过了非交易日。因此，图 5-13 中选中日期的前一根 K 线并不是 2023 年 9 月 10 日（周日），而是前一个交易日期 2023 年 9 月 8 日（周五）。图 5-13 的坐标系与图 4-11 所示的星空图不同，K 线的横坐标不能改成量比或者流通股等其他数据。

3. 锁定 K 线图横坐标的开始日期

除了可以设置横坐标的时间周期，还可以锁定 K 线图的开始日期。假如今天是 2023 年 10 月 19 日，希望仅显示最近两个多月的 K 线图，可将开始日期设置为 2023 年 8 月 3 日。在键盘精灵输入 42，如图 5-14 所示。

按回车键后，在如图 5-15 所示的"请选择锁定显示的开始日期"弹出框中，输入"2023-08-03"，单击"确定"按钮即可。

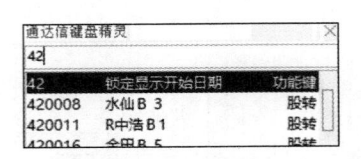

图 5-14　键盘精灵

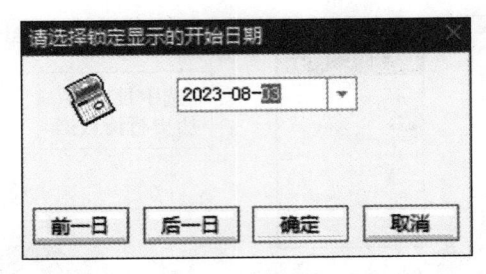

图 5-15　选择开始日期

4. 修改 K 线图的纵坐标

图 5-13 中的纵坐标是股价，单位通常是元。依据投资者设置的主图坐标，主图纵坐标的单位会自动变化。纵坐标除了是价格，还可以是百分比。设置方法：在主图空白处右击鼠标，在弹出的快捷菜单中选择"主图坐标"命令，如图 5-16 所示。"百分比坐标"以 K 线图中显示的左侧第一根 K 线的开盘价作为基准价格，计算后续各价位的百分比，纵坐标是百分比。

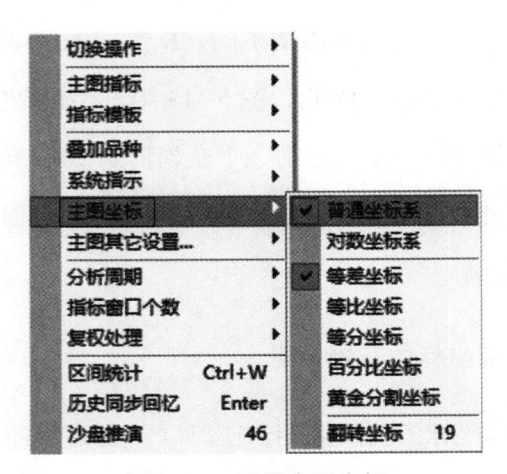

图 5-16　设置主图坐标

5. 黄金分割坐标的数值计算

"黄金分割坐标"以 K 线图中显示的纵坐标最高价和最低价为基准，分别计算黄金分割价位 19.1%、38.2%、50%、61.8%、80.9% 的数值。纵坐标有价格和百分比两个数值，如图 5-17 所示。

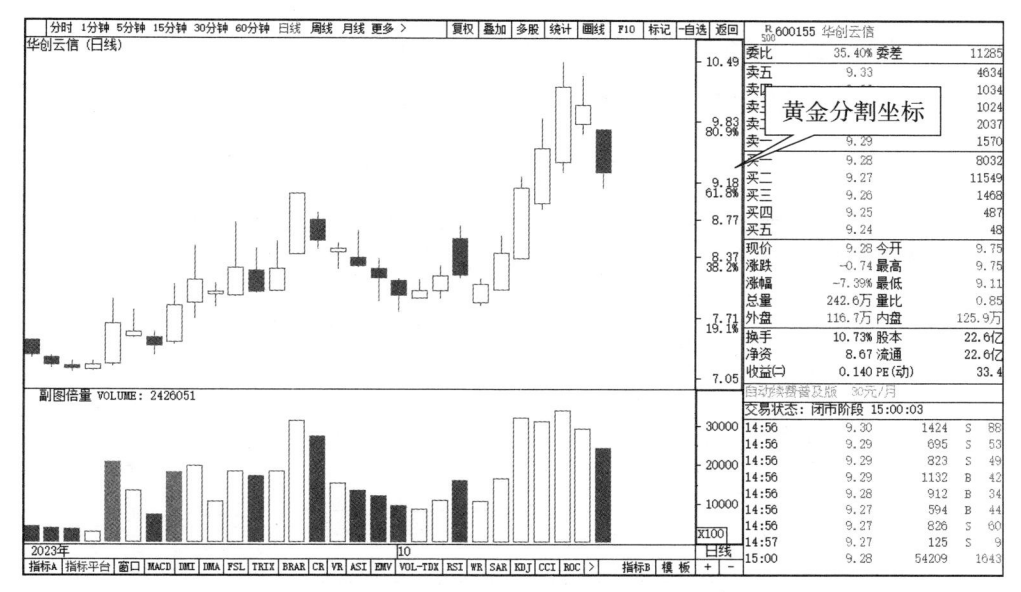

图 5-17 黄金分割坐标（600155 华创云信）

以图 5-17 中的纵坐标最低价 7.05 元，最高价 10.49 元，计算黄金分割价位，如表 5-1 所示。与图 5-17 的纵坐标结果对比，除了 38.2% 对应的数值误差 1 分钱，其余数值相等。

表 5-1 黄金分割坐标的数值计算

黄金分割比例	中间数值（元）： （最高价－最低价）× 黄金分割比例	黄金分割价位（元）： 最低价 + 中间数值
0	（10.49-7.05）× 0=0	7.05
19.1%	（10.49-7.05）× 19.1% ≈ 0.66	7.71
38.2%	（10.49-7.05）× 38.2% ≈ 1.31	8.36
50%	（10.49-7.05）× 50%=1.72	8.77
61.8%	（10.49-7.05）× 61.8% ≈ 2.13	9.18
80.9%	（10.49-7.05）× 81.9% ≈ 2.78	9.83
100%	（10.49-7.05）× 100%=3.44	10.49

5.5 个股详情页——分时图

分时图是以 1 分钟为时间周期，将每一分钟的收盘价连接成折线的图表，下方同时显示每一分钟的成交量。分时图常用于日内交易，俗称"当冲"（当日冲销）。按快捷键 F5，可以将个股详情页在 K 线图与分时图之间自由切换，也可以单击图 5-13 左上角的"分时"，进入如图 5-18 所示的分时图。

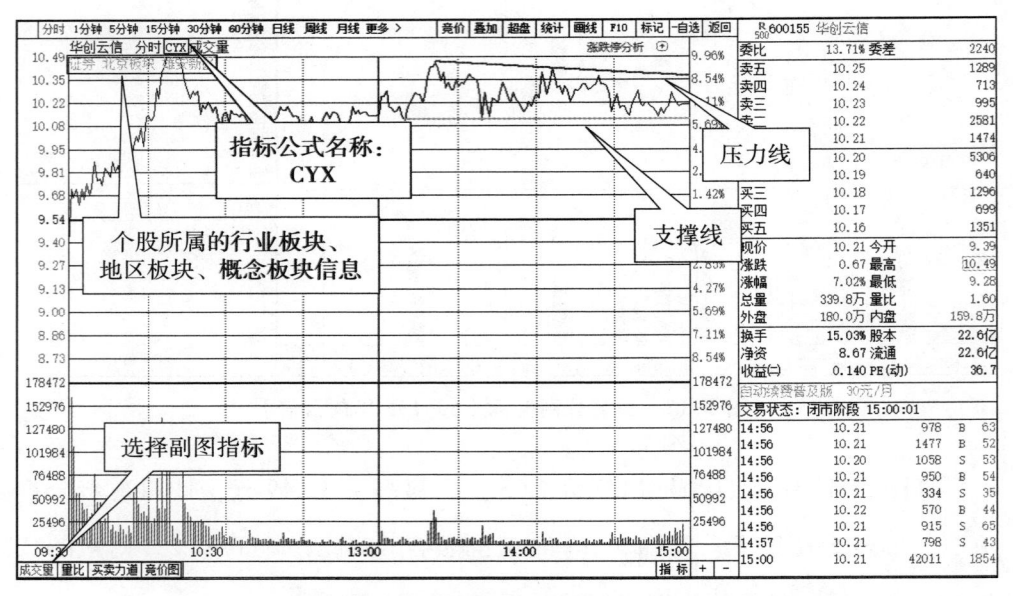

图 5-18 带有 CYX 撑压线指标的分时图（600155 华创云信）

分时图与 K 线图的作图方式虽然不同，但分时图也可以添加技术指标公式。图 5-18 设置了系统公式"CYX 撑压线"。该指标公式主要是在指定时间周期条件下，自动画出绿色的支撑线和红色的压力线。此外，分时图的左上角还显示了该股所属的行业板块、地区板块、概念板块等信息。

在分时图的左下角有副图指标的快速切换标签页，K 线图也有类似的操作。图 5-18 为默认选中"成交量"的状态。当选择其他标签页（如量比、买卖力量、竞价图）时，在成交量与横坐标的时间轴之间，自动增加一个副图。

5.6 个股详情页——筹码分布图

筹码分布图是近些年流行起来的一种技术分析图表。与传统的坐标系不同，它利用了统计学原理，基于指定的交易日，统计特定时间周期内的成本分布情况，如图 5-19 所示。

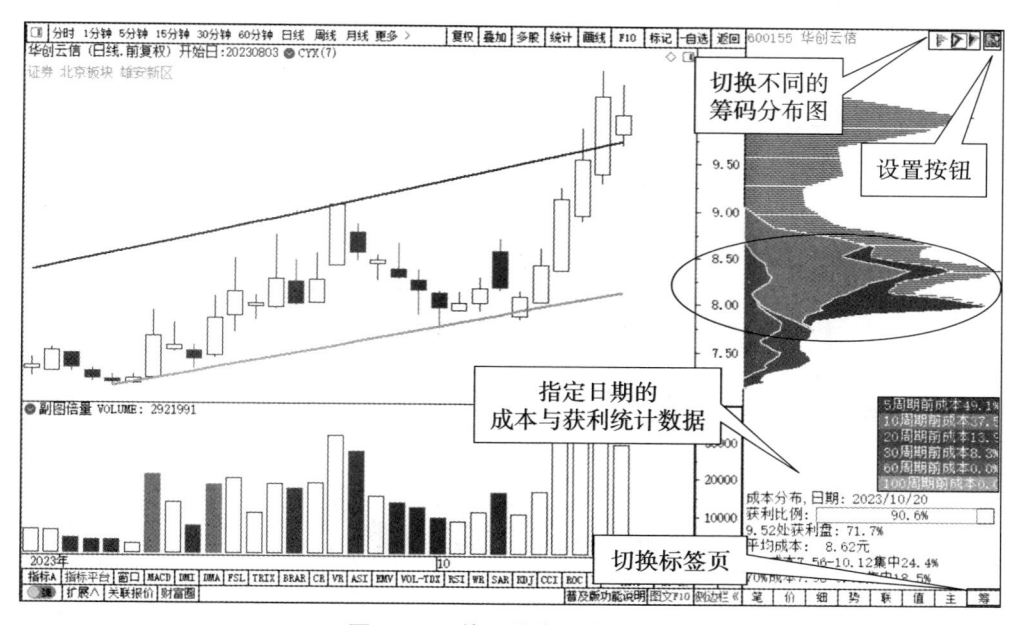

图 5-19 筹码分布图（远期）

打开筹码分布图的方式：单击图 5-19 右侧区域的标签页"筹"，即可打开筹码分布图。筹码分布图包含上方的筹码图和下方的成本与获利统计数据。在 K 线图中滑动鼠标，可以显示不同交易日的筹码分布情况。

筹码图的右上角有四个按钮。前三个按钮可以切换成不同类型的筹码分布图：第一个是获利筹码与套牢筹码分布图；第二个是远期筹码分布图；第三个是近期筹码分布图。第四个按钮可设置筹码分布的计算参数，也就是筹码图右下角的"5 周期""10 周期""20 周期"等。远期筹码分布图和近期筹码分布图的参数可以分别设置。

实战中使用筹码分布图时，需要结合左侧的 K 线图综合研判行情，感兴趣的读者可以查阅相关资料。

为了让读者更好地理解筹码分布图，可以把图 5-19 所示的筹码图逆时针旋转 90 度，如图 5-20 所示。旋转后的筹码分布图是一个更符合视觉习惯的概率分布图，横坐标为价格，纵坐标为百分比。不同颜色块对应不同的时间周期。

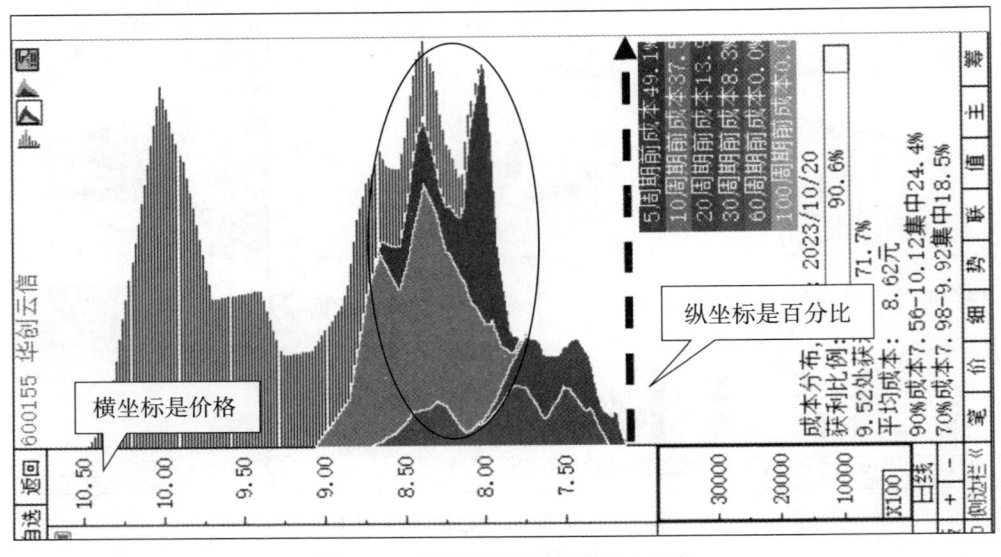

图 5-20　筹码图逆时针旋转 90 度

5.7　个股基本信息页——图文 F10

每一只股票对应一家上市公司，包含的信息除了市场行情、6 位数的股票代码和股票名称以外，还有大量的公司基本信息、财务报表等数据。查看这些信息需要按快捷键 F10，进入如图 5-21 所示的页面。

图 5-21 是网页形式的个股基本信息页面，对应"图文 F10"。该页面分为左侧区域和右侧区域两块。左侧区域的最上面显示股票名称和股票代码；下方有股票检索框，可以输入代码、拼音或者简称进行股票检索。再下面是

个股的信息类型，包括最新提示、资金动向、公司资料、股本结构、股东研究、分红融资等类型。选中某个信息类型，右侧区域的上方会显示不同的信息，如图 5-21 中的"公司概要""公司大事""机构调研"等，单击后可以在下方的页面内容中快速定位。

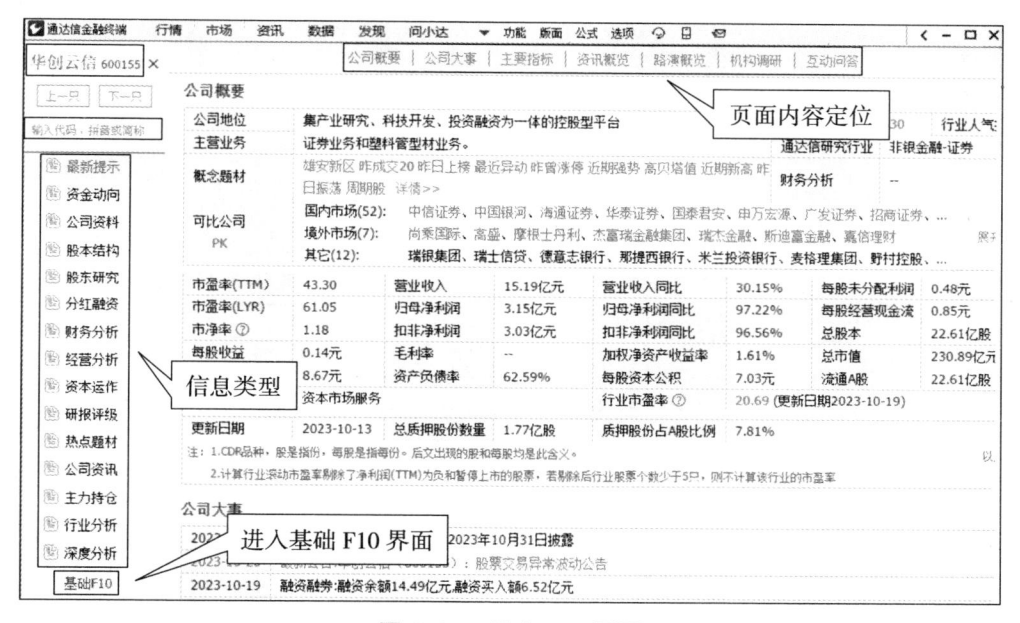

图 5-21　图文 F10 页面

5.8　个股基本信息页——基础 F10

图 5-21 左侧区域的最下方有一个"基础 F10"按钮，单击后进入图 5-22 所示的基础 F10 页面。此页面以文字信息为主，选择上方的信息类型，下面的内容显示速度感觉会快一点，不少老股民习惯使用此页面。

在此页面切换不同的股票，第一种方式是使用右上角的按钮，如图 5-22 中的"建发股份"对应"上一只"个股，"华升股份"对应"下一只"个股。第二种方式是使用键盘精灵的检索功能。单击左上角的"图文 F10"按钮，可以回到图 5-21 所示的页面。

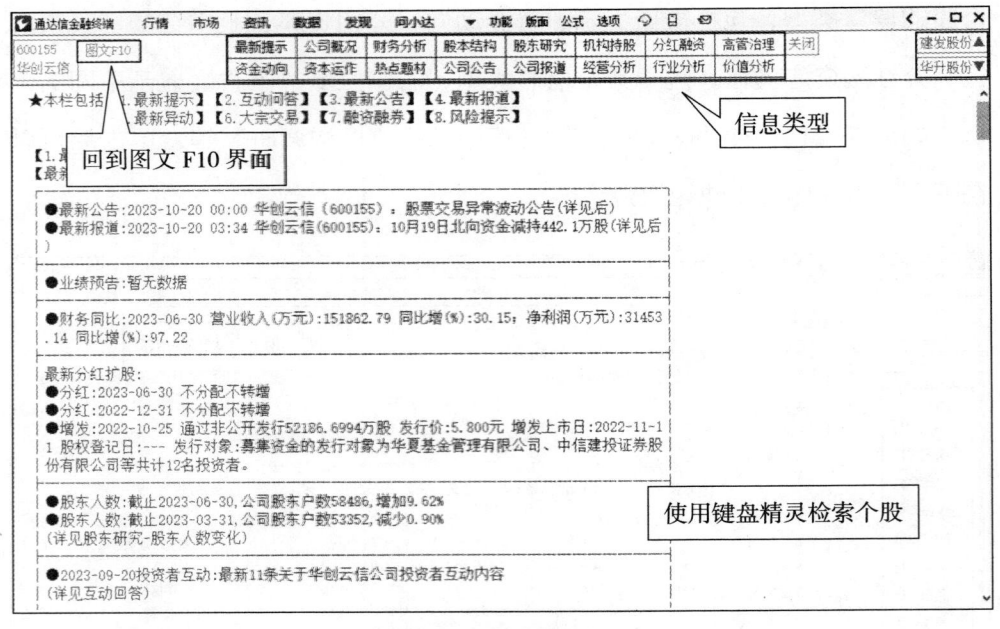

图 5-22　基础 F10 页面

第 6 章 公式系统

本章与第 2 章介绍的如何调用公式不同，公式系统属于后台管理功能，它能够对四类公式进行新建、修改、删除、分组、分享、加密等，也就是对公式源代码直接操作。公式系统并不是单一的界面，而是由一系列菜单和弹出框等组成的系统功能。类似在第 4 章自定义看盘界面时，用到的版面设置系统，也包含一系列菜单、界面及弹出框等。

6.1 公式管理系统

广义的公式管理系统主要包含与自定义公式、交易系统评测，以及个性化选股相关的所有功能。狭义上，特指公式管理器界面。

1. "公式"菜单

"公式"菜单是广义的公式管理系统入口，位于软件最上方偏右侧的位置。单击"公式"弹出如图 6-1 所示的"公式"菜单，中间的横线将菜单分成了不同的组。第①组菜单是公式管理系统的底层入口，分别管理自定义的公式和数据。第②组菜单是交易系统评测入口。第③组菜单主要针对不同形式的公式选股。第④组菜单是其他选股功能。

图 6-1 所示的"公式"菜单中，有三个常用的菜单有快捷键，投资者可以直接按快捷键进入对应的界面。如"公式管理器"的快捷键是 Ctrl+F，"程序交易评测系统"的快捷键是 Ctrl+S，"条件选股"的快捷键是 Ctrl+T。本书主要涉及"公式管理器"和"条件选股"这两个功能。

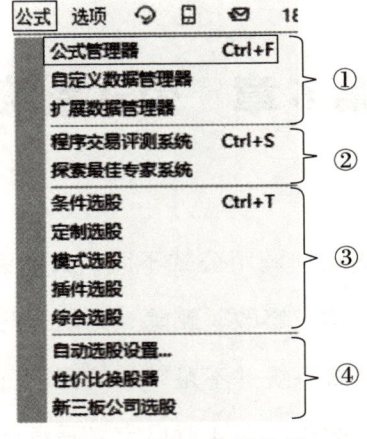

图 6-1 "公式"菜单

2. 公式管理器

打开通达信软件后，无论软件的核心区域显示的是什么界面，按快捷键 Ctrl+F 都可以弹出如图 6-2 所示的公式管理器，这是管理公式源代码的总入口。公式管理器主要有上方的标签页和下方左侧的公式树，以及右侧的功能按钮。

上方的标签页有公式组、全部、系统、用户、按日期频度几个选项。公式树主要分为技术指标公式、条件选股公式、专家系统公式和五彩 K 线公式四大类。其中，技术指标公式和条件选股公式还可设置公式类型，如"大势型""超买超卖型""趋势型""能量型""成交量型"等都是软件自带的公式类型，无法改名也不能删除。软件里自带的每一个技术指标公式都被归入了某一类公式类型。

右侧的功能按钮可以对公式进行新建、修改、删除、排序、查找、分享等操作。如果投资者希望添加新的公式类型，需单击"新建"按钮右侧的下箭头小按钮。

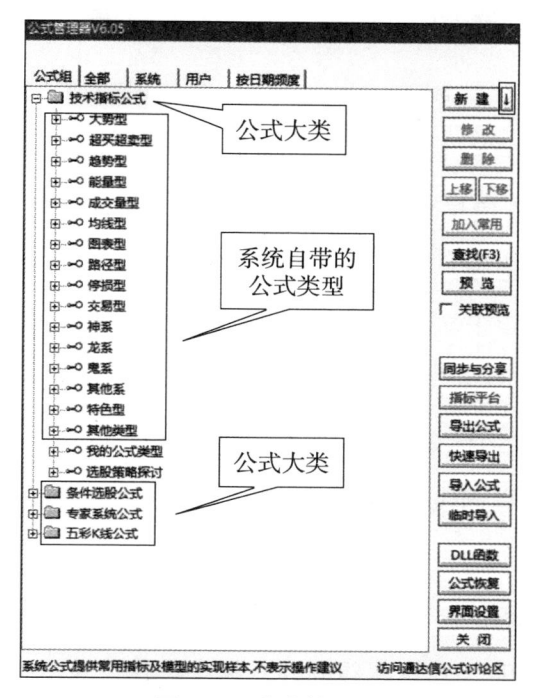

图 6-2　公式管理器

6.2　添加公式源代码

例如，将 3.1 节的主图指标公式"主图大阳线"添加到公式系统，只需经过以下几个步骤。

步骤 1：准备好公式源代码，确定公式是否包含了参数，以及公式类型等基本信息。

公式源代码主要是指实现特定功能的公式语句，类似于编程代码。若公式除了语句还有参数，此步骤还需要准备好参数的设置规则。

"主图大阳线"指标公式的公式源代码只有 4 行，没有参数。注意所有的英文、数字和标点符号都要调整为英文输入状态。可以先把这些公式抄写在记事本软件中，或者抄写在其他文字编辑器里，确保公式完整和格式正确。

```
DYX:=CLOSE/REF(CLOSE,1)>1.06 AND C>O;
```

```
STICKLINE(DYX,H,MAX(C,O),0,0),RGBXCC9933;
STICKLINE(DYX,MIN(C,O),L,0,0),RGBXCC9933;
STICKLINE(DYX,CLOSE,OPEN,-1,0),RGBXCC9933;
```

指标公式的基本信息除了公式类型，还有公式名称、画线方法、参数表、参数精灵、用法注释等。在练习编写公式时，应重点注意公式名称、画线方法、参数表等。而用于实战的公式，最好把参数精灵、用法注释等信息也一并完善。

"主图大阳线"指标公式的名称即"主图大阳线"。"画线方法"是在主图的 K 线图上叠加指标线，即"主图叠加"。"公式类型"使用默认的"其他类型"。

步骤 2：进入新建公式的公式编辑器界面。

在图 6-2 所示的公式管理器的公式树中选择"技术指标公式"，单击右侧的"新建"按钮，弹出如图 6-3 所示的指标公式编辑器。这是一个空白的公式编辑器。

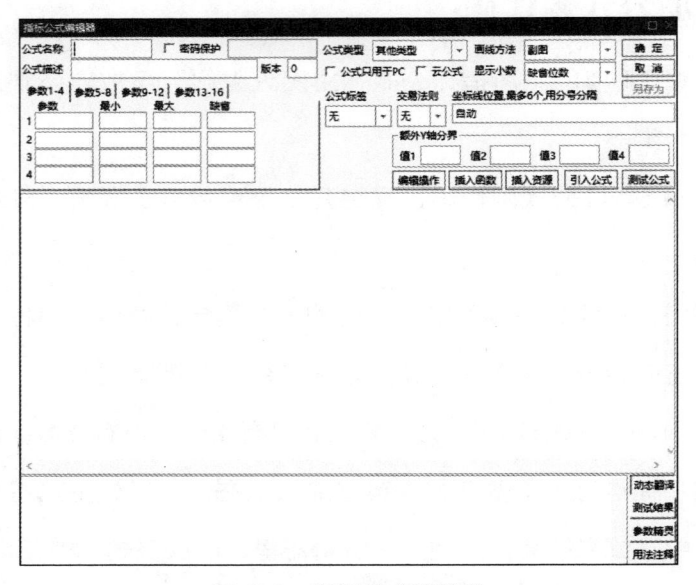

图 6-3　指标公式编辑器

步骤 3：粘贴公式源代码，以及填写公式信息。

如图 6-4 所示，将准备好的公式源代码粘贴至公式编辑器中间最大的空白输入框。若没有提前准备好文本格式的公式源代码，也可在此时输入。如果使用了记事本功能，就可以发现同样的公式源代码在公式编辑器中的显示与记事本或其他文本编辑器中不太一样。公式编辑器里对不同类型的文字使用了不同的颜色进行区分。图 6-4 中的公式源代码就有黑色、绿色和橙色三种文字颜色。

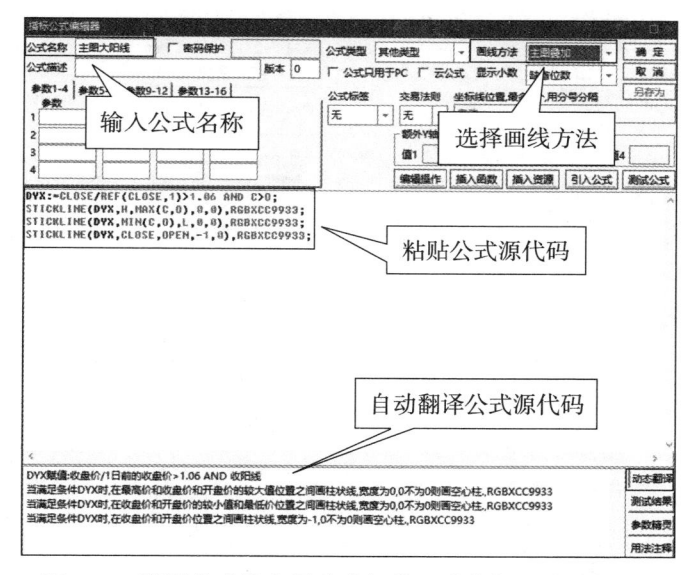

图 6-4 填写公式信息及公式源代码（指标公式编辑器）

当公式编辑器输入了公式源代码后，可以在下方看到实时动态翻译。公式编辑器依据特定的规则将公式源代码翻译成自然语言，方便投资者阅读。此时，右侧的"动态翻译"按钮处于选中状态。

参照图 6-4，分别在"公式名称"文本框中输入"主图大阳线"，将"画线方法"下拉框默认的"副图"改为"主图叠加"。

步骤 4：测试公式无误后，保存新公式。

在本例中，主要关注公式编辑器的核心功能，也就是把文本格式的公式源代码添加到公式系统。公式编辑器是公式系统里操作最复杂的界面之一，后面会详细介绍如何使用。

当把公式源代码和公式信息都填入公式编辑器后，距离成功添加公式仅差最后一步——保存公式。在保存公式之前，一定要先检查输入是否正确。

如图 6-5 所示，单击公式编辑器右侧的"测试公式"按钮，此时下方自动选中"测试结果"按钮，并且在左侧的输入框里显示"测试通过！代码长度……"。

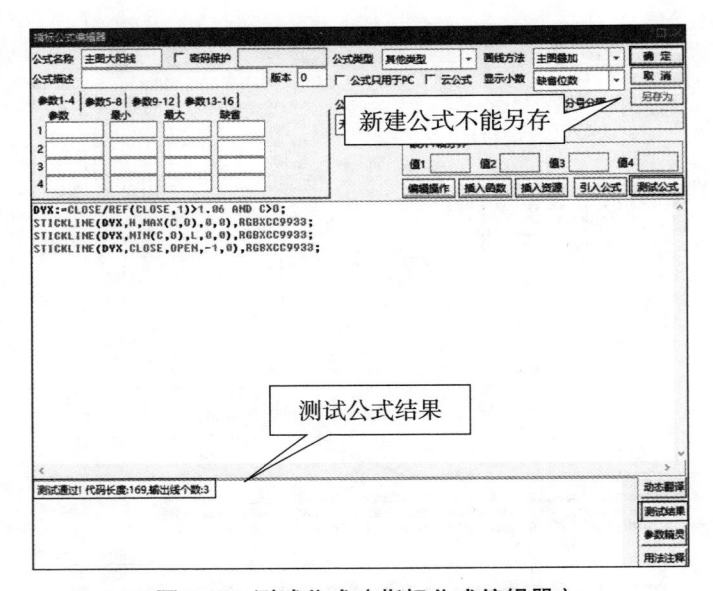

图 6-5 测试公式（指标公式编辑器）

测试通过后，单击右上角的"确定"按钮，即可保存新公式。由于这里使用了新建公式的流程，"另存为"按钮是灰色的，不可点。

成功保存的主图指标公式既能在公式管理器的公式树中找到，还能在图 2-5 所示的"请选择主图指标"窗口的公式树中找到。

6.3 存放公式的原理

考虑到公式系统的术语非常多，为了编写公式时"不迷路"，本节从存放公式的视角来理解自编公式与公式类型的关系，如图 6-6 所示。

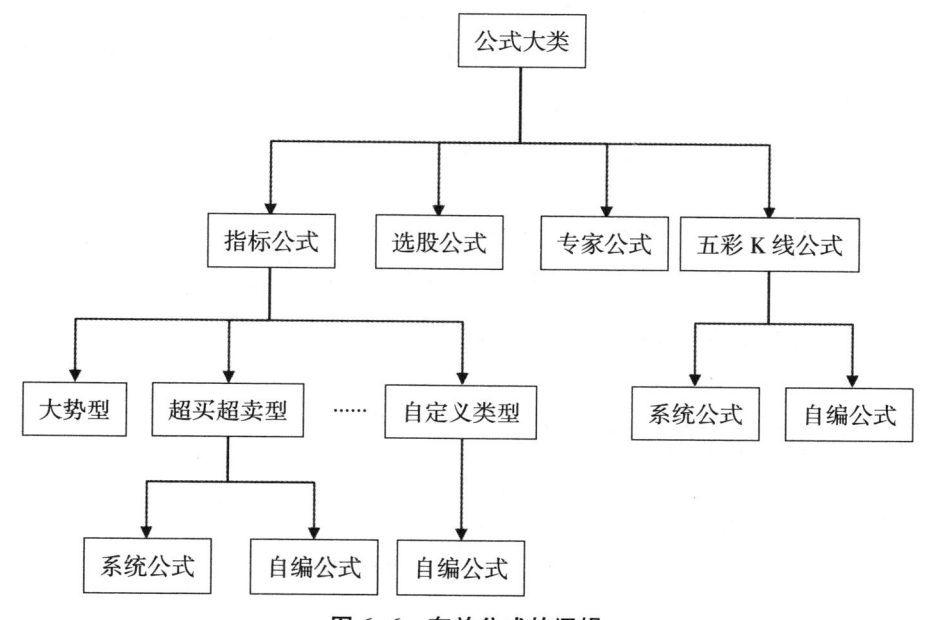

图 6-6 存放公式的逻辑

软件中的四大类公式对应了不同的使用场景，这四大类公式在系统中是区隔开的。指标公式和选股公式这两类可以自定义公式类型，具体的公式位于某个公式类型之下（图 6-6 中仅以指标公式为例）。而专家公式和五彩 K 线公式没有公式类型这一级，直接包含了具体公式（图 6-6 中仅以五彩 K 线公式为例）。

具体的公式又分为系统公式和自编公式两种。系统公式对应图 6-2 公式管理器上方的"系统"标签页。自编公式对应了图 6-2 公式管理器上方的"用户"标签页。自编公式既可以保存在自带的公式类型中，也可以存储在自定义的公式类型里。

熟悉了公式的保存规则，就清楚了每一个公式到底在哪里。相同名称的公式只能存放在不同的公式大类下，而在同一个公式大类下，公式名称是不能重复的。如果名称重复了，测试公式不会通过，必须修改新公式的名称。

公式名称能否重复，实际上与公式编辑器界面有关。四大类公式分别对应四个不同的公式编辑器：指标公式编辑器、条件选股公式编辑器、专家系统公式编辑器、五彩 K 线公式编辑器。

在 6.2 节的步骤中，当新建一个公式时，第一步是确定公式信息。实际上在此之前，首先要确定的是，待编写的公式用做什么场景。也就是说，要明确新公式对应了四大类公式的哪一种使用场景，根据调用的场景，选择相应的公式编辑器，然后再编写公式源代码。

6.4 公式编写的主要界面

尽管公式系统里有四个不同的公式编辑器，但功能大同小异。投资者首先应掌握指标公式编辑器，它的功能相对来说是最多的。

将指标公式编辑器的功能进行分区，可以分为四个区域，分别是①公式信息编辑区、②公式编写区、③信息提示及输入区以及④功能按钮区，如图 6-7 所示。

公式源代码主要是在图 6-7 中的②公式编写区中完成，但是一个完整的公式还包含公式名称、公式类型、参数表等内容。可以从这个视角，再次理解第 1 章里提到的"公式源代码不完全等同于公式编写"这一观点。

虽说编写公式时主要面对的是公式编辑器界面，但编好公式还需要用好插入函数界面。"函数"是公式系统提供的"词典"，它包含了利用公式能实现的所有基础功能。

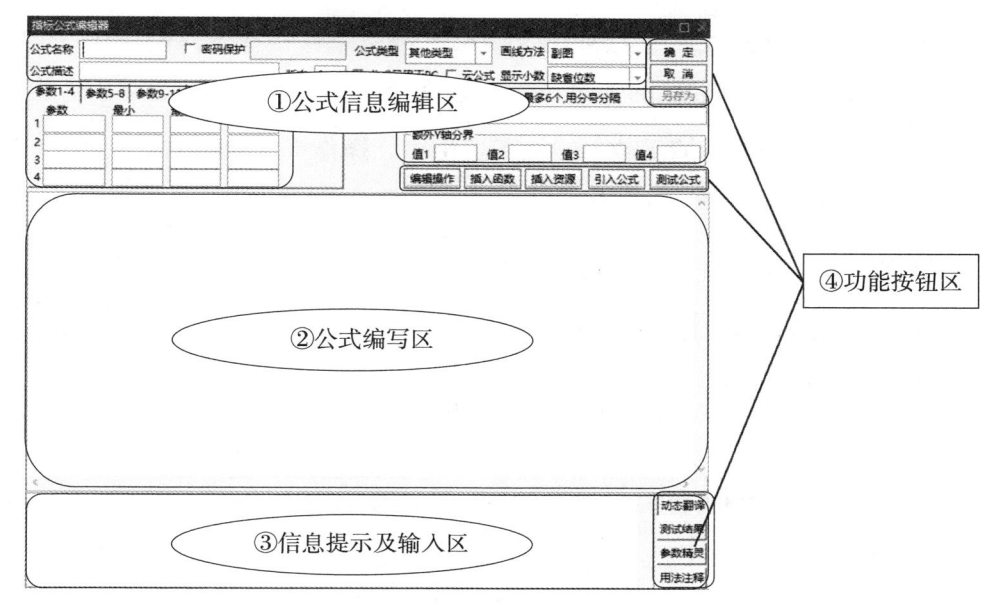

图 6-7　指标公式编辑器的功能分区

进入函数的方法：单击图 6-7 中的"插入函数"按钮，弹出如图 6-8 所示的"插入函数"界面。公式系统共有 19 种函数类型，包括序列行情函数、

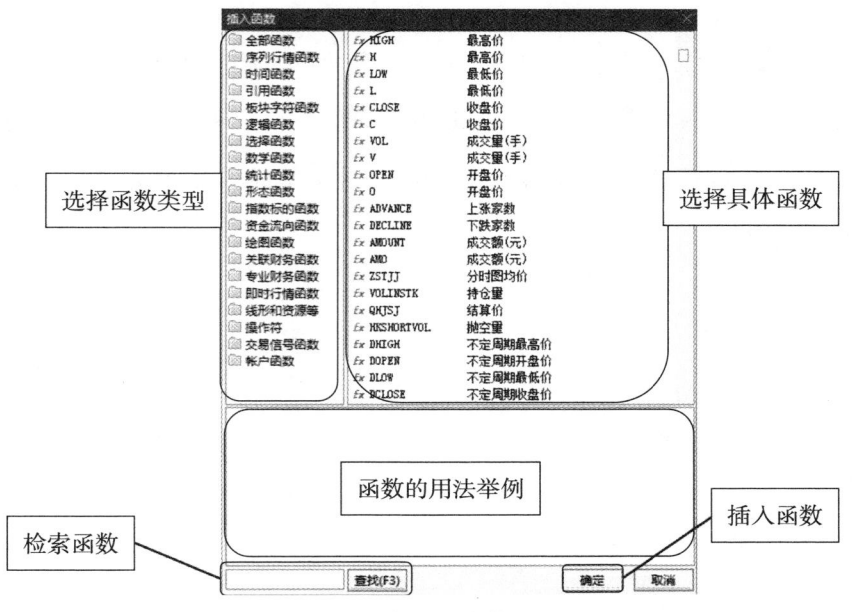

图 6-8　"插入函数"界面

时间函数、引用函数、板块字符函数、逻辑函数、选择函数、数学函数、统计函数、形态函数、指数标的函数、资金流向函数、绘图函数、关联财务函数、专业财务函数、即时行情函数、线性和资源等、操作符、交易信号函数和账户函数。每种函数类型下都有多个函数。

总的来说，编写公式最重要的三个界面是公式管理器、公式编辑器和插入函数。它们之间的跳转逻辑如图 6-9 所示。

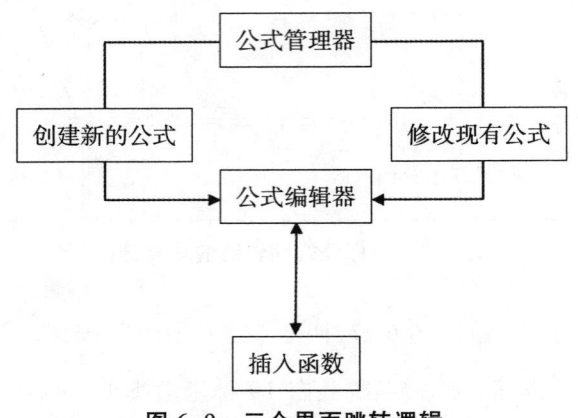

图 6-9　三个界面跳转逻辑

公式管理器作为管理公式的总入口，既可以通过它创建一个新的公式，也可以通过它修改现有公式。公式编辑器是新建公式和修改公式的主要编辑界面。"插入函数"界面是调用公式系统基础功能的"参考资料"，编写公式时需经常查阅。

第 7 章　数据是公式编写的原料

由于通达信软件的基础功能包含了提供实时行情信息、技术分析画线工具、委托下单等，这些功能都依赖于最基础的数据。如果没有基础数据，投资者无法了解近期有哪些新股上市、市场上又出现了什么新的交易产品、行情正在如何变动、上市公司何时公布了最新的财务报表等。同理，编写公式是对基础数据进行个性化分析，无论筛选强势股，还是标记买卖点，都需要完整的基础数据。

7.1　数据格式与归类

通达信软件里的数据需要遵循一定的格式。

如表 7-1 所示，"股票代码""股票名称""公司地位"和"主营业务"这四项属于信息名称，对应个股的实际信息，如"主营业务"的实际信息对应"证券业务和塑料管型材业务"。而"最新提示""公司概要"这两项属于对信息名称的整理归类，并没有直接对应个股的实际信息。第 5 章介绍的图文 F10 页面中个股的基本信息可以按照表 7-1 的格式来理解。

表 7-1　个股信息的数据格式（示例）

股票代码	600155		
股票名称	华创云信		
最新提示	公司概要	公司地位	集产业研究、科技开发、投资融资为一体的控股型平台
		主营业务	证券业务和塑料管型材业务

上市公司按规定需要定期披露信息，如一季报、半年报、三季报、年报等。除了定期披露报告，上市公司还可以主动披露简化的财务数据业绩快报等。

如表 7-2 所示，"财报更新日期"指的是上市公司实际披露日期，依据更新日期可以发现，此报告对应的是该股的第三季度财报。而"滚动市盈率""营业收入""营业收入同比""每股未分配利润"的数值直接提取自财报数据。需要注意的是，表 7-2 仅为示例，财报中的数据有很多，并不是只有表中 4 项。第 5 章介绍的图文 F10 页面中个股的财务报表可以按照表 7-2 的格式来理解。

表 7-2　个股财报的数据格式（示例）

财报更新日期	2023-10-13
滚动市盈率	43.30
营业收入	15.19 亿元
营业收入同比	30.15%
每股未分配利润	0.48 元

行情数据是与时间关系最紧密的数据，日线数据记录了每天的开盘价、最高价、最低价、收盘价和成交量。分钟线数据记录了每一分钟的开盘价、最高价、最低价、收盘价和成交量。行情数据可以按照表 7-3 所示的格式来理解。

表 7-3　个股日线行情的数据格式（示例）

时间	开盘价（元）	最高价（元）	最低价（元）	收盘价（元）	成交量（手）
2023/09/11	7.21	7.92	7.18	7.65	208845680
2023/09/12	7.51	7.80	7.49	7.56	135558736
2023/09/13	7.50	7.56	7.30	7.40	71243312
2023/09/14	7.45	8.08	7.42	7.84	181978608
2023/09/15	7.87	8.49	7.69	8.12	197651632

表 7-1、表 7-2 和表 7-3 是从数据格式的角度，来理解通达信软件里的数据形式。投资者还可以参照公式分为系统公式和用户公式，将数据分为系统数据和用户数据。系统数据是指由通达信软件的专业人员定期和不定期

维护的数据。用户数据是指由投资者自行设置的数据。表7-1、表7-2和表7-3的数据都属于系统数据。大部分情况下个人投资者编写公式使用系统数据足矣。

下面对数据进行分类。系统数据主要分为行情数据和专业财务数据。根据交易市场的不同，行情数据又分为沪深京市场的行情数据和扩展市场的行情数据。而行情数据还可分为日线数据、分钟线数据和分时图数据等。专业财务数据主要包含财务数据包和股票数据包。数据的逻辑分类如图7-1所示。

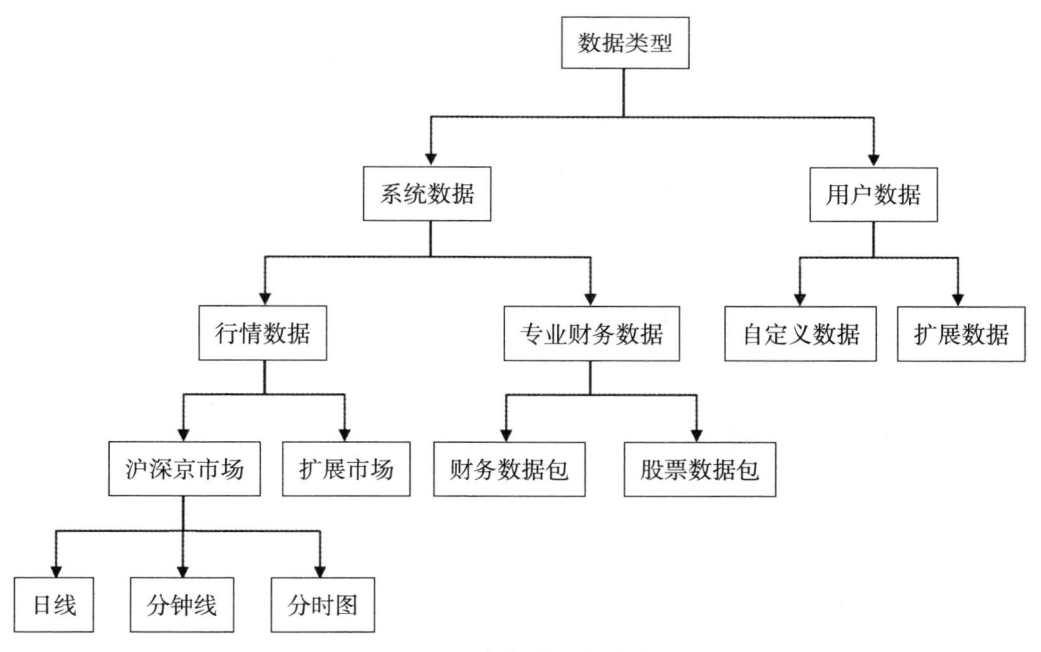

图 7-1 数据的逻辑分类

7.2 数据管理界面

与系统数据相关的命令位于软件最上方偏右侧的"选项"菜单中（通常位于"公式"的右侧）。单击"选项"弹出功能菜单，管理系统数据的菜单集中在同一个组，如图 7-2 所示。

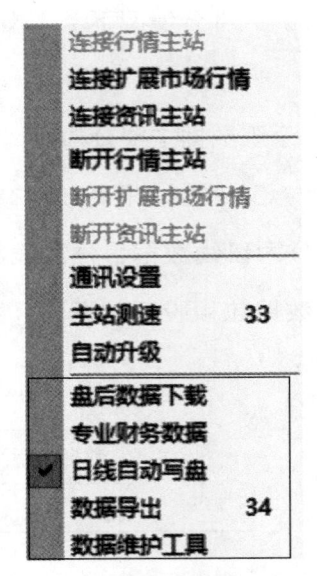

图 7-2 系统数据操作菜单

"盘后数据下载"命令是下载图 7-1 中"行情数据"的总入口。"专业财务数据"命令是下载图 7-1 中"专业财务数据"的总入口。"日线自动写盘"命令前面有一个勾选框，勾选此命令后，系统会将在线浏览过的股票日线数据自动存放至本地计算机，当没有下载盘后数据或者网络断线时，曾经查看过的个股行情数据还能查看。"数据导出"命令是输出数据的入口，可以将股票软件当前屏幕或者显示列表等数据导出至本地计算机。"数据维护工具"命令是批量管理数据的入口。

"选项"菜单功能非常强大，其中，菜单上方的几组命令主要是与联网有关。若要实时获取行情数据，软件一定要连接到主站服务器。

"选项"菜单里有一个常用的"系统设置"命令，对应的快捷键是 Ctrl+D，可以打开如图 7-3 所示的"系统设置"界面，熟悉这些设置可以令交易事半功倍。

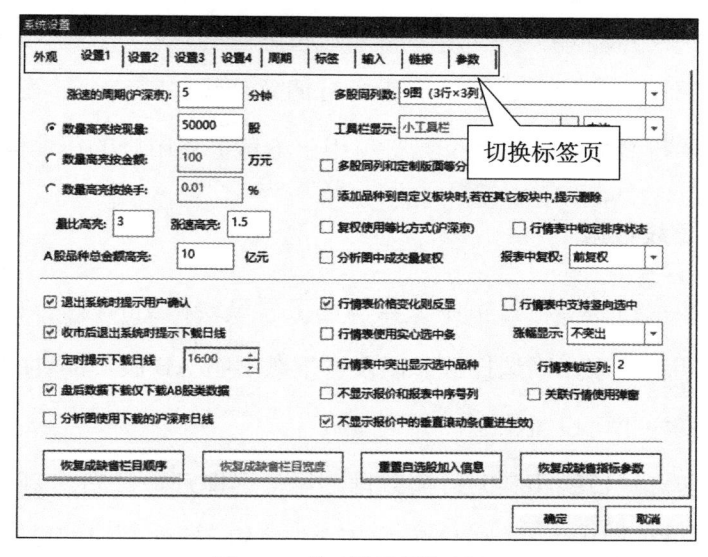

图 7-3 "系统设置"界面

7.3 下载行情数据

下载行情数据功能可以下载通达信软件提供的所有交易市场行情数据。

单击图 7-2 中的"盘后数据下载"命令，打开如图 7-4 所示的"盘后数据下载"界面。

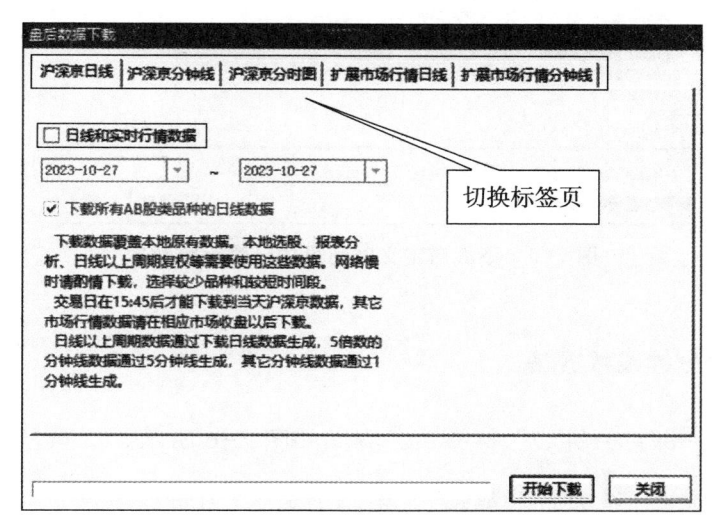

图 7-4 "盘后数据下载"界面

图 7-4 所示的界面有 5 个标签页：沪深京日线、沪深京分钟线、沪深京分时图、扩展市场行情日线和扩展市场行情分钟线。前三个标签页用于下载沪深京市场的行情数据，后两个标签页用于下载扩展市场的行情数据。

1. 下载日线数据

在"沪深京日线"标签页中，当勾选了"日线和实时行情数据"后，下面的开始日期和结束日期选择框，以及"下载所有 AB 股类品种的日线数据"勾选框，都变为了可设置状态。

例如，勾选"日线和实时行情数据"后，选择开始日期为 2023-09-01，结束日期为 2023-10-27。单击"开始下载"按钮，软件便根据设置的时间段，自动下载行情数据，如图 7-5 所示。

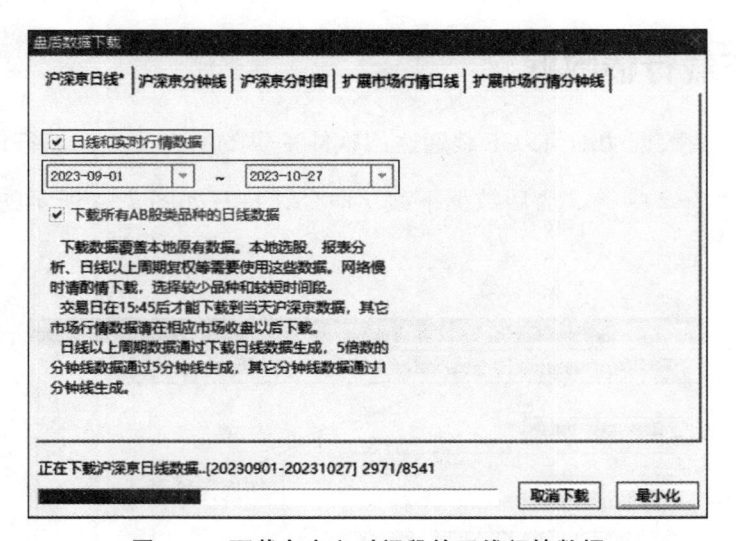

图 7-5　下载自定义时间段的日线行情数据

2. 下载分钟线数据

选择"沪深京分钟线"标签页，界面如图 7-6 所示。页面上方有两个勾选框，第一个是"1 分钟线数据"，第二个是"5 分钟线数据"。可以根据需要勾选。

勾选之后，下面的开始日期和结束日期选择框，以及"下载所有 AB 股类品种的分钟线数据"勾选框，都变为了可设置状态。设置完毕，单击"开始下载"按钮，自动下载分钟线数据。

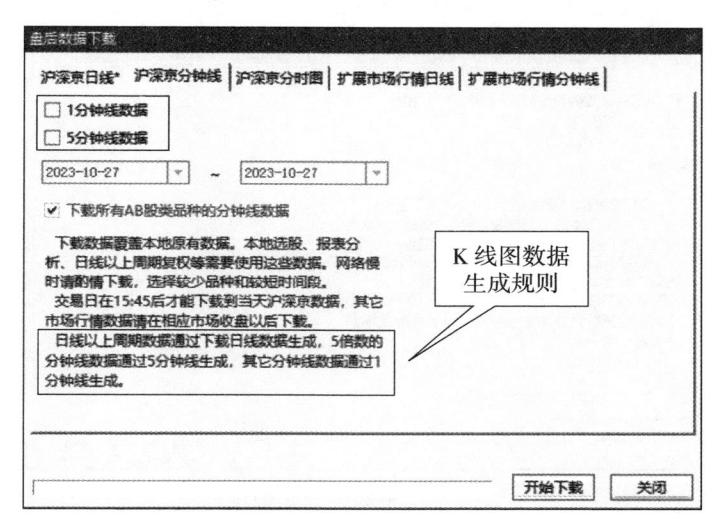

图 7-6　下载自定义时间段的分钟线行情数据

图 7-6 下面的第三段说明文字描述了 K 线图数据的生成规则。一些中短线高手可能会使用特殊时间周期的 K 线图做交易，勾选合适的分钟线数据下载即可。

数据的生成规则第一条是"日线以上周期数据通过下载日线数据生成"，例如周线、月线、季线、年线等时间周期的 K 线图，都是通过日线数据（参考表 7-3）计算并画出的。第二条是"5 倍数的分钟线数据通过 5 分钟线生成"，例如 10 分钟线、15 分钟线、20 分钟线等时间周期的 K 线图，都是通过 5 分钟线数据计算并画出的。第三条是"其他分钟线数据通过 1 分钟线生成"，例如 2 分钟线、3 分钟线、7 分钟线等时间周期的 K 线图，都是通过 1 分钟线数据计算并画出的。

3. 下载分时图数据

选择"沪深京分时图"标签页，界面如图 7-7 所示。想要下载分时数据，需勾选"当日分时图数据（仅供当天脱机分析使用）"。

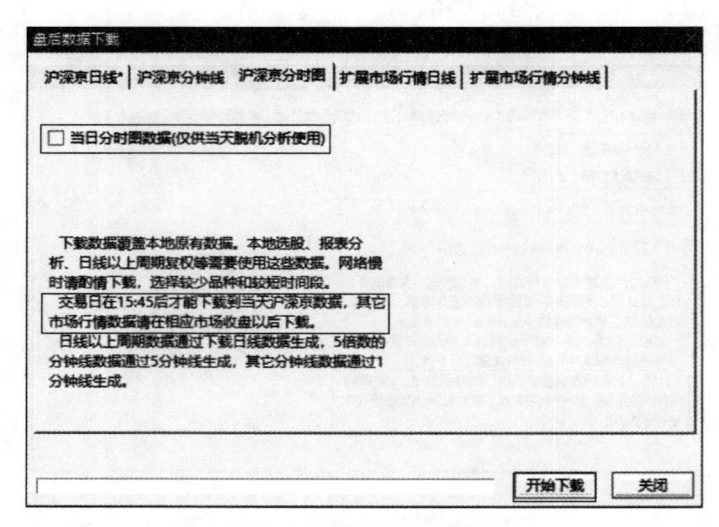

图 7-7 下载分时图数据

图 7-7 下面第二段说明文字描述了下载时间，当天沪深京数据需要在交易日收盘 45 分钟后下载。在能够下载数据的时间内，勾选"当日分时图数据"，单击"开始下载"按钮，自动下载分时图数据。

7.4 下载财务数据包

与行情数据不一样，不同的上市公司公布财报的时间不同。投资者在财报密集公布的日期，为保证本地数据是最新的，需及时下载财务数据包。还有一些特殊的数据也需要投资者及时更新到本地计算机。

单击图 7-2 中的"专业财务数据"命令，打开如图 7-8 所示的"专业财务数据"界面。系统会自动识别哪些数据包需要下载并勾选。

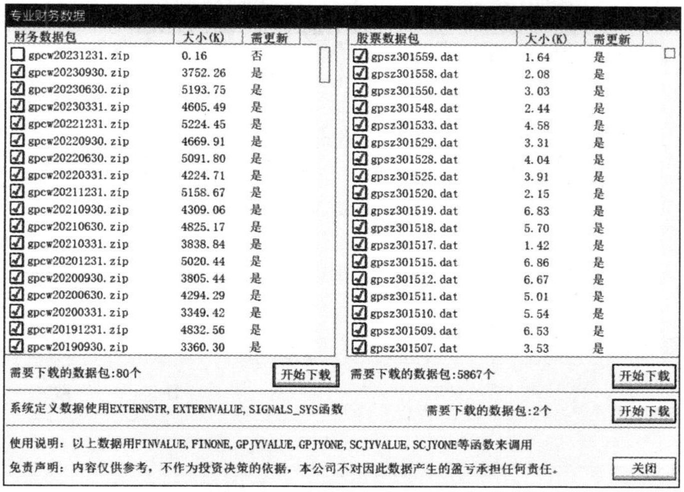

图 7-8　下载专业财务数据

待自动识别完成后,"开始下载"按钮变为可点击状态。逐个单击"开始下载"按钮,等待数据下载完成后关闭窗口即可。

7.5　导出数据

当投资者需要对股票列表用 Excel 软件或者其他软件做分析处理时,可以使用数据导出功能。

单击图 7-2 中的"数据导出"命令,或按快捷键 34,打开如图 7-9 所示的"数据导出"界面,默认选中的是"Excel 文件"按钮。

当软件的核心区域显示的是股票列表时,"数据导出"界面会出现设置数据范围的单选按钮,可在"当前屏幕数据""所有数据(显示的栏目)""所有数据(显示列开始所有栏目)"之间选择其中一个选项,导出的 Excel 表格与列表页面类似。

当软件的核心区域显示为 K 线图时,"数据导出"界面不会显示设置数据范围的单选按钮,导出的 Excel 表格类似表 7-3。

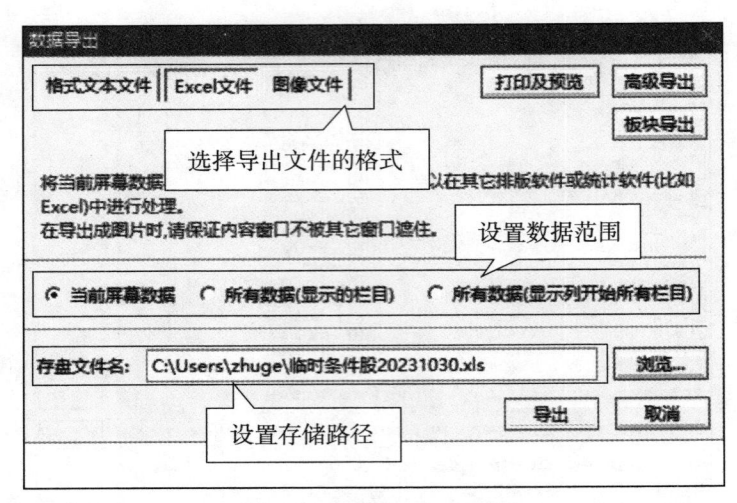

图 7-9 "数据导出"界面

单击"图像文件"按钮后，可以将 K 线图导出成 PNG 格式的图片文件。在导出图片文件前，可以先在图 7-3 所示的"系统设置"界面的"外观"标签页中，将"背景色"改成白色，方便打印。

设置完导出文件的存储路径后，单击"导出"按钮即可导出相应文件。

第 8 章　公式编写基本语法

当我们学习一门外语时，除了要翻开字典背诵单词表，老师在课堂上还要讲解常用的句型和语法。而在通达信的公式编辑器里编写公式时，也需要遵循一定的语法规则。如果不符合这些规则，公式测试就可能通不过。

8.1　公式编写前的注意事项

编写公式之前，首先需要注意以下几点。

第一，打开符合使用场景的公式编辑器。

第二，编写公式之前，先填好公式名称。

第三，编写公式时使用英文大写字母。

第四，公式中的标点符号应在英文状态下输入。

第五，每条语句的结尾加上英文状态下的分号";"，就像我们写文章时，完成了一个句子，要用句号结束一样。

第六，公式源代码的执行规则是从上向下，也就是从第一句开始顺序执行。

第七，公式编辑器能够成功保存的公式必须是没有语法错误的公式。

如果我们要打造的交易系统公式包有一定的复杂度，需要花上好几天时间才能完成，那么在公式处于未完成的中间状态时，确保公式源代码不要有语法错误时再保存。如果无法保存，可以先临时存放在记事本或者其他文本编辑软件里。

8.2 基本语句的结构

在公式编辑器里编写公式源代码，就像我们打开 Word 软件写文章一样。一个通达信公式通常由一个或者多个语句组成，每个语句以英文状态下的分号";"结尾。如果语句太多，希望对不同功能的语句进行分段，常常使用空一行或者增加注释语句的方式来增加公式的可读性。

一个完整的语句通常包含四个部分：语句名称（或称为数据名称、变量）、输出符、语句内容、终止符。以下面的公式源代码为例：

MA5:MA(C,5),COLORBLUE;

语句解构如下：

语句名称（数据名称）为"MA5"。

输出符为":"。

语句内容为"MA(C,5),COLORBLUE"。

终止符为";"。

系统公式的语句名称常使用英文单词或者英文单词加拼音的缩写。投资者根据个人习惯，既可以用英文单词，也可以用拼音、汉字、数字等。注意不能以数字开头。

上面的示例语句使用了移动平均线的英文缩写 MA 加上数字 5 的命名方式，我们通过阅读语句名称，就知道这一行语句的大致意思是：该行语句与 5 日均线有关系。投资者对语句命名时，不建议使用"ABC"这种比较随意的字符串。

此外，语句名称作为中间变量，在编写后面的语句时，可以通过直接使用语句名称的方式，调用前面已经定义好的中间变量。

依据语句的输出符不同，可以有不同形式的语句，后面将详细讲解。当前语句示例中的":"是最常见的输出符之一。

语句内容是公式编写的重中之重，目的是提取语句名称对应的数值。常用的语句内容包括数学计算公式、函数、逻辑判断等，还可以对计算结果设置不同的画线效果。

示例语句中的"MA（C,5），COLORBLUE"是一个比较复杂的语句内容。先用逗号","隔开了数据计算和画线效果。数据计算使用了均线函数 MA，画线效果使用了颜色函数 COLORBLUE。

掌握了对基本语句的分析方法，可以对公式的语句进行解构。下面几个例子分别采用此方法，对本书前面提到的一些语句进行分析。感兴趣的读者可对书里其他公式的语句或者通达信软件的系统公式进行分析。

【例1】2.1 节的系统五彩 K 线公式"K170 锤头"源代码如下。

```
OUT:HIGH=MAX(OPEN,CLOSE)&&
HIGH-LOW>3*(HIGH-MIN(OPEN,CLOSE))&&
CLOSE<MA(CLOSE,5);
```

语句名称（数据名称）为"OUT"。

输出符为"："。

语句内容为：

HIGH=MAX(OPEN,CLOSE)&&

HIGH−LOW>3*(HIGH−MIN(OPEN,CLOSE))&&

CLOSE<MA(CLOSE,5)

终止符即"；"。

尽管公式源代码在公式编辑器中占用了三行，但是由于终止符"；"仅在第三行出现，因此要把它视为一个语句。

而语句内容占用的三行，在第一行的末尾和第二行的末尾用的都是"&&"。这里将每个逻辑判断用连接词"&&"来区隔，并且作为独立的一行，增加了公式的可读性。

第一个逻辑判断条件是"HIGH=MAX(OPEN,CLOSE)"。

第二个逻辑判断条件是"HIGH-LOW>3*(HIGH-MIN(OPEN,CLOSE))"。

第三个逻辑判断条件是"CLOSE<MA(CLOSE,5)"。

【例2】2.3节的专家公式"MACD专家系统"的公式源代码如下。

DIFF:=EMA(CLOSE,SHORT)-EMA(CLOSE,LONG);
DEA:=EMA(DIFF,M);
MACD:=2*(DIFF-DEA);
ENTERLONG:CROSS(MACD,0);
EXITLONG:CROSS(0,MACD);

(1)第一行语句：

语句名称（数据名称）为"DIFF"。

输出符为":="。

语句内容为"EMA(CLOSE,SHORT)-EMA(CLOSE,LONG)"。

终止符为";"。

(2)第二行语句：

语句名称（数据名称）为"DEA"。

输出符为":="。

语句内容为"EMA(DIFF,M)"。

终止符为";"。

(3)第三行语句：

语句名称（数据名称）为"MACD"。

输出符为":="。

语句内容为"2*(DIFF-DEA)"。

终止符为";"。

（4）第四行语句：

语句名称（数据名称）为"ENTERLONG"。

输出符为"："。

语句内容为"CROSS(MACD,0)"。

终止符为"；"。

（5）第五行语句：

语句名称（数据名称）为"EXITLONG"。

输出符为"："。

语句内容为"CROSS(0,MACD)"。

终止符为"；"。

【例3】2.4节的选股公式"MACD买入点条件选股"的公式源代码如下。

```
DIFF:=EMA(CLOSE,SHORT)-EMA(CLOSE,LONG);
DEA:=EMA(DIFF,M);
CROSS(DIFF,DEA);
```

（1）前两行语句与例2相同。

（2）第三行的语句没有语句名称，也没有输出符。只有语句内容和终止符。

语句内容为"CROSS(DIFF,DEA)"。

终止符为"；"。

【例4】3.1节的自编主图指标公式"主图大阳线"的公式源代码如下。

```
DYX:=CLOSE/REF(CLOSE,1)>1.06 AND C>O;
STICKLINE(DYX,H,MAX(C,O),0,0),RGBXCC9933;
STICKLINE(DYX,MIN(C,O),L,0,0),RGBXCC9933;
STICKLINE(DYX,CLOSE,OPEN,-1,0),RGBXCC9933;
```

（1）第一行语句：

语句名称（数据名称）为"DYX"。

输出符为":="。

语句内容为"CLOSE/REF(CLOSE,1)>1.06 AND C>O"。

终止符为";"。

（2）后面三行的语句都没有语句名称，也没有输出符，只有语句内容和终止符。

8.3 常见的语句变体

通过大量的语句解构练习，可以帮助我们建立对公式源代码的熟悉感，这种感觉对于不太懂英文的读者来说尤为重要。解构练习的好处除了能够缓解和消除新手对陌生文字的恐惧感，还能逐步建立阅读公式源代码的思维架构。从而让投资者更好地理解通达信公式与数学公式的异同点，为编写具有交易逻辑的公式打基础。

根据语句的输出符不同，可以把语句分为指标图形语句、赋值语句和无名语句。

1. 指标图形语句

指标图形语句的输出符为冒号"："，表示当前语句输出的是以语句名称作为数据名称的指标图形（或指标线、逻辑判断等）。这类语句对应的画线方法是在主图或者副图中有画线。

【例1】分析下面的语句。

```
MA20:MA(C,20),COLOR400080;
```

该语句表示用颜色 COLOR400080 画出指标线 MA(C,20)，该指标线的名字是 MA20。

```
VOLUME:VOL,VOLSTICK;
```

该语句表示用成交量柱状线函数 VOLSTICK 画出指标线 VOL，该指标线的名字是 VOLUME。

```
HYZ:(C-REF(C,1))/REF(C,1)>0.025 AND O<MA5 AND C>MA5 AND O<MA20 AND C>MA20;
```

该语句表示输出一个名字是 HYZ 的逻辑判断结果。

2. 赋值语句

赋值语句的输出符为冒号加等号":="，表示当前语句输出的是以语句名称作为数据名称的数值，该数值不会被画线。

【例2】分析下面的语句。

```
HYZ:=(C-REF(C,1))/REF(C,1)>0.025 AND O<MA5 AND C>MA5 AND O<MA20 AND C>MA20;
```

该语句表示输出一个名字是 HYZ 的中间变量。

```
LTZ:=(C-REF(C,1))/REF(C,1)>0.07 AND O<MA5 AND C>MA5 AND O>MA20 AND C>MA20;
```

该语句表示输出一个名字是 LTZ 的中间变量。

```
DYX:=CLOSE/REF(CLOSE,1)>1.06 AND C>O;
```

该语句表示输出一个名字是 DYX 的中间变量。

```
BL:=V/REF(V,1)>2;
```

该语句表示输出一个名字是 BL 的中间变量。

3. 无名语句

无名语句是指没有输出符，也没有语句名称的语句。它常用在语句输出为逻辑判断的情形下，如条件选股公式、五彩 K 线公式等。还可用来表示当前进行的是特殊绘图，无须命名。

【例 3】 分析下面的语句。

`CROSS(DIFF,DEA);`

该语句表示用上穿函数 CROSS 进行逻辑判断。

`DRAWBAND(MA5,RGB(204,102,102),MA20,RGB(153,153,153));`

该语句表示用带状线函数 DRAWBAND 画图。

`DRAWKLINE(H,O,L,C);`

该语句表示用画 K 线函数 DRAWKLINE 画图。

`STICKLINE(DYX,H,MAX(C,O),0,0),RGBXCC9933;`

该语句表示用柱状线函数 STICKLINE 画图。

`DRAWICON(HYZ,LOW*0.99,9);`

该语句表示用图标函数 DRAWICON 画图。

8.4 参数

与系统数据和用户数据不同，参数是指可以由投资者在使用公式时，自主为公式设置的输入数据。

以主图指标公式为例，当编写好公式并在主图中调用了自编公式时，通过修改参数值的大小，可以在主图画出不一样的指标线。以选股公式为例，当编写好公式，并在"条件选股"窗口调用了自编公式时，通过修改参数值的大小，可以筛选出不同量化标准的股票。

总的来说，一个公式如果没有设置参数，通常可以视为输入了特定的数值，表示某种特殊的状态。如果将公式的部分输入修改为参数，就能使输出结果动态变化。

只有在公式编辑器中提前设置了参数，才能在调用公式时调整参数值。要使用指标公式参数调整功能，首先必须调用指标公式。

【例 1】 调整主图指标公式"CYC 成本均线"的参数。

步骤 1：在个股详情页的 K 线图界面，右击鼠标打开主图快捷菜单，选择"主图指标"—"选择主图指标"命令，弹出如图 8-1 所示的"请选择主图指标"窗口。

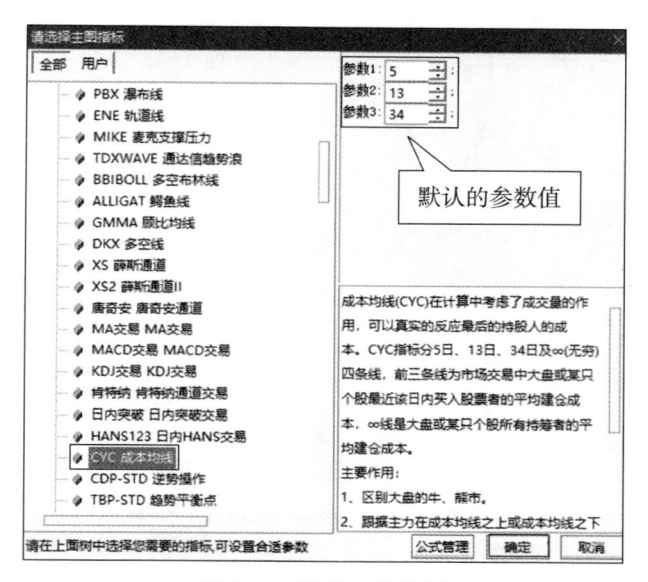

图 8-1　选择主图指标

步骤 2：在图 8-1 所示的公式树中，选择系统公式"CYC 成本均线"，默认的参数值是（5，13，34），单击"确定"按钮。关闭"请选择主图指标"窗口，回到图 8-2 所示的个股详情页。

系统公式"CYC 成本均线"是由公式名称和公式描述组成的。"CYC"是公式名称，也就是在指标公式编辑器的"公式名称"输入框里填入的文字。后面的括号表示此公式的输入除了系统数据，还有参数。如果公式没有设置参数，则公式名称后面不会出现括号（除了个别系统公式以外，自编公式均遵循此规则）。"成本均线"是公式描述，也就是在指标公式编辑器的"公式描述"输入框里填入的文字。

观察图 8-2，主图上方显示"CYC(5,13,34) CYC1：14.88 CYC2：13.96 CYC3：13.26 CYC∞：13.44"。这是当前主图指标的公式名称、参数及指标线

数值信息。

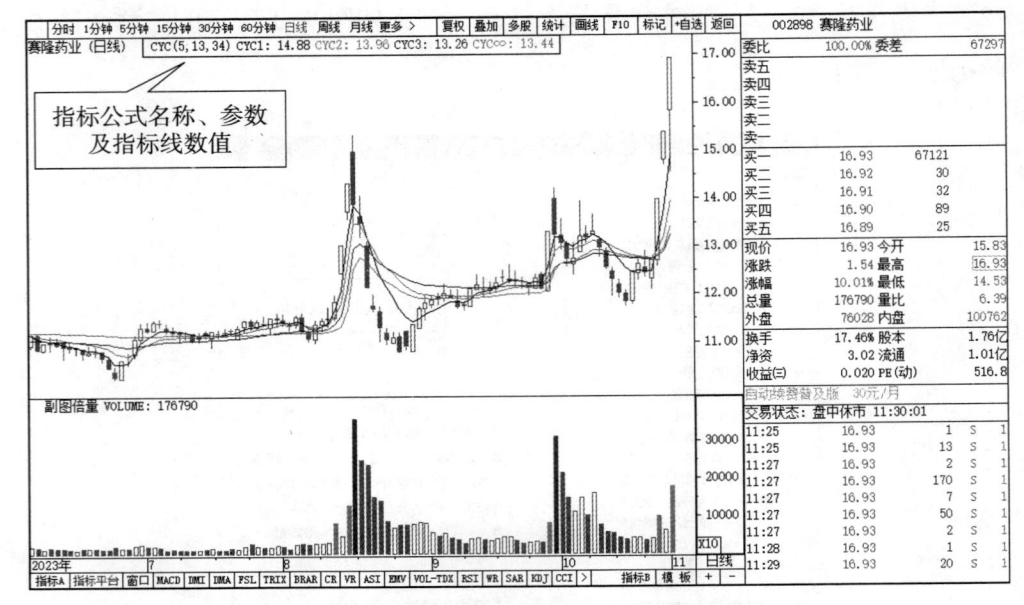

图 8-2 显示成本均线的 K 线图（002898 赛隆药业）

CYC(5,13,34) 借鉴了数学公式三元函数的表达 $f(x,y,z)$，括号里的 3 个数值，表示该公式输入了 3 个参数，分别用逗号隔开。

CYC1：14.88 表示指标公式的第一根指标线叫 CYC1，说明公式源代码在输出第一根指标线时，语句名称（或数据名称）被定义为 CYC1，命名使用了公式名称 CYC 加上数字 1。这里的冒号"："用于提示该指标线的数值，即 14.88。

CYC2：13.96 表示指标公式的第二根指标线叫 CYC2，说明公式源代码在输出第二根指标线时，语句名称（或数据名称）被定义为 CYC2，命名使用了公式名称 CYC 加上数字 2。这里的冒号"："用于提示该指标线的数值，即 13.96。

CYC3：13.26 表示指标公式的第三根指标线叫 CYC3，说明公式源代码在输出第三根指标线时，语句名称（或数据名称）被定义为 CYC3，命名使用了公式名称 CYC 加上数字 3。这里的冒号":"用于提示该指标线的数值，即 13.26。

CYC∞：13.44 表示指标公式的第四根指标线叫 CYC∞，说明公式源代码在输出第四根指标线时，语句名称（或数据名称）被定义为 CYC∞，命名使用了公式名称 CYC 加上表示无穷大的符号∞。这里的冒号":"用于提示该指标线的数值，即 13.44。

如果想知道 CYC1、CYC2、CYC3、CYC∞ 这 4 根指标线是如何画出来的，可在图 8-2 所示的个股详情页选中主图后按快捷键 Alt+S，打开如图 8-3 所示的指标公式编辑器。

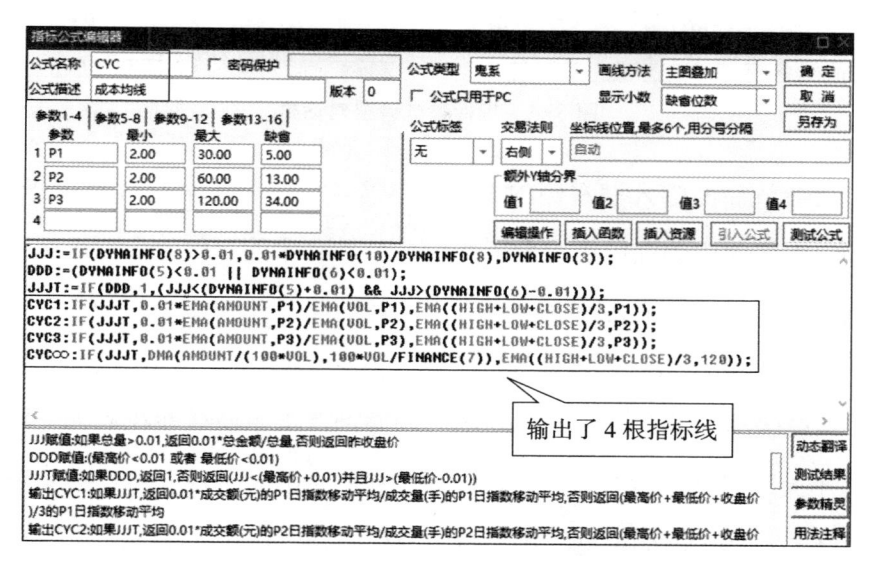

图 8-3　成本均线的公式源代码 1（指标公式编辑器）

此公式的源代码一共有 7 行语句，前 3 行语句是赋值语句，后 4 行语句是指标图形语句。这里输出的 4 根指标线没有做自定义画线设置，换句话说，指标线 CYC1、CYC2、CYC3、CYC∞ 的颜色是系统默认的设置。

步骤 3：关闭指标公式编辑器，按快捷键 Alt+T，打开如图 8-4 所示的指标参数调整对话框。按住鼠标左键拖动对话框的顶部，可移动其位置。

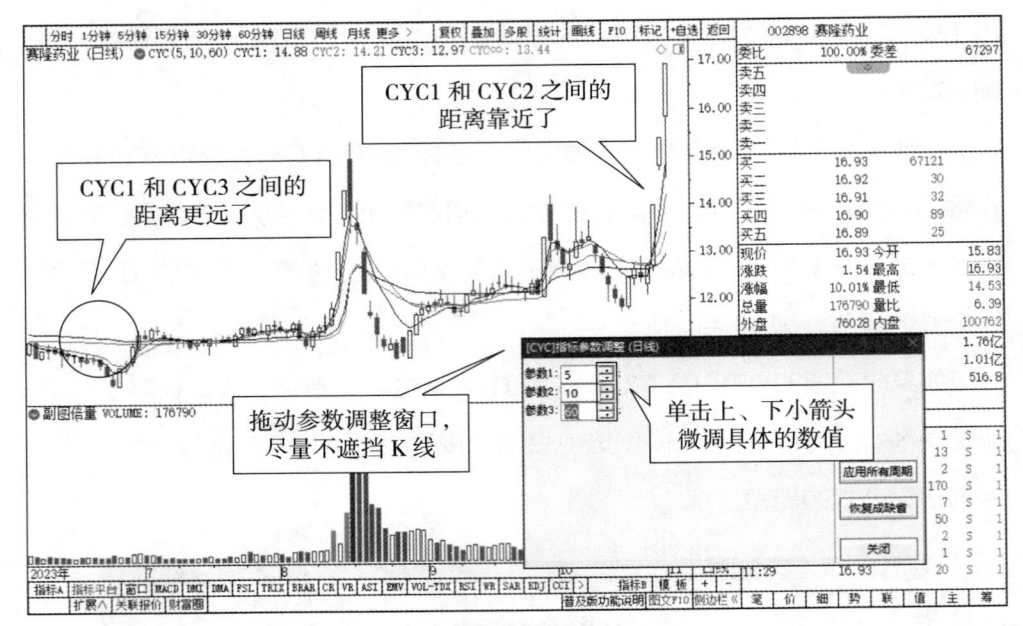

图 8-4　指标参数调整对话框

单击参数后面输入框右侧的上、下小箭头按钮，可对参数值进行微调。此时可以看到对应的指标线发生了变化，图 8-4 中的参数值仅为示例，投资者应依据个人的投资策略调整参数。

例如，保持参数 1 的数值不变，把参数 2 从 13 改为 10，图 8-2 中的 CYC2 指标线会朝着 CYC1 指标线的方向变动。由于数值变化不大，变动的幅度也不大。再把参数 3 从 34 改为 60，图 8-2 中的 CYC3 指标线会朝着远离 CYC1 指标线的方向变动。由于数值变化较大，变动的幅度也较大。

【例 2】如何确认例 1 中的参数 2 对应的是 CYC2 指标线，参数 3 对应的是 CYC3 指标线？

要回答这个问题，需要分清楚公式编辑器中的参数设置表、参数调整对话框的提示文字、参数精灵与公式源代码之间的关系。简单来讲，参数精灵与对话框的显示有关，而公式源代码中的指标线和参数使用，与参数表设置有关。

关闭 8-4 所示的指标参数调整对话框，再次按快捷键 Alt+S，打开指标公式编辑器。单击右下角的"参数精灵"按钮，如图 8-5 所示。

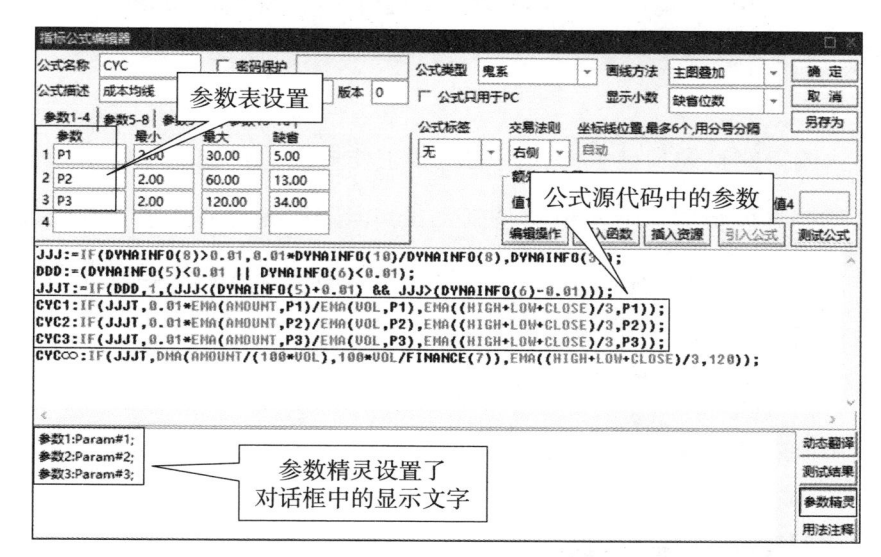

图 8-5 成本均线的公式源代码 2（指标公式编辑器）

（1）参数精灵一共显示了 3 行文字，与图 8-4 提示框中的参数提示文字一一对应。

参数 1 对应了 Param#1。

参数 2 对应了 Param#2。

参数 3 对应了 Param#3。

（2）在图 8-5 的公式源代码中，CYC1 的语句内容具有参数 P1，CYC2 的语句内容具有参数 P2，CYC3 的语句内容具有参数 P3。而公式源代码中的参数 P1、P2 和 P3 在上方的参数表中进行过初始设置。

P1 对应了参数设置表的第一个参数，即参数精灵中的 Param#1。

P2 对应了参数设置表的第二个参数，即参数精灵中的 Param#2。

P3 对应了参数设置表的第三个参数，即参数精灵中的 Param#3。

第 9 章　认识通达信公式编辑器

公式编辑器是编写公式源代码的主要工作界面。当选定了使用场景，打开相应的公式编辑器，下一步就是在公式编辑器里编写公式了。四大类公式对应四个不同的公式编辑器，这几种公式编辑器在公式源代码方面的核心功能大致相同。

本章将重点介绍指标公式编辑器的功能，并比较各个编辑器的差异，以及在使用公式编辑器时的一些注意事项。

9.1　指标公式编辑器

使用指标公式编辑器可以进行的操作，主要有查看公式源代码、新建自编公式和修改公式源代码。站在学习编写公式的角度，如果从新建公式界面开始，容易使人茫然，毕竟这个界面的输入框很多，按钮也很多，一行公式源代码也没有。

以系统公式"CYC 成本均线"的公式编辑器为例，把图 9-1 所示的指标公式编辑器进行功能分区，来继续分析。

1. 公式名称、公式描述、公式标签等

编写公式时，必须填写公式名称，可以输入英文字母，也可以输入汉字、数字等。注意"公式名称"输入框有字数限制，详细说明可在"公式描述"输入框中完善。如果确定会在其他公式源代码中引用新公式的某个输出数据，尽量使用简洁的公式名称和数据名称。勾选"密码保护"，可以对公式加密。"公式标签"是通达信公式社区的"指标平台"。

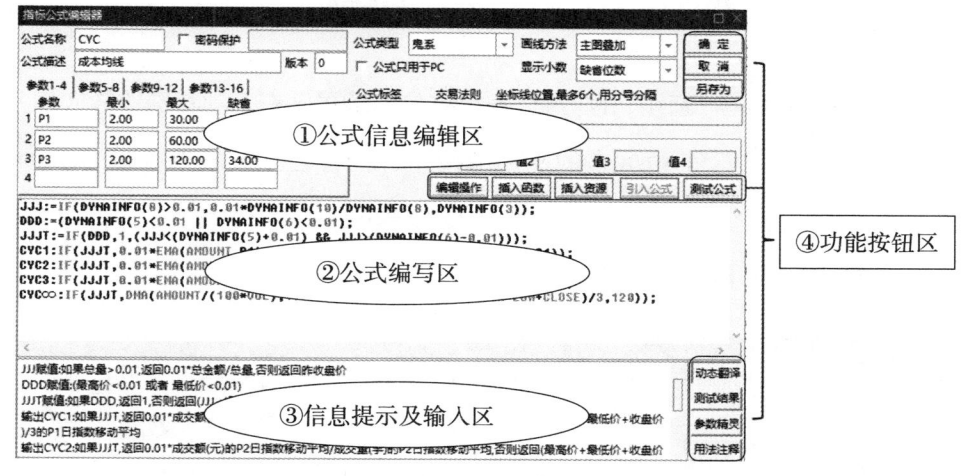

图 9-1　公式编辑器的功能分区

2. 参数设置

一个公式最多可以设置 16 个参数，每个标签页可以设置 4 个参数，共有 4 个标签页。标签页按照参数序号排列，如"参数 1-4""参数 5-8""参数 9-12""参数 13-16"。

初学者在设置参数时，可以参考表 9-1 所示的格式，在草稿纸上先规划出公式里可能会用到的参数名称、参数含义和相关数值等。在实际编写公式时，设计好的参数表也可能会跟着思路及时调整。

表 9-1　参数设置（示例）

序号	参数	最小值	最大值	缺省值
1	P1	2	30	5
2	P2	2	60	13
3	P3	2	120	34

3. 公式类型

公式类型是指标公式和选股公式特有的选项，主要与公式的设计原理、策略有关。例如，系统公式"CYC 成本均线"的公式类型是"鬼系"。

4. 画线方法

由于指标公式具有"画线"的功能，在公式信息编辑区有几项特殊的输入框。

单击"画线方法"下拉列表的三角形按钮，指标公式编辑器提供了多种画线方法：副图、主图叠加、副图（叠加K线）、副图（叠加美国线）、副图（叠加收盘站线）、主图叠加（后置）、主图替换，如图9-2所示。

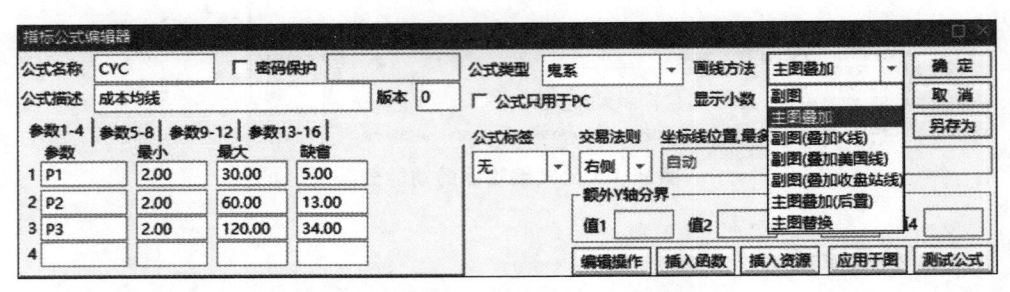

图9-2 画线方法（指标公式编辑器）

当选择"主图叠加"或者"主图叠加（后置）"选项时，下面的"坐标线位置"和"额外Y轴分界"包含的输入框是灰色的，不能输入。

当选择"主图替换"选项时，可以把主图视为一张白纸上画出公式指定的指标线。例如，在主图只画了4根"成本均线"指标线的效果如图9-3所示。

做技术分析时，大部分投资者习惯于使用纵坐标是价格的主图图表。而K线是一种包含复杂价格形态的图表。假如我们只关注特殊形态的K线，如大阳线，使用"主图替换"选项就可以做出如图9-4所示的图表。

选择不同的画线方法，与使用的交易策略息息相关。在投资者打造自己的交易公式包时，尽量多尝试不同的选项。

5. 功能按钮

指标公式编辑器共有十多个按钮，下面一一进行介绍。

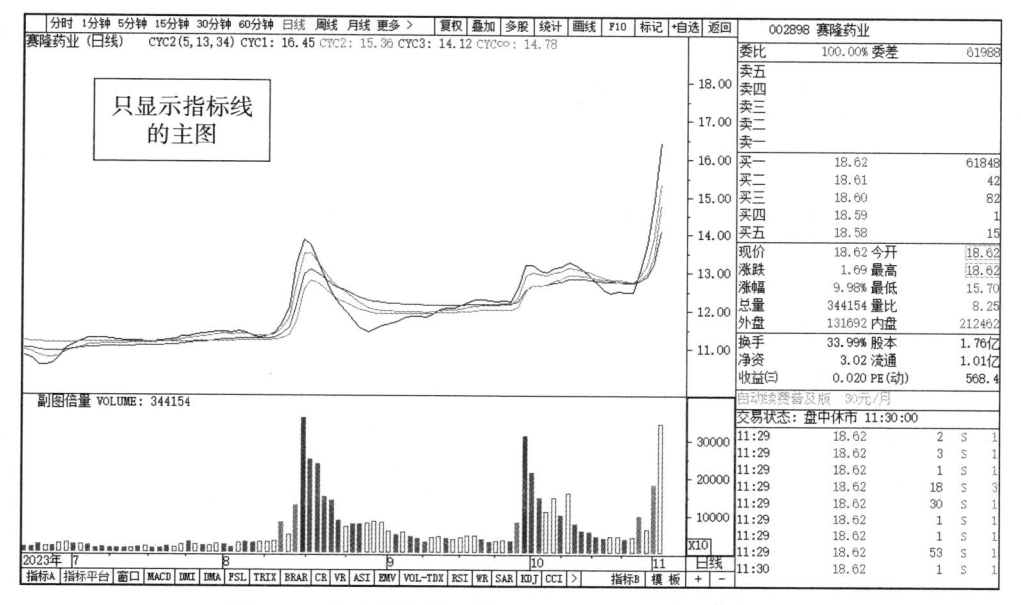

图 9-3　主图替换的画线效果 1（002898 赛隆药业）

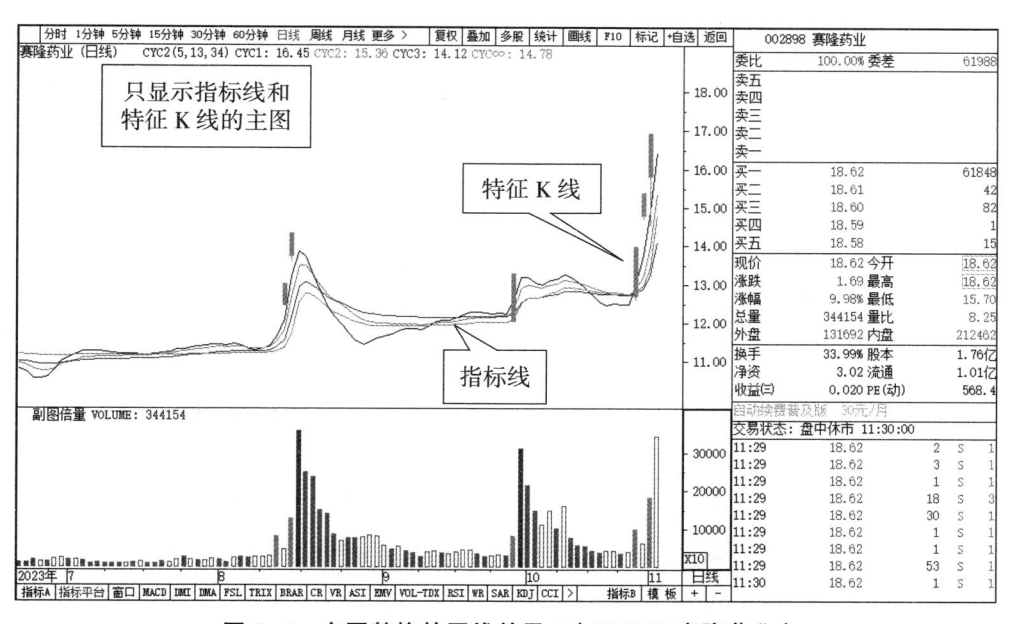

图 9-4　主图替换的画线效果 2（002898 赛隆药业）

（1）确定、取消、另存为。

这三个按钮主要控制是否对指标公式编辑器中的编辑动作进行保存。新建公式时,"另存为"按钮不可点。若想要保存新建的公式,使用"确定"按钮。不想保存新建的公式,使用"取消"按钮。查看系统公式源代码时,如果对公式源代码进行了修改,必须使用"另存为"按钮。点了"确定"或者"另存为"按钮后,若公式没有编写错误,系统自动保存新公式,并关闭公式编辑器。

(2)编辑操作、插入函数、插入资源、引入公式、测试公式。

这几个按钮主要用来辅助编写公式源代码。前面已经介绍过"插入函数"和"测试公式"按钮的用法,这里主要讲解其余的按钮。

单击"编辑操作"按钮,自动弹出如图9-5所示的子菜单。子菜单包含了很多命令,常用的文本编辑功能,如剪切、复制、粘贴、删除;对于公式源代码的临时存盘和读取;清空已经编写的公式源代码;将公式设置为只读;当公式源代码较多时,可以在公式编写区的左侧"显示行号"。

单击"插入资源"按钮,自动弹出如图9-6所示的子菜单。资源主要有调色板、图标、BMP图片、声音和动画等。

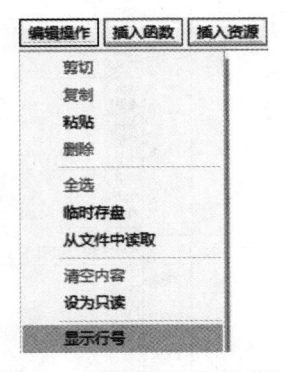

图9-5 "编辑操作"子菜单　　　　图9-6 "插入资源"子菜单

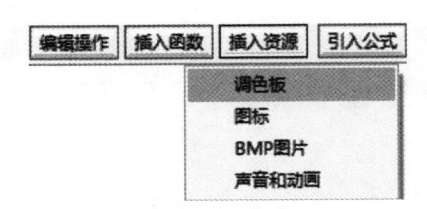

"引入公式"按钮只有在新建公式时,处于可选状态。单击"引入公式"按钮,自动弹出如图9-7所示的提示框。如果不想引入现成的指标公式源代码,可单击"取消"按钮。如果希望借用被引入公式的名称,单击"是"按钮,

否则单击"否"按钮。无论单击"是"或者"否"按钮，均会自动弹出如图9-8所示的"选择指标"对话框，指标备选框中列出了当前软件中的指标公式，选择任意一个，单击"确定"按钮，即可将指定公式的源代码自动填入公式编辑器的公式编写区中。

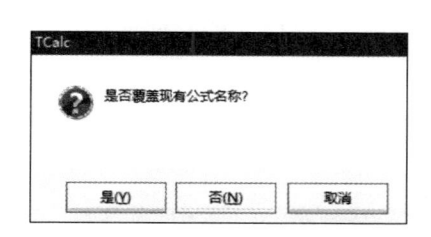

图 9-7　引入公式提示框

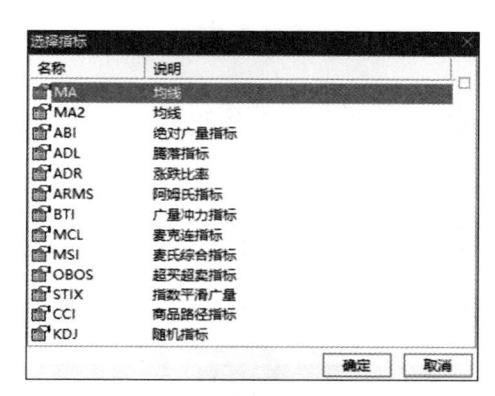

图 9-8　"选择指标"对话框

（3）动态翻译、测试结果、参数精灵、用法注释。

这几个按钮主要是在完善公式的过程中起辅助作用。

打开指标公式编辑器，"动态翻译"已默认选中。随着公式源代码的输入，会被实时翻译成有意义的文字，可以帮助不懂英文或者不会编写公式的投资者及时理解公式含义。"动态翻译"主要是依据公式源代码中的函数、数字、数学计算、标点符号等关键信息进行自动翻译。

"测试结果"用于测试公式后自动显示的信息。除了手动点击"测试公式"按钮时，会执行测试公式的功能，使用"确定"或者"另存为"按钮保存公式时，也会自动测试。

"参数精灵"用于设置"参数调整"对话框中的显示文本。注意参数精灵中的参数编号与参数设置表的序号一一对应。

"用法注释"用于描述当前公式的使用说明等信息。单击"用法注释"按钮，可在左侧输入框中输入文本信息，这些信息在选择公式时可以看到。例如，在图 8-1 所示的"请选择主图指标"窗口右下角显示了系统公式"CYC 成本均线"的用法注释内容。

9.2 其他公式编辑器

掌握了指标公式编辑器之后，其他几个公式编辑器也就基本会用了。

1. 五彩 K 线公式编辑器

选择"公式"菜单中的"公式管理器"命令，打开公式管理器界面，选中公式树中的"五彩 K 线公式"节点，单击右侧的"新建"按钮，打开如图 9-9 所示的五彩 K 线公式编辑器。

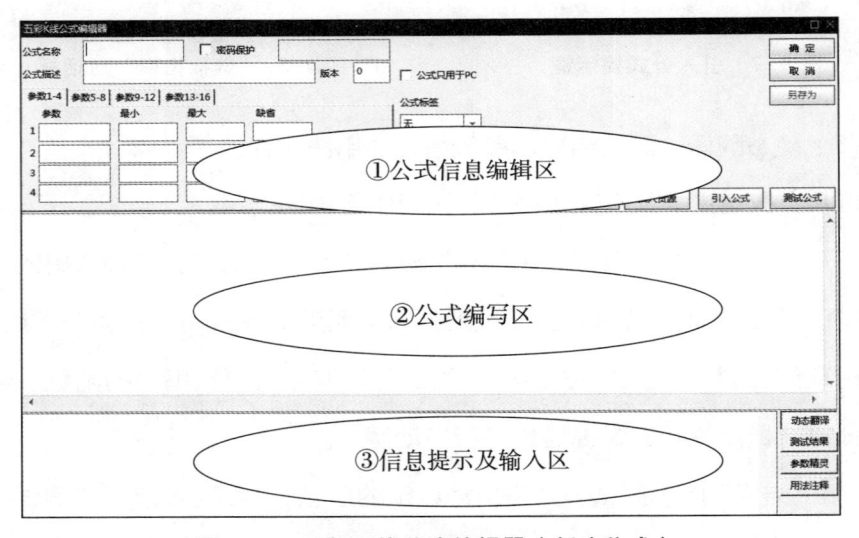

图 9-9　五彩 K 线公式编辑器（新建公式）

将公式编辑器的功能进行分区，可以发现五彩 K 线公式编辑器只有①公式信息编辑区同指标公式编辑器不一样。五彩 K 线公式编辑器有公式名称、公式描述、公式标签、密码保护、参数设置等功能。

2. 专家系统公式编辑器

选择"公式"菜单中的"公式管理器"命令，打开公式管理器界面，选中公式树中的"专家系统公式"节点，单击右侧的"新建"按钮，打开如图9-10所示的专家系统公式编辑器。

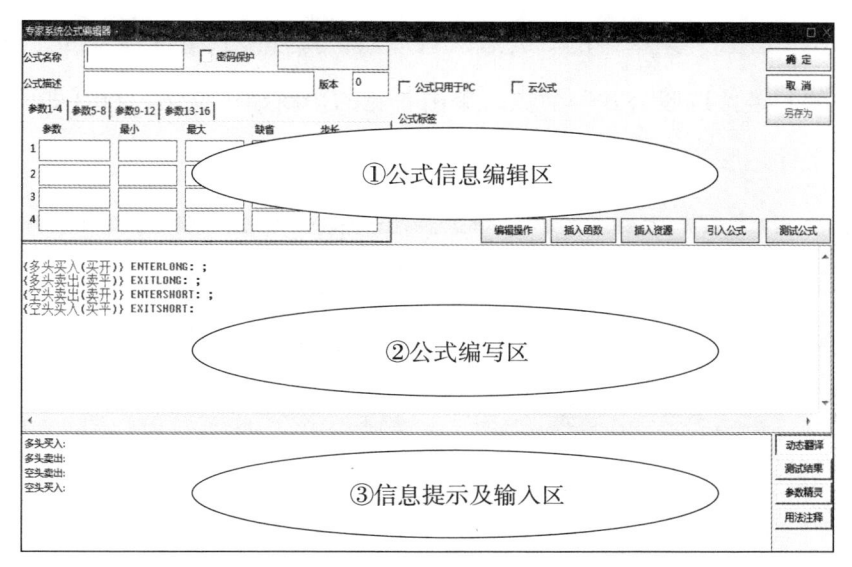

图 9-10　专家系统公式编辑器（新建公式）

对公式编辑器的功能进行分区，可以发现专家系统公式编辑器也是只有①公式信息编辑区同指标公式编辑器不一样。专家系统公式编辑器有公式名称、公式描述、公式标签、密码保护、参数设置、步长等功能。

在公式编写区，可以看到预留了4个专家公式的独特输出。注意将它们与交易型指标公式的输出区别开来。

ENTERLONG：代表输出交易信号，多头买入，即开仓买入，简称买开。

EXITLONG：代表输出交易信号，多头卖出，即平仓卖出，简称卖平。

ENTERSHORT：代表输出交易信号，空头卖出，即开仓卖出，简称卖开。

EXITSHORT：代表输出交易信号，空头买入，即平仓买入，简称买平。

公式编写区中的"{}"是操作符函数类型下的注释符号，括号内的文字都是灰色的，不会被编译执行。注释的目的是，利用添加的注释文字对公式语句的意义做详细说明。

3. 条件选股公式编辑器

选择"公式"菜单中的"公式"管理器，打开公式管理器界面，选中公式树中的"条件选股公式"节点，单击右侧的"新建"按钮，打开如图9-11所示的条件选股公式编辑器。

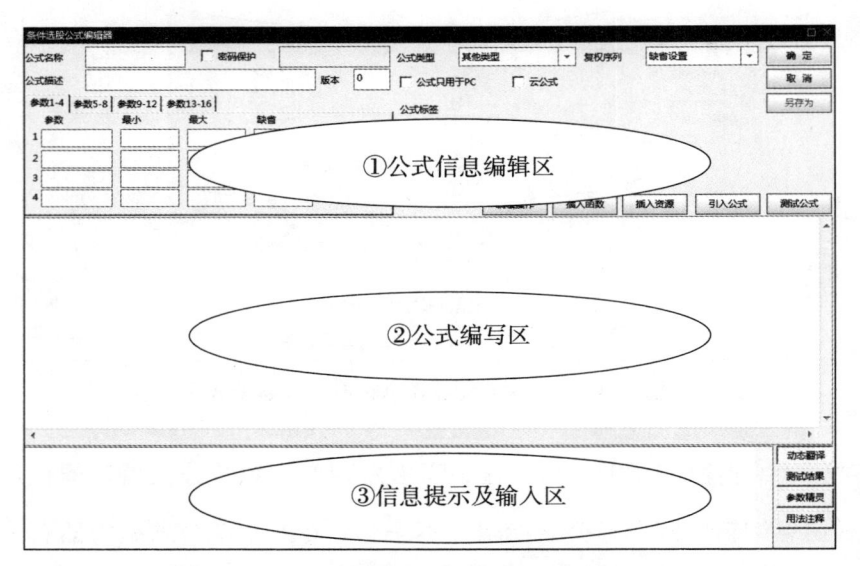

图 9-11 条件选股公式编辑器（新建公式）

对公式编辑器的功能进行分区，可以发现条件选股公式编辑器也是只有①公式信息编辑区同指标公式编辑器不一样。条件选股公式编辑器有公式名称、公式描述、公式标签、密码保护、参数设置、复权序列等功能。

第 10 章　函数的使用

公式系统中的 19 种函数分别对应不同类型的基础功能。这些功能并不像按钮一样，点击一下就能直接看到结果。投资者可以在指标公式编辑器里尽量把具体函数对数据的加工处理效果显示出来，再依据个股详情页里看到的画图结果，回过头来理解函数功能，以及具体的函数是如何对特定类型的数据进行加工的。这样可以更好地帮助投资者理解这些抽象的函数功能。

10.1　用指标公式写字

指标公式把个股详情页的单个窗口作为一张画布，通过编写公式可以在画布上画出投资者想要的图形。单个窗口即一个主图或者一个副图。

如果把每个主图和副图各看作一张画布，个股详情页最多可以有 12 张画布，也就是 1 个主图和 11 个副图。

在查看 K 线图时，通过在键盘按上下箭头键，可以控制画布中的 K 线数量。若想要当前屏幕显示的 K 线数量更多，就按向下箭头键；若想显示的 K 线数量更少，就按向上箭头键。在按上下箭头键控制 K 线数量时，可以观察到主图和副图的指标公式名称、参数及指标线数值等信息，它们的位置并没有在画布里移动。

在同一个窗口，不同的画线与画布类型是相对的。这里的画线是广义的，除了常见的 K 线、指标线，也包含文字、颜色块、图标等。对于 K 线图来说，画布中的 K 线随着横坐标变动而变动，可认为是一张动态画布。对于指标名称、参数等信息来说，这些信息不会跟随横坐标变动而变动，可认为是一张固定画布。

【例 1】 使用固定画布的函数名字里大都含有 FIX。以显示固定位置文字的函数为例。

打开公式管理器界面，选择"技术指标公式"—"特色型"—"CYX 撑压线（系统）"，然后单击"修改"按钮，进入如图 10-1 所示的指标公式编辑器，查看其公式源代码。使用系统公式"CYX 撑压线"后，在画布的左上角会显示个股所属的行业板块、地区板块、概念板块等信息。此功能是利用绘图函数 DRAWTEXT_FIX 实现的。

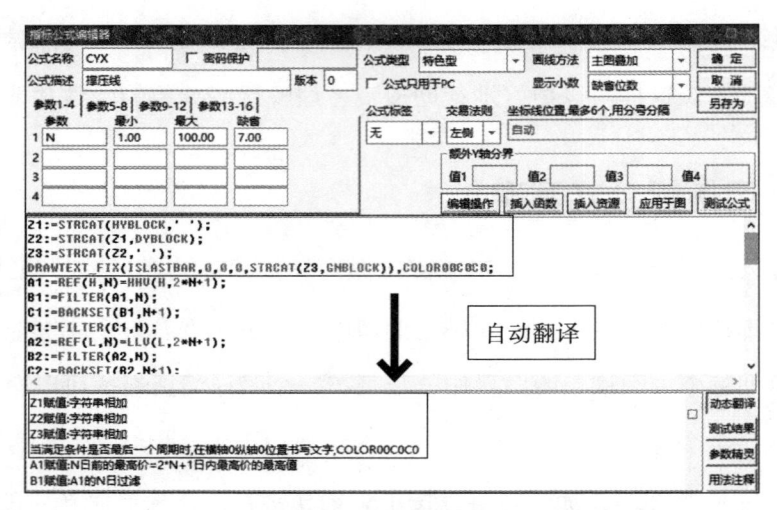

图 10-1　撑压线的公式源代码（指标公式编辑器）

下面来分析前面的 4 行语句。

Z1:=STRCAT(HYBLOCK,'');

Z2:=STRCAT(Z1,DYBLOCK);

Z3:=STRCAT(Z2,'');

DRAWTEXT_FIX(ISLASTBAR,0,0,0,STRCAT(Z3,GNBLOCK)),COLOR00C0C0;

对照动态翻译，可以发现前面 3 行语句都是赋值语句，不会输出画线。而第 4 行语句是用于显示的无名语句。重点来看括号前面的绘图函数

DRAWTEXT_FIX。此函数的第 2、3、4 个输入值都是 0，每个 0 表示的含义不一样。将动态翻译的文字与函数的用法说明对照着看，可以帮助我们掌握函数用法。

想要查看此函数的用法说明，可以单击"插入函数"按钮，打开如图 10-2 所示的"插入函数"窗口，选择"绘图函数"—"DRAWTEXT_FIX 定点文字"，下面会显示用法。

用法 1：固定位置显示文字（显示效果见图 5-18）。

用法 2：在指标排序中显示字符串栏目。

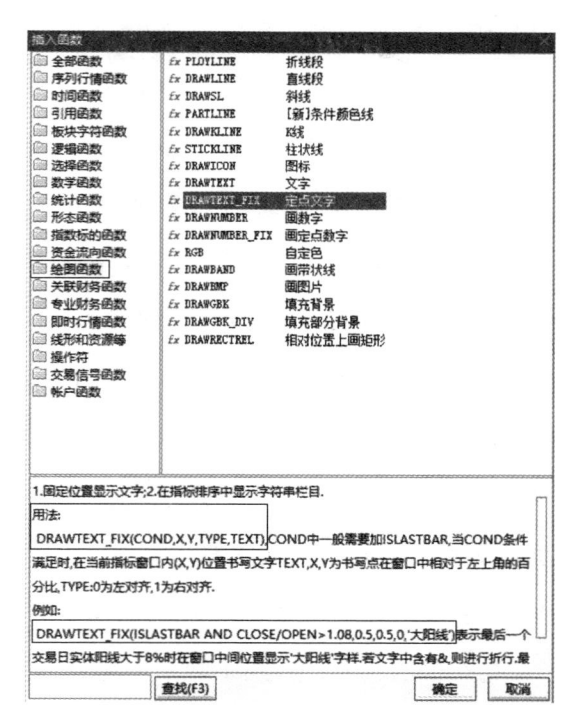

图 10-2　DRAWTEXT_FIX 用法说明

DRAWTEXT_FIX 函数的标准用法如下：

DRAWTEXT_FIX(COND,X,Y,TYPE,TEXT)

函数后面有括号，说明这是一个带有参数的函数，4 个逗号将参数区隔开。

第一个参数是 COND，表示画线的条件，它是个逻辑值。撑压线的公式源代码中输入了 ISLASTBAR，表示判断当前的时间点是否为最后一个时间周期。ISLASTBAR 属于引用函数类型，此函数不需要输入参数。

第二个参数是 X，表示画出的文字位于画布的横坐标位置。撑压线的公式源代码中输入了 0，表示从画布的最左边开始画。其他数值表示百分比。

第三个参数是 Y，表示画出的文字位于画布的纵坐标位置。撑压线的公式源代码中输入了 0，表示从画布的最上边开始画。将 X 和 Y 的数值用坐标形式表示即（X,Y）。也就是说，坐标（0,0）表示定位在画布的左上角。

第四个参数是 TYPE，表示设置文字格式。输入 0，表示文字左对齐；输入 1，表示文字右对齐。撑压线的公式源代码中输入了 0，表示从画布的左上角开始，按照从左往右的顺序显示文字。

第五个参数是 TEXT，表示设置显示的文本内容。如果输入的是汉字，要用单引号把汉字引起来，说明输入的汉字是字符串格式。字符串是一种与数字不同的数据类型。在撑压线的公式源代码中，输入的 STRCAT(Z3,GNBLOCK) 表示这是一串自定义的字符串。STRCAT 属于板块字符函数类型，它有两个输入。使用函数 STRCAT 可以把输入的两个字符串拼接成一个字符串。

撑压线的公式源代码前 3 行都是拼接字符串。

第一行的语句内容是 STRCAT(HYBLOCK,' ')，表示把个股所属的行业板块信息 HYBLOCK 与空格拼起来，并给中间变量起名 Z1。

第二行的语句内容是 STRCAT(Z1,DYBLOCK)，表示把第一行语句定义的中间变量 Z1 与个股所属的地域板块信息 DYBLOCK 拼起来，并给中间变量起名 Z2。

第三行的语句内容是 STRCAT(Z2,' ')，表示把第二行语句定义的中间变量 Z2 与空格拼起来，并给中间变量起名 Z3。

最后一句中，DRAWTEXT_FIX 函数的第五个参数是 STRCAT(Z3, GNBLOCK)，表示把第三行语句定义的中间变量 Z3 与个股所属的概念板块信息 GNBLOCK 拼起来，整体作为一个字符串输出。

【例 2】新建自编公式，利用函数 DRAWTEXT_FIX 显示文字。

编写一个副图指标公式"行业地区概念"，显示个股所属的行业板块、地区板块、概念板块信息，效果如图 10-3 所示。为了方便对照，主图指标设置为系统公式"CYX 撑压线"。

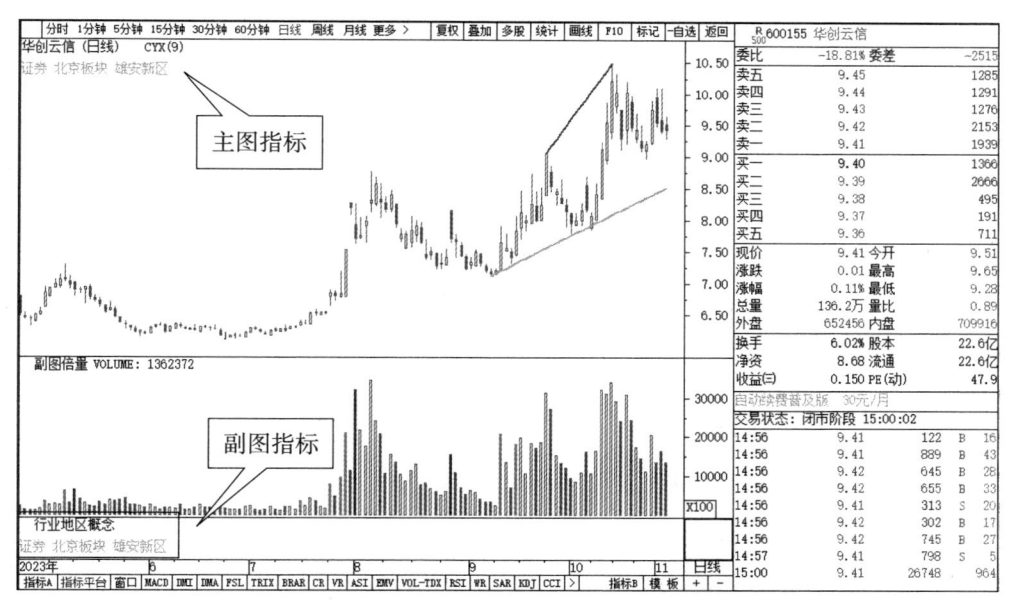

图 10-3　副图指标公式"行业地区概念"效果（600155 华创云信）

由于本例采用的公式源代码是图 10-1 的前面 4 行语句，先把它们复制过来。然后参照 6.2 节的步骤，新建一个指标公式，如图 10-4 所示。

在"公式名称"输入框填写"行业地区概念"，在公式编写区粘贴公式源代码，"画线方法"使用默认的"副图"。单击"测试公式"按钮，确认编写的公式无误。最后单击"确定"按钮，保存新公式。

那么，如何调用编写的新公式呢？

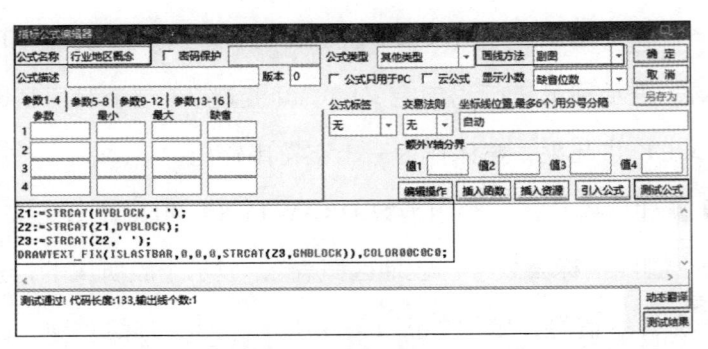

图 10-4　填写公式信息及公式源代码（指标公式编辑器）

先按快捷键 Alt+3，打开第二个副图。然后选中第二个副图，再按快捷键 Ctrl+I，弹出选择副图指标的"请选择指标"窗口，如图 10-5 所示。单击"用户"标签页，找到新编写的公式"行业地区概念"，选中后单击"确定"按钮，即可实现图 10-3 所示的在第二个副图里显示的效果。

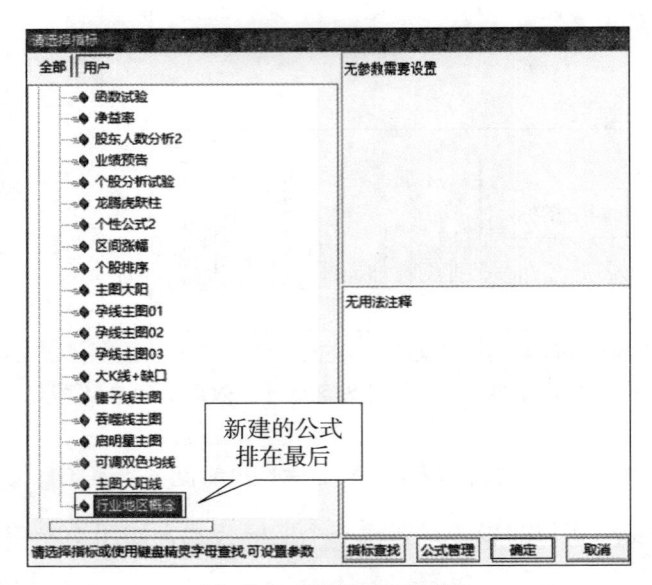

图 10-5　选择副图指标

【例 3】修改自编公式，更换显示文字的颜色。

例如，要把图 10-3 中的文字颜色改成其他颜色，需要用到公式编辑器的调色板功能。

步骤 1：在图 10-3 的个股详情页，选中第二个副图，按快捷键 Alt+S，弹出如图 10-6 所示的公式编辑器。公式源代码的第四行使用了颜色函数 COLOR00C0C0（黄绿色）设置文字颜色，它由自定义颜色函数 COLOR 加上颜色值 00C0C0 组合而成。

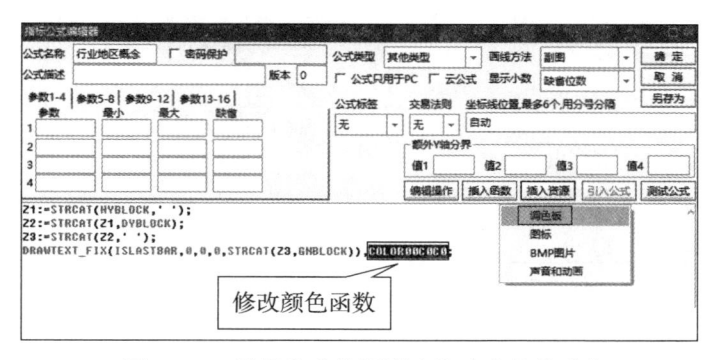

图 10-6　指标公式编辑器（修改自编公式）

步骤 2：要把颜色函数 COLOR00C0C0 换成其他颜色，先将 COLOR00C0C0 删除，再将光标定位在逗号","与分号";"之间。

步骤 3：单击"插入资源"按钮，在弹出的子菜单中，选择"调色板"，自动弹出如图 10-7 所示的"颜色"对话框。选择一个颜色块，例如第二行第一个红色。

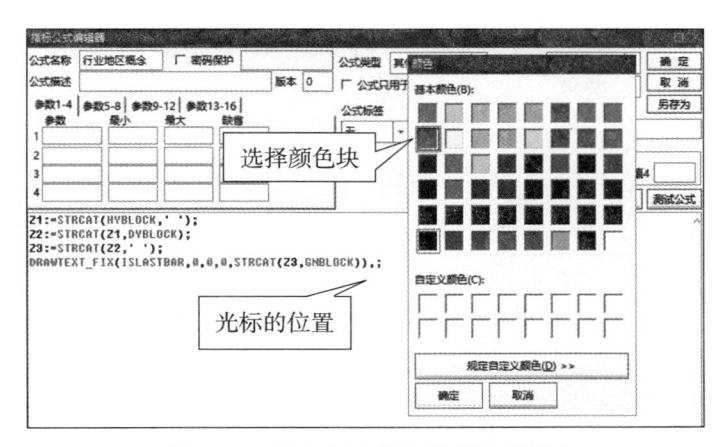

图 10-7　调色板（指标公式编辑器）

步骤 4：单击"确定"按钮后，新的颜色函数自动填充在公式源代码的光标位置，如图 10-8 所示。颜色函数从 COLOR00C0C0 变为了 COLOR0000FF（红色）。

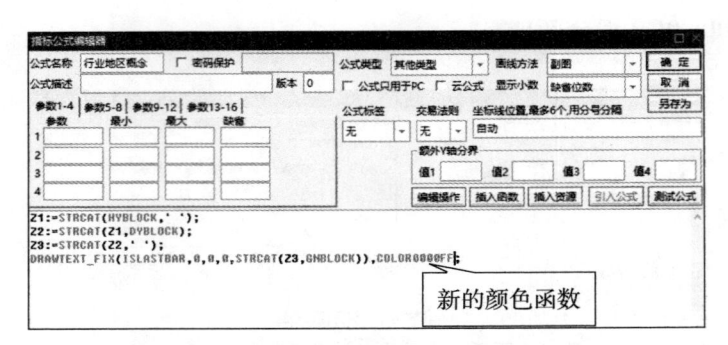

图 10-8　更换颜色函数（指标公式编辑器）

步骤 5：单击公式编辑器中的"确定"按钮，保存公式。

回到个股详情页，查看新公式的显示效果，如图 10-9 所示。修改了颜色函数后，副图中的文字颜色与主图系统公式设置的颜色不一样了。

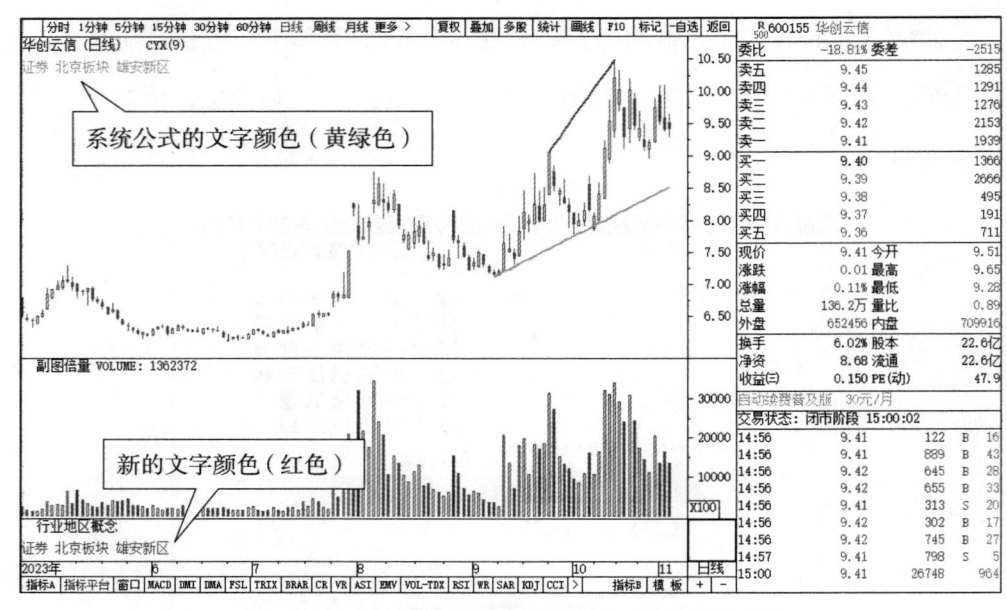

图 10-9　更换副图文字颜色（600155 华创云信）

10.2 时间序列与时间周期

当画图窗口作为动态画布时，画图的位置不再是固定的坐标（X，Y）了，而是与时间有关。比如，7.1 节中表 7-3 是一个常见的日线周期行情数据表，表格的第一列"时间"是按照交易日的先后顺序排列的。

在个股详情页的上方，投资者可以自定义动态画布的时间周期。以 15 分钟为例，选中"15 分钟"后，主图左上角个股名称后面的括号里会变为"15 分钟"。下方的横坐标也会通过显示 15 分钟及其倍数，提示当前的时间周期是 15 分钟，方便投资者确定 K 线、成交量或者其他指标的时间刻度，如图 10-10 所示。

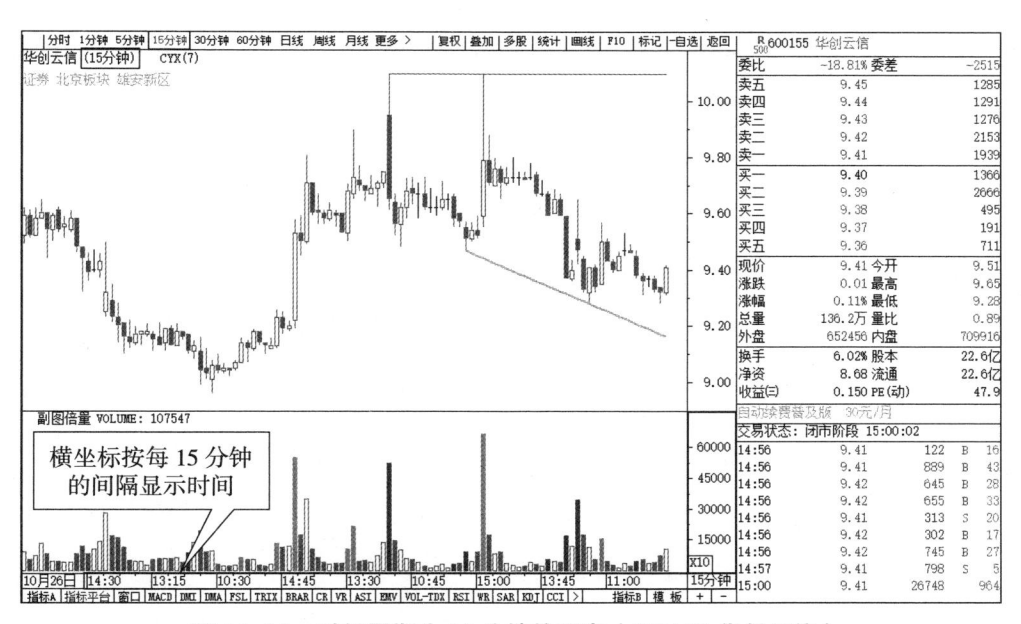

图 10-10 时间周期为 15 分钟的图表（600155 华创云信）

变更了图表的时间周期后，再使用 7.5 节的导出数据功能，可以得到一张如表 10-1 所示的数据表，其中第一列"时间"是在交易日先后顺序排列的基础上，再细分为 15 分钟一个周期。

表 10-1　个股 15 分钟时间周期的行情数据表（示例）

时间	开盘价（元）	最高价（元）	最低价（元）	收盘价（元）	成交量（手）
2023/11/03-09:45	9.51	9.65	9.42	9.47	34162400
2023/11/03-10:00	9.44	9.45	9.32	9.33	17480700
2023/11/03-10:15	9.32	9.41	9.28	9.41	11619500
2023/11/03-10:30	9.41	9.42	9.32	9.34	5668200
2023/11/03-10:45	9.35	9.57	9.35	9.50	15724200
2023/11/03-11:00	9.50	9.51	9.43	9.43	4540300

简单来说，时间序列是以固定时间周期为间隔，来提取特定的数值。因此，要先确定时间周期，才能确定时间序列。这也是 K 线图数据生成规则背后的原理。

K 线图的横坐标以什么样的时间刻度作为周期，是由投资者的交易策略决定的。比如，中长期投资者会选择更长一点的时间周期，而中短线投资者会选择偏短一点的时间周期。更多时间周期的设置可在"系统设置"界面的"周期"标签页完成（可参见图 7-3）。

【例 1】利用多种画线方式，画出单序列的指标线。

当做出的指标线只使用一列数据时，可以认为是单序列，比如分时图。如果在主图上只画出收盘价的折线图，不需要编写公式，只需采用收盘站线即可。除了使用键盘精灵调用收盘站线，也可以使用主图快捷菜单。

选中主图后，单击鼠标右键，在弹出的快捷菜单中选择"主图其他设置"—"收盘站线"，如图 10-11 所示。

若在副图画一根收盘站线，可以使用自编公式。在公式编辑器中，输入公式源代码，设置"公式名称"为"收盘站线"，"画线方法"为"副图"，如图 10-12 所示。

公式源代码：

```
CLOSE,COLORBLUE,LINETHICK2;
CLOSE,CIRCLEDOT,COLORRED;
```

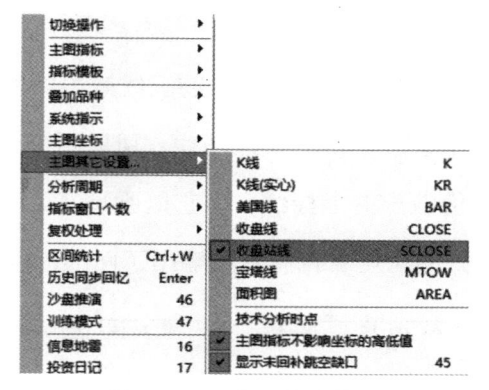

图 10-11　主图快捷菜单

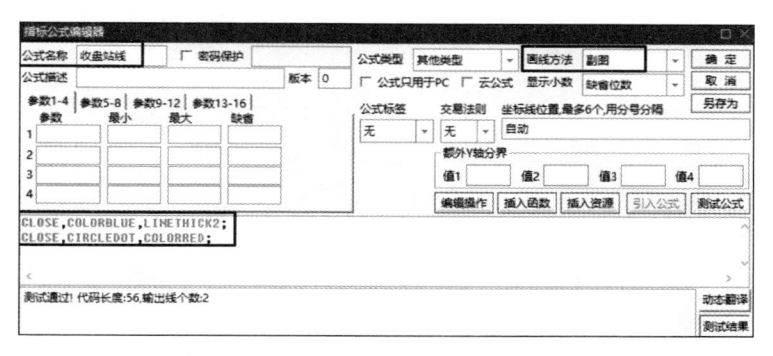

图 10-12　收盘站线（指标公式编辑器）

该公式使用了序列行情函数 CLOSE 收盘价，直接提取时间序列数据后，没有做任何数学计算，但在显示方面做了自定义设置。蓝色函数 COLORBLUE 和红色函数 COLORRED 是比较常用的颜色函数，无须通过调色板来设置。

第一行语句表示画出一条 2 号粗的蓝色指标线，也就是将每个收盘价的点连接成折线。自编公式的指标线粗细是可以自行设置的。线形粗细函数 LINETHICK 后面加数字与 COLOR 函数后面加颜色代码类似，函数 LINETHICK 后面也要加表示粗细的数字 1 到 9，9 号是最粗的。如果不进行自定义设置，则默认使用 1 号。

第二行语句表示对每个收盘价的点，用红色的小圆圈线函数 CIRCLEDOT

画出来。

自编公式"收盘站线"在副图中显示的画线效果如图 10-13 所示。为了方便对照，主图使用了系统自带的收盘站线。可以看到，尽管收盘站线是仅使用了单一数据收盘价做出的指标线，但它既强调了时间点的数值，又绘出了折线图。从编写公式的角度看，实际上输出了两根指标线。

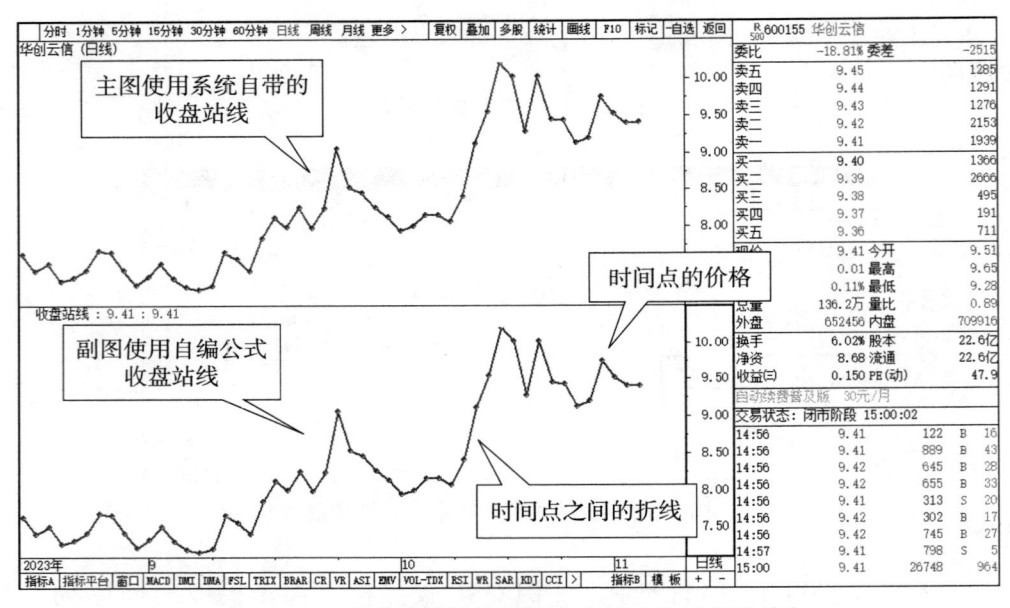

图 10-13　收盘站线的画图效果（600155 华创云信）

【例 2】计算单序列的相对位置。

假如以当前时间刻度的视角来看，左边的时间刻度表示历史已经发生的交易行情数据，右边的时间刻度表示未来可能发生的交易行情数据，如图 10-14 所示。

在个股详情页中，可以通过按键盘上的左右箭头键，移动画面，查看左侧的历史行情和右侧的最新行情。投资者都应该清楚，在画布上只能看到最新行情，无法看到尚未产生的行情。

图 10-14　时间序列的引用原理

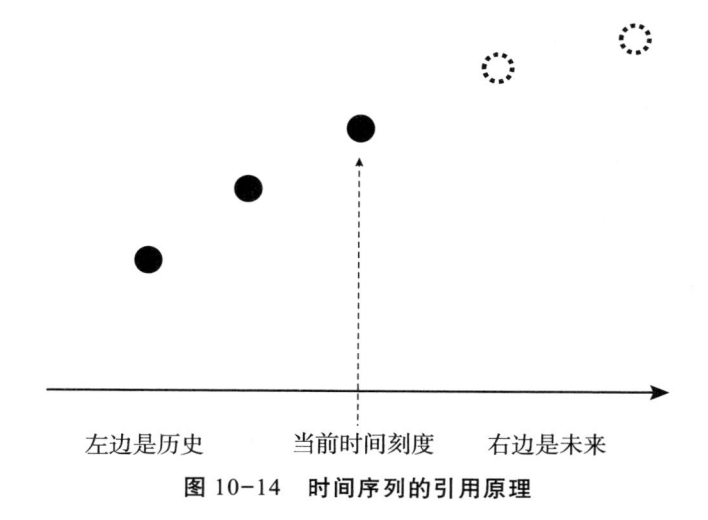

　　假如将图表中的某个时间刻度视为"当前时间刻度"，那么基于这个前提，可以使用引用函数来调取历史数据和未来数据。

　　调用历史数据，需要用到函数 REF，表示"日前的"。

　　调用未来数据，需要用到函数 REFX，表示"日后的"。

　　【例 3】以研究宝塔线为例，介绍 REF 函数的用法。

　　宝塔线是通达信软件里一个特殊的加密公式，它也是一种单序列指标线。与前面例子中的收盘价线不同，它在每个时间刻度上用不同颜色的柱子来显示价格的上涨或者下跌。宝塔线的原理比较复杂，感兴趣的读者可以查阅相关资料。

　　本例仅使用宝塔线诸多画图条件中最简单的一条：当收盘价连续 2 天上涨时，在该时间刻度上，画一根红色柱子的宝塔线，如图 10-15 所示。

　　主图使用系统自带的宝塔线作为参照，设置过程：在如图 10-11 所示的主图快捷菜单中选择"主图其他设置"—"宝塔线"。

　　副图使用自编公式"宝塔线研究"，副图包含一根蓝色的收盘价折线，以及少许红色柱线宝塔线。由于副图的红色柱线出现的时间刻度，以及价格高度与主图一致，说明副图自编的红色柱线画图正确。

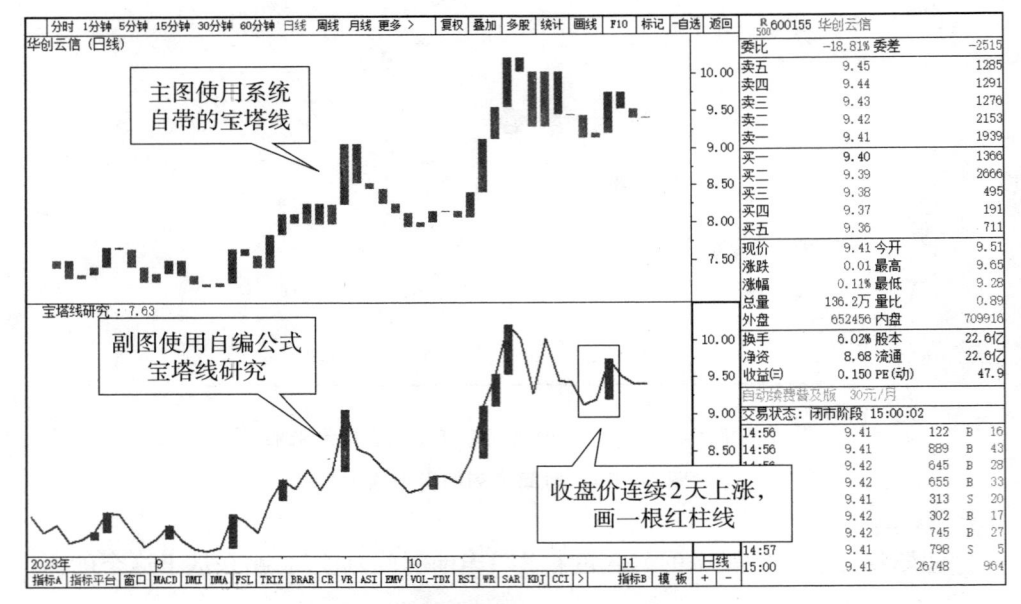

图 10-15 宝塔线研究（600155 华创云信）

自编指标公式，将"公式名称"设置为"宝塔线研究"，"画线方法"设置为"副图"，输入源代码，如图 10-16 所示。

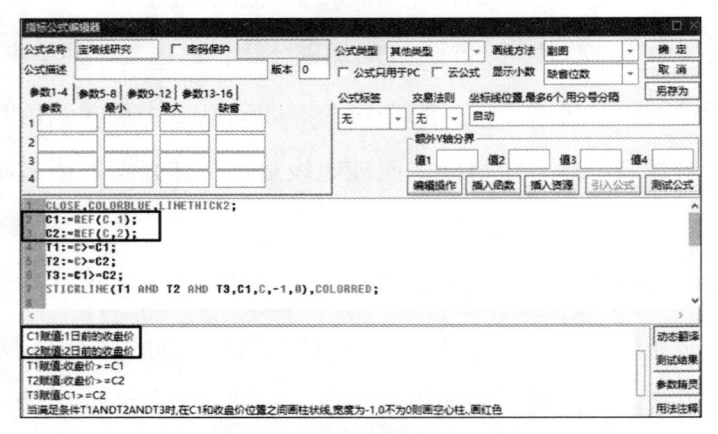

图 10-16 自编指标公式"宝塔线研究"（指标公式编辑器）

公式源代码：

CLOSE,COLORBLUE,LINETHICK2;

C1:=REF(C,1);

```
C2:=REF(C,2);
T1:=C>=C1;
T2:=C>=C2;
T3:=C1>=C2;
STICKLINE(T1 AND T2 AND T3,C1,C,-1,0),COLORRED;
```

第二行语句 C1:=REF(C,1); 表示定义一个叫 C1 的中间变量，使用 REF 函数，提取前一个时间周期的收盘价。语句中使用 C 表示收盘价。它与函数 CLOSE 是等价的。该语句也可以写成：

```
C1:=REF(CLOSE,1);
```

当希望提取两个时间周期之前的收盘价，就要把 REF 函数的第二个参数从 1 改为 2，即

```
C2:=REF(C,2);
```

或者

```
C2:=REF(CLOSE,2);
```

【例 4】以宝塔线为例，介绍柱状线函数 STICKLINE 的用法。

图 10-15 中的红色柱线是通过例 3 中公式源代码第七行语句画出的。

```
STICKLINE(T1 AND T2 AND T3,C1,C,-1,0),COLORRED;
```

这里用到了柱状线函数 STICKLINE。函数用法如图 10-17 所示。

STICKLINE 函数的标准用法如下：

```
STICKLINE(COND,PRICE1,PRICE2,WIDTH,EMPTY)
```

下面来仔细研究该函数的具体使用方法。函数后面有括号，说明它是一个带有参数的函数，4 个逗号将 5 个参数区隔开。

第一个参数是 COND，表示画线的条件，这是个逻辑值。示例语句的输入是 T1 AND T2 AND T3，表示必须同时满足 T1、T2、T3 时才画柱线。

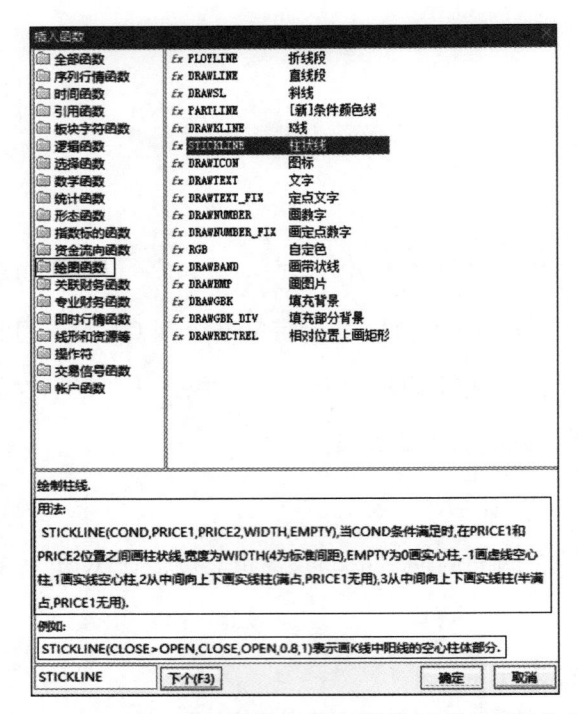

图 10-17 STICKLINE 函数的用法说明（"插入函数"窗口）

　　第二个参数是 PRICE1，表示画出的柱线价位 1。示例语句输入了 C1，即当满足条件 COND 时，前一个时间周期的收盘价。

　　第三个参数是 PRICE2，表示画出的柱线价位 2。示例语句输入了 C，即当满足条件 COND 时的收盘价。

　　第四个参数是 WIDTH，表示设置柱线的宽度。示例语句输入了 -1，表示宽度随着画布自动变化。

　　第五个参数是 EMPTY，表示设置柱线的画图形式。示例语句输入了 0，表示画一根实心柱线。

　　掌握了 REF 函数和柱状线函数 STICKLINE 的用法，读者可以在理解宝塔线原理的基础上，画出如图 10-18 所示的宝塔线。副图中的宝塔线使用的颜色与系统公式不同，便于区分自编公式与系统公式。

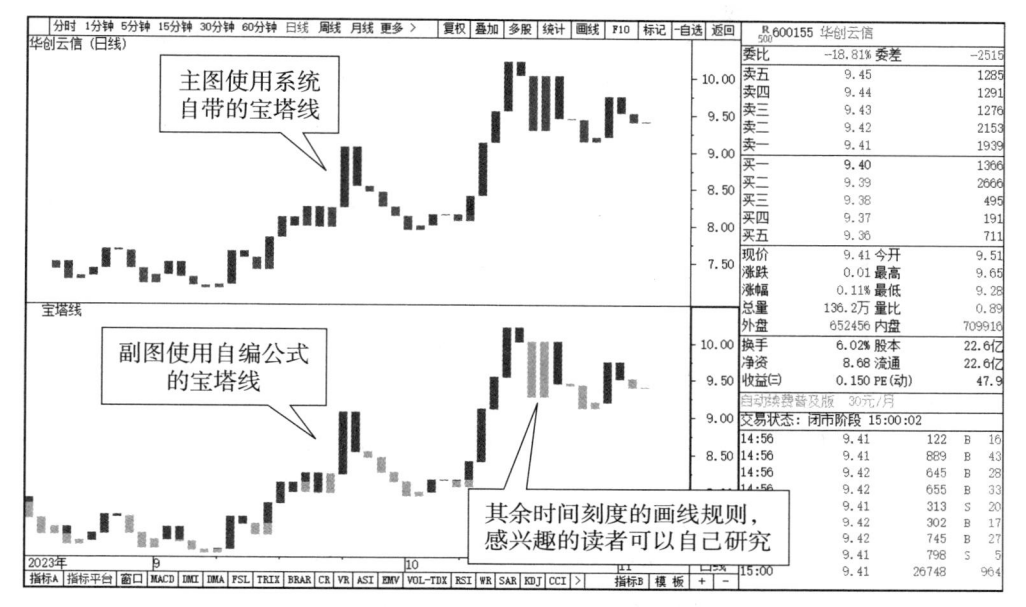

图 10-18　自编公式宝塔线（600155 华创云信）

10.3　数学计算

在理解了画布的原理和时间序列数据之后，就可以提取数据做数学计算了。

常见的加减乘除四则运算（+、-、×、÷），以及比较数值大小（如 >、<、>=、<=）都属于操作符类型的函数。

引用函数类型具有对横轴的时间周期做计算的函数。例如，BACKSET 函数可以为之前的时间周期赋值；BARSCOUNT 函数可以计算有效数据的周期数；BARSTATUS 函数可以计算数据对应的时间周期位置等。

引用函数类型还有对纵轴的数值做计算的函数。例如，HHV 函数可以对输入的指定序列计算最高值；LLV 函数对输入的指定序列计算最低值；SUM 函数对输入的指定序列求和等。

数学函数类型则提供了相对复杂的数学计算工具。例如，MAX 函数是对输入的两个数据比较大小，并且输出较大值；MIN 函数是对输入的两个数据比较大小，并且输出较小值；ABS 函数是对输入的数据取绝对值，然后输出；SIGN 函数是针对输入的数据，判断它是等于 0，大于 0，还是小于 0 等。

统计函数类型则提供了统计学相关的基础函数。例如，FORCAST 函数可以对输入的指定序列，计算线性回归预测值；SLOPE 函数可以对输入的指定序列，计算线性回归斜率；STD 函数可以对输入的指定序列估算标准差；VAR 函数可以对输入的指定序列，估算样本方差等。

【例 1】数学公式的等号与赋值语句的赋值。

利用通达信公式做数学计算时，首先要理解数学公式的等号与通达信公式里的等号意义不同。

比如数学公式 $y=x+1$ 里的等号"＝"表示数值相等。而在通达信公式中，等号"＝"大致等同于赋值语句的输出符"：＝"。输出符既包含了等号的意思，又有输出的含义。

【例 2】语句内容的等号表示逻辑判断的意思。

当个股正处于上涨趋势，市场必然会不断形成更高的高点（Higher High，HH）。假设某只个股在 25 天前创出了新高，并且近期走势似乎在此价位有支撑。那么以 25 天前的最高价往右边延伸，画出一条水平线，并且在 K 线上方显示此价格。如图 10-19 所示，在 25 天前的最高价 9.06 元的位置向右边画了一根水平线。

自编指标公式，设置"公式名称"为"数学计算研究"，"画线方法"为"主图叠加"，输入公式源代码，如图 10-20 所示。

公式源代码：

```
H20:=H=HHV(H,20);
B25:=CURRBARSCOUNT=25;
DRAWSL(H20 AND B25,H,0,10000,0),LINETHICK2,COLORBLUE;
DRAWNUMBER(H20 AND B25,H*1.03,H),COLORBLUE;
```

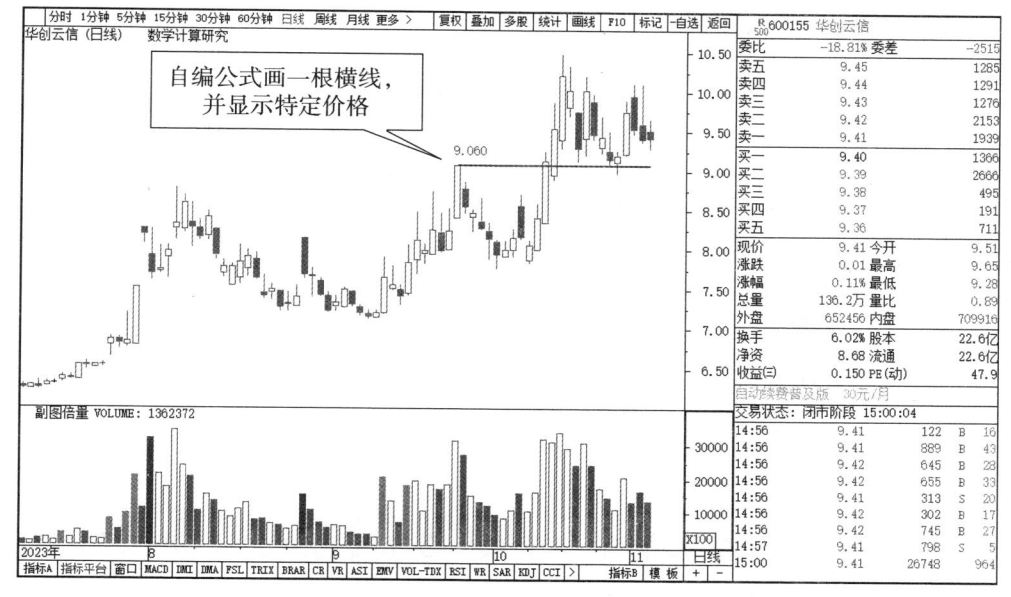

图 10-19　阻力变支撑的横线（600155 华创云信）

图 10-20　自编指标公式"数学计算研究"（指标公式编辑器）

该公式总共有 4 行语句，前两行是赋值语句，后两行是画线的无名语句。

第一行语句输出一个叫 H20 的中间变量。语句内容的部分 H=HHV(H, 20) 是一个逻辑值，将 20 天内的最高价与该时间周期的最高价进行比较。如果相等，那么 H20 的结果为 1，否则为 0。

第二行语句输出一个叫 B25 的中间变量。语句内容的部分 CURRBARSCOUNT=25 也是一个逻辑值，判断 CURRBARSCOUNT 函数的结果是否等于 25。如果相等，那么 B25 的结果为 1，否则为 0。

CURRBARSCOUNT 函数也属于引用函数类型，它计算了每个时间周期到最后一个周期的数量，从最新一个时间周期开始倒数编号。例如，在最后一个时间周期使用函数 CURRBARSCOUNT，计算出来的结果是 1。往前数历史的时间刻度依次加 1。

通过以上分析，可以发现前两个语句内容里的等号是判断等号前后的两个数值是否相等的操作符。

第三行语句使用了绘图函数 DRAWSL，画出了一根蓝色线。可以在"插入函数"窗口找到该函数的用法说明，此过程不再赘述。

注意：函数 DRAWSL 的第二个参数是画图的价格，也就是纵坐标位置，即最高价函数 HIGH，也可以简写成 H。第三个参数设置了绘制斜线的斜率，当斜率为 0 时，斜线就画成了一根水平的横线。第五个参数设置了 0，表示画出的线往右边延伸。

第四行语句使用了绘图函数 DRAWNUMBER，画出蓝色的最高价。可以在"插入函数"窗口中找到该函数的用法说明，此过程不再赘述。

注意：该函数与 10.1 节介绍的固定位置写字不同，函数 DRAWNUMBER 是在动态画布上写字。该函数的第一个参数是逻辑判断。在满足第一个输入的结果为 1 时，执行绘图函数 DRAWNUMBER 写字。这里的逻辑判断是在画布横坐标的每一个时间刻度上都进行一次逻辑判断。第二个参数是写字的位置，即纵坐标价格。这里设置为 H*1.03，表示在最高价上方一点的位置，即在比最高价高出 3% 的位置写字，数字 1.03 是可以自行修改的。第三个参数表示在画布上写什么数字，即当前时间周期的最高价 H。

【例 3】做加减法。编写加、减、乘、除四则运算公式时，一定要注意计算的是相对价格，还是绝对价格。

假如在前一例的基础上，在蓝色线的基准价格上加 1 元，并画横线，又在蓝色线的基准价格上减去10%，并画横线，如图10-21所示。

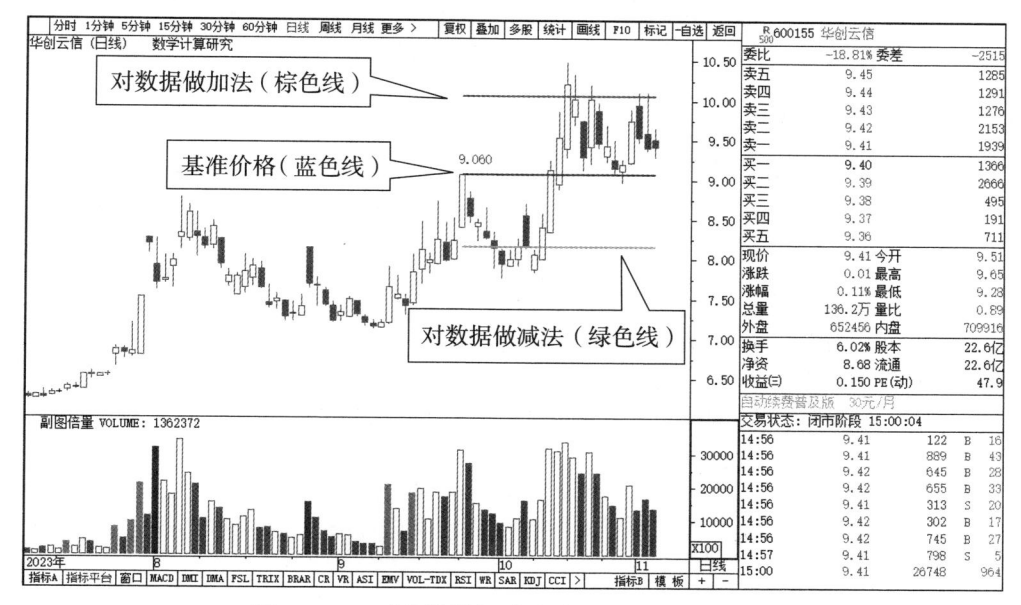

图10-21　对价格做加减法（600155 华创云信）

图10-21中上面的线（棕色线）是根据中间的基准线（蓝色线）价位增加1元所画出的横线。下面的线（绿色线）是根据中间的基准线（蓝色线）价位减去10%所画出的横线。

图10-21的指标公式源代码如图10-22所示，在例2的基础上增加了4行语句，设置"公式名称"为"数学计算研究"，"画线方法"为"主图叠加"。

公式源代码：

H20:=H=HHV(H,20);

B25:=CURRBARSCOUNT=25;

DRAWSL(H20 AND B25,H,0,10000,0),LINETHICK2,COLORBLUE;

DRAWNUMBER(H20 AND B25,H*1.03,H),COLORBLUE;

JAF:=H+1;

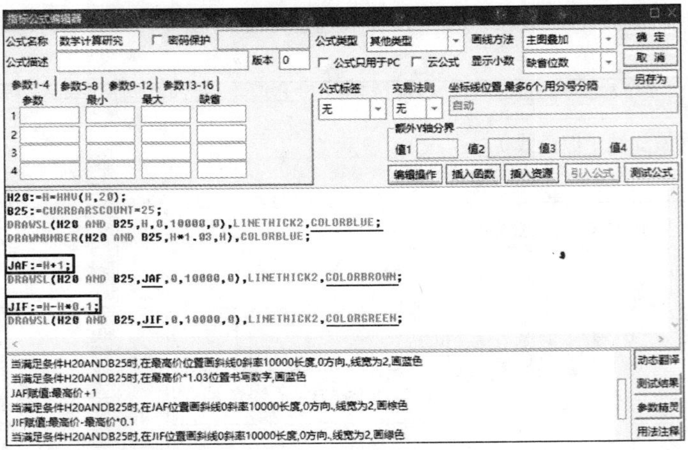

图 10-22　自编指标公式"数学计算研究"（指标公式编辑器）

```
DRAWSL(H20 AND B25,JAF,0,10000,0),LINETHICK2,COLORBROWN;
JIF:=H-H*0.1;
DRAWSL(H20 AND B25,JIF,0,10000,0),LINETHICK2,COLORGREEN;
```

其中，计算两根线的公式是下面这两句。中间变量 JAF 表示加法，中间变量 JIF 表示减法。

```
JAF:=H+1;
JIF:=H-H*0.1;
```

由于是在主图中画指标线，此时的主图纵坐标单位是元。语句 JAF 中使用 H+1，表示对最高价加 1 元，这增加的是绝对价格。而语句 JIF 中使用 H*0.1，表示计算了最高价的 10%，即计算的是相对价格。H-H*0.1 表示最高价减去最高价 10% 后的价位。

此外，画棕色线和画绿色线是在复制第三行语句的基础上，稍作修改完成的。修改了绘图函数 DRAWSL 的第二个参数，也就是指定画线的价位。棕色线的画线价位即中间变量 JAF。绿色线的画线价位即中间变量 JIF。

然后修改了画线的颜色函数，画棕色线只需要把颜色函数 COLORBLUE 改为 COLORBROWN，画绿色线只需要把颜色函数 COLORBLUE 改为 COLORBGREEN。

图 10-21 的蓝色线价位是 9.06 元，加上 1 元的棕色线相当于是上方大约 11% 的价位。视觉上，棕色线与蓝色线之间的距离和绿色线与蓝色线之间的距离差不多。

把基准价格换成其他价位，例如 5 元附近，如图 10-23 所示的 4.86 元。棕色线是在 4.86 元基础上加上 1 元（5.86 元），相当于增加了约 20%。而绿色线是在 4.86 元基础上减去 10%（约 4.37 元），相当于减去了 0.49 元。

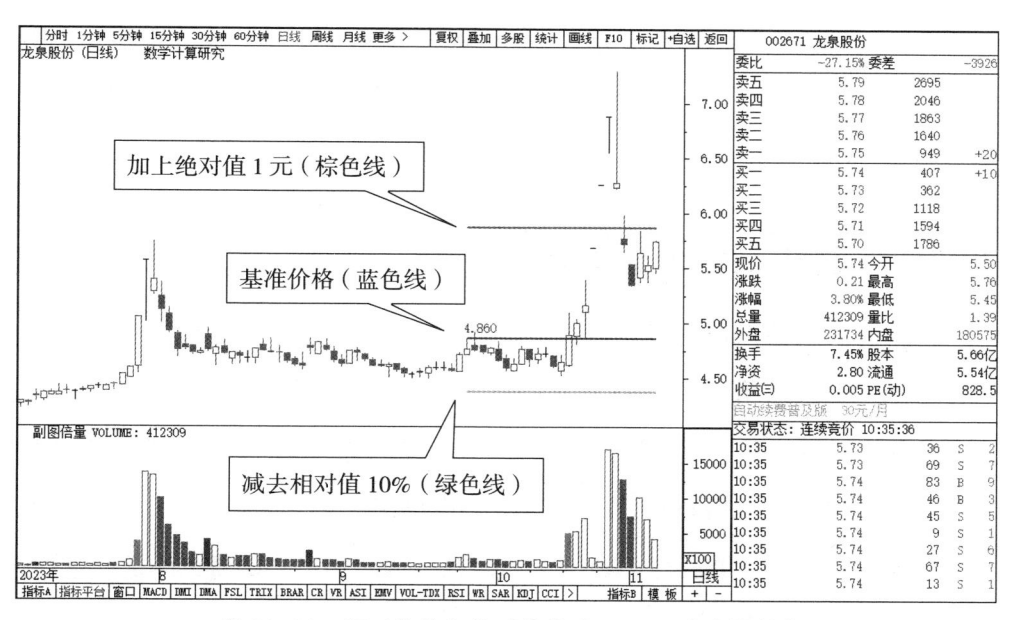

图 10-23　相对价格与绝对价格（002671 龙泉股份）

由于改变了蓝色线的基准价格，造成了视觉上棕色线与蓝色线之间的距离大约是绿色线与蓝色线之间距离的两倍。

通过比较相对价格和绝对价格，可以帮助投资者更好地理解，在实际交易中是选用单笔金额止损或止盈，还是选用百分比止损或止盈。

第 11 章　公式编写的逻辑判断

逻辑判断是编写公式时必须熟练使用的基本概念。对于没有编程经验的读者，阅读本章时建议参照书里的讲解多做小练习。

逻辑判断的重要性不仅体现在编写指标公式方面，使用画图函数的时候，经常会输入条件判断。在做技术分析时，从各种交易图表中寻找高胜算的交易机会和量化规律，定义买卖规则和选股逻辑，都会用到逻辑判断。

在四大类公式里，五彩 K 线公式和条件选股公式只能输出一个逻辑判断值。而专家系统公式的每一个输出，也就是在输出符冒号后面的语句内容，都是逻辑判断。

11.1　语言逻辑与公式逻辑

当我们使用自然语言表达逻辑时，通常会有一些固定的句型。例如，表达因果关系时，会用到"因为""所以""由于""因此"等词语；表达递进关系时，会用到"不但""而且""甚至"等词语；进行列举时，会用到"首先""其次""第一""第二"等词语。这些连接词将跟在后面的语句组合在一起，便于读者准确理解句子要表达的意思。如果连接词用错了，读者在阅读文章时，就会感觉前言不搭后语。

同样的，编写公式，就是让计算机去理解公式的编写者所表达的意思。计算机在理解了之后，自动执行语句，最后把结果呈现出来。指标公式的结果是最直观的，可以在个股详情页看到。五彩 K 线公式和专家系统公式的结果也可以在主图中看到，选股公式的结果是一张列表。

编写公式的目的是服务实战做交易。在学习公式编写的过程中，投资者不要因为编写了一个公式，看到了结果就沾沾自喜。一定要多积累，积累到一定程度后，自然就能信手拈来。罗马不是一天建成的，编写公式也不是一天就能学会的。

公式的逻辑除了体现在公式编辑器的语句是从上往下，一句一句地执行，还体现在对逻辑判断的处理上。在不考虑人工智能范畴的情况下，可以把逻辑判断认为是计算机能懂的语言。计算机是机器，必须跟它说得清清楚楚，它听不懂意义模糊的语言。比如说到"大阳线"，翻开任何一张 K 线图，人们对于图中一眼看着实体部分很长的红 K 线，都会认为是大阳线。但计算机对于"大阳线"的判断，就需要具体的量化规则。正如 3.1 节简单定义的"涨幅超过 6%"的大阳线，有了这个基础的量化规则，计算机就能自动识别图表，如果涨幅超过 6%，就认为是大阳线，如果涨幅没有超过 6%，就认为不是大阳线。

有了量化规则，后续还应做大量的图表验证，不断修改和完善公式，并不是说定了一条规则，就不能更改了。

把单一条件的逻辑判断画成原理图，如图 11-1 所示。这是最基础的布尔逻辑判断。首先定义某个判断条件，然后对该条件是否成立进行判断。如果条件成立，则输出 1；如果条件不成立，则输出 0。

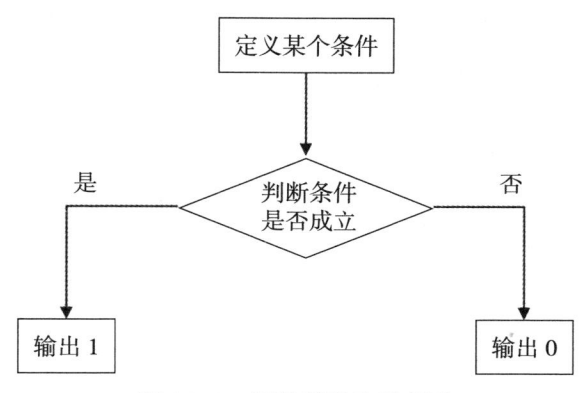

图 11-1　逻辑判断的原理图

下列句子类似于"涨幅超过 6% 的大阳线",都是可以利用公式实现的逻辑判断。

(1)今天的收盘价比昨天的收盘价更高。

(2)今天的收盘价比昨天的收盘价更高,但是昨天的收盘价比前天的收盘价更低。

(3)今天的最高价是近 20 个交易日的最高价。

(4)今天的最低价是近 20 个交易日的最低价。

(5)今天的成交量比近 21 个交易日的平均成交量更低。

(6)今天的成交量是昨天的 1.5 倍。

总的来说,这些简单的句子是在确定了横坐标位置的基础上,对纵坐标的数值作比较。

11.2 画出逻辑判断

逻辑判断是计算机能懂的语言,但如果计算机每做一次逻辑判断,我们都要用图 11-1 所示的框图来讲解,那还不如直接人工处理来得方便。为了能把计算机逻辑判断的处理结果批量显示,以便于人工快速确定计算机是否做对了,可以采用指标线的方式把结果画出来。

以 10.2 节自编指标公式"宝塔线研究"为例,当收盘价连续 2 天上涨时,画出红色柱线,在其他时间刻度上不画柱线。自然语言的"当收盘价连续 2 天上涨",被翻译成了下面的公式:

```
C1:=REF(C,1);
C2:=REF(C,2);
T1:=C>=C1;
T2:=C>=C2;
T3:=C1>=C2;
```

T1 AND T2 AND T3;

这 6 行语句，前 5 行语句都是赋值语句，最后一行输出最终的逻辑判断结果。

第一行语句的中间变量 C1 表示前一个时间周期的收盘价。

第二行语句的中间变量 C2 表示两个时间周期之前的收盘价。

第三行到第五行语句分别比较数据的大小。中间变量 T1 是逻辑判断，用于记录当前时间周期的收盘价 C 是否大于等于前一个时间周期的收盘价 C1。中间变量 T2 是逻辑判断，用于记录当前时间周期的收盘价 C 是否大于等于两个时间周期之前的收盘价 C2。中间变量 T3 是逻辑判断，用于记录前一个时间周期的收盘价 C1 是否大于等于两个时间周期之前的收盘价 C2。

最后一行语句是对逻辑判断的结果再次进行计算。这里删除了图 10-16 语句里的绘图函数 STICKLINE，改为直接输出逻辑计算语句。该语句使用操作符函数 AND，将中间变量 T1、T2、T3 分别连接起来，表示对它们进行"并且"的逻辑计算，也就是常说的"逻辑与"。

新建一个自编指标公式"逻辑计算研究"，"画线方法"为"副图"，输入公式源代码，如图 11-2 所示。

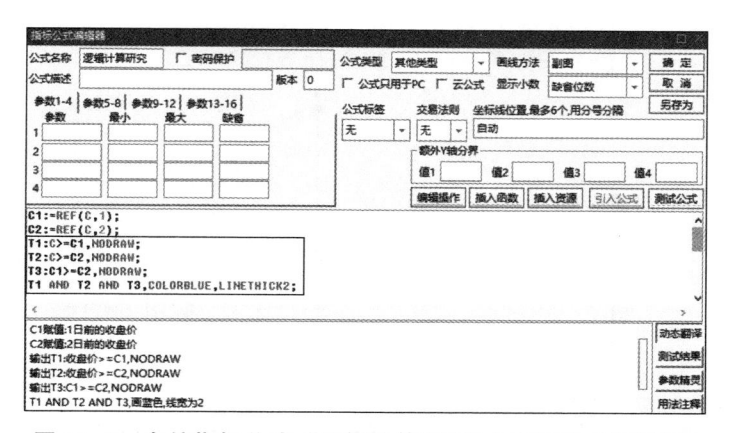

图 11-2　自编指标公式"逻辑计算研究"（指标公式编辑器）

公式源代码：

```
C1:=REF(C,1);
C2:=REF(C,2);
T1:C>=C1,NODRAW;
T2:C>=C2,NODRAW;
T3:C1>=C2,NODRAW;
T1 AND T2 AND T3,COLORBLUE,LINETHICK2;
```

为了方便说明，中间变量 T1、T2、T3 的语句输出符从"：="改为"："，在后面添加画线设置函数 NODRAW。最后一行逻辑计算的结果指标线用蓝色 2 号粗。

保存公式后，在副图调用"逻辑计算研究"，此公式的画线效果如图 11-3 所示。为了方便对照，主图指标设置为图 10-15 所示的自编公式"宝塔线研究"。注意提前将此公式的画线方法从"副图"改为"主图替换"。

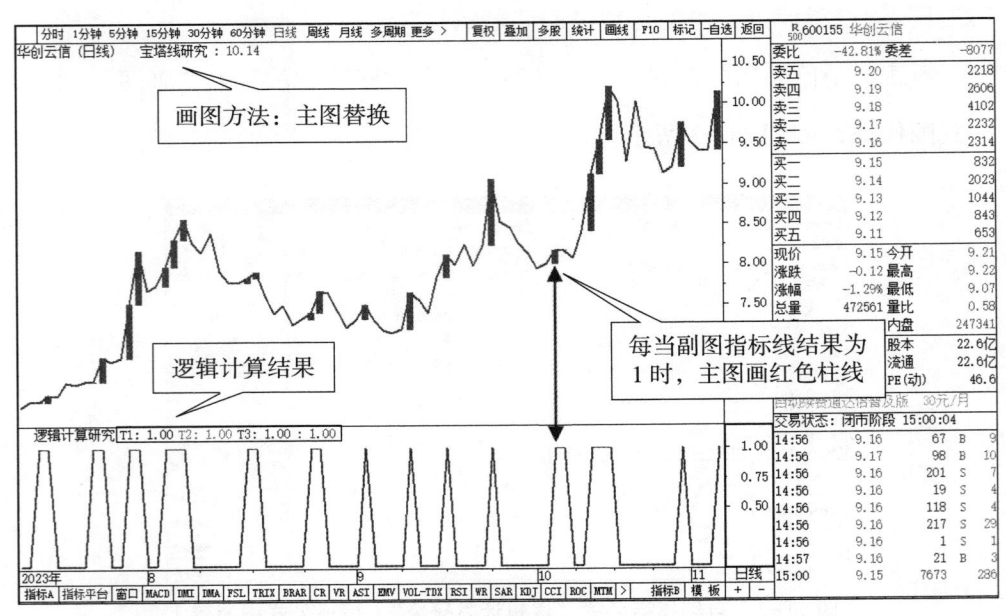

图 11-3 "逻辑计算研究"的画线效果（600155 华创云信）

图 11-3 的副图中只有一根蓝色的指标线，而在副图左上角公式名称后面，显示了 4 个数据 "T1：1.00 T2：1.00 T3：1.00：1.00"。前三个数据在公式源代码中定义了数据名称，最后一个数据没有定义数据名称，冒号前面的数据名称是空白。

画出逻辑判断的结果有两种常用的方式。

方式一：只显示逻辑判断的数值结果，即中间变量 T1、T2、T3 的显示方式。

方式二：既显示逻辑判断的数值结果，又画出指标线，即对中间变量 T1、T2、T3 进行"逻辑与"计算后的显示方式。

图 11-3 副图中的蓝色线使用了"并且"的逻辑计算。它只能在所有输入都是 1 时，才输出 1。一旦有任意一个输入不是 1，它的输出结果就是 0。

"逻辑与"的输入有多种可能。如图 11-4（a）所示，在 2023 年 10 月 23 日这一天，"逻辑与"的计算结果是 0，它的三个输入 T1、T2、T3 都是 0，计算公式为：

0 && 0 && 0=0

如图 11-4（b）所示，在 2023 年 10 月 25 日这一天，"逻辑与"的计算结果也是 0。它的三个输入 T1、T2、T3 中，T1 是 0，T2、T3 是 1，计算公式为：

0 && 1 && 1=0

最后回到下面三个逻辑判断。

T1:=C>=C1;

T2:=C>=C2;

T3:=C1>=C2;

细心的读者会发现，当 T1 和 T3 都成立的时候，条件 T2 是多余的。

（a）

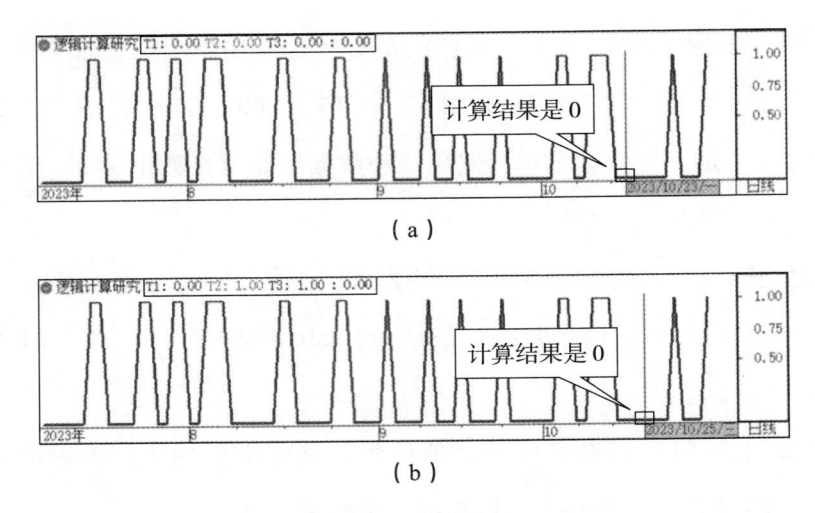

（b）

图 11-4 "逻辑与"的输入有多种可能

写成这样主要是为了帮助读者在理解宝塔线原理的基础上，参照例句去编写剩余的逻辑判断和画柱线的公式。简单来说，就是复制粘贴，改序号，改判断条件，改参数。

心急的投资者可能会认为，公式编写出来就应该像图10-18所示的一样，是一张完整的宝塔线图表。而实际编写公式时，很多时候都处于图10-15所示的公式编写中间状态。

大部分中间状态是在确定公式中使用的逻辑判断是否编写正确，或者公式是否实现了编写者的意图。如果公式的逻辑写错了，即使画出来的图表很美观，也会失去实战价值。这也是本书建议投资者早期学习公式编写时，先将逻辑判断画出来的原因之一。

11.3 逻辑判断的应用

当对时间序列数据进行逻辑判断时，实际上是在每个时间周期上都做了一次逻辑判断。这一点可以通过观察图11-3的指标线得到验证。也就是说，在每个时间刻度上，计算机都会自动执行一次图11-1所示的框图，进行逻辑判断。然后在对应的时间刻度上输出判断结果。

逻辑判断经常被作为选股公式的输出判断，它既可以用在自定义的时间刻度上，也可以用在非时间序列数据上。

【例1】非时间序列的逻辑判断。

假如投资者观察到在某日涨势不错的个股中，很多股票名字都带"龙"字，希望编写一个选股公式把名字里带"龙"字的股票都筛选出来。如图11-5所示，此列表是执行自编选股公式"寻龙股"后的选股结果列表。

	代码	名称(25)	涨幅%	现价	涨跌	涨速%	换手%	买价	卖价	总量	量比	现量	财务更新	毛利率%
1	600592	龙溪股份	10.02	11.86	1.08	0.00	0.56	11.86	--	22541	0.17	2	20231030	23.42
2	603003	龙宇股份	10.01	12.64	1.15	0.00	15.06	12.64	--	606029	1.49	2	20231102	2.44
3	603729	龙韵股份	10.00	22.66	2.06	0.00	21.67	22.66	--	202230	3.06	9	20231102	19.88
4	605577	龙版传媒	5.13	15.38	0.75	0.20	12.60	15.38	15.39	237357	1.39	17	20231102	44.38
5	688055	龙腾光电	4.74	4.86	0.22	0.41	0.25	4.85	4.86	88300	1.78	62	20231102	6.30
6	002671	龙泉股份	4.16	5.76	0.23	-0.16	12.25	5.76	5.77	678005	0.95	210	20231102	24.40
7	688047	龙芯中科	4.16	87.42	3.49	0.64	0.86	87.39	87.42	23913	1.26	4	20231027	35.79
8	300883	龙利得	4.15	7.28	0.29	0.14	6.31	7.27	7.28	207383	1.73	15	20231028	15.54
9	002750	龙津药业	4.04	11.34	0.44	0.09	7.29	11.33	11.34	290845	1.31	6	20231028	68.84
10	600630	龙头股份	4.03	9.54	0.37	0.00	20.40	9.54	9.55	866724	1.51	132	20231028	31.11
11	600491	龙元建设	3.70	4.48	0.16	0.00	1.69	4.47	4.48	258640	2.36	22	20231102	18.74
12	002682	龙洲股份	3.69	6.18	0.22	0.00	17.32	6.18	6.19	973962	0.88	59	20231025	3.57
13	601188	龙江交通	3.67	3.95	0.14	0.25	2.26	3.95	3.96	296836	0.93	163	20231025	47.10
14	600853	龙建股份	3.26	4.43	0.14	0.00	4.85	4.43	4.44	487341	0.87	51	20231102	12.68
15	688078	龙软科技	2.93	41.44	1.18	0.22	0.90	41.44	41.45	6465	0.87	4	20231026	56.74
16	300105	龙源技术	2.75	6.73	0.18	0.00	3.11	6.72	6.73	159592	1.45	12	20231027	17.87
17	603906	龙蟠科技	2.70	12.92	0.34	0.23	1.87	12.91	12.92	105526	1.65	9	20231028	0.98
18	002442	龙星化工	2.01	5.58	0.11	0.18	2.27	5.58	5.59	110424	1.24	7	20231028	9.47
19	600388	龙净环保	1.88	15.20	0.28	0.26	0.41	15.20	15.22	43956	1.22	20	20231028	23.67
20	002726	龙大美食	1.44	7.73	0.11	0.00	1.02	7.72	7.73	110266	1.76	2	20231020	0.41
21	300835	龙磁科技	1.33	31.23	0.41	-0.25	12.76	31.23	31.25	102844	2.01	36	20231025	26.59
22	001289	龙源电力	0.85	20.22	0.17	-0.04	1.68	20.22	20.25	22442	1.23	14	20231027	38.11
23	002601	龙佰集团	0.55	18.36	0.10	0.00	0.52	18.36	18.37	77465	0.95	1	20231014	26.44
24	605086	龙高股份	-1.29	23.69	-0.31	0.38	14.86	23.69	23.71	76020	2.83	2	20231020	63.38
25	688486	龙迅股份	-1.67	111.60	-1.89	0.00	3.08	111.67	111.93	4810	1.23	2	20231102	53.80

图11-5 "龙"字开头的股票列表

新建自编选股公式"寻龙股"，如图11-6所示。测试无误后，保存新公式。

公式源代码：

NAMELIKE('龙');

公式源代码中用到了板块字符函数类型中的NAMELIKE函数，它表示对交易品种的名称进行模糊匹配。该函数带有一个参数，用单引号把名称中的字符串（即"龙"字）包起来。观察图 11-5 所示的选股结果，可以发现使用函数 NAMELIKE 选股，股票名称都以"龙"字开头。

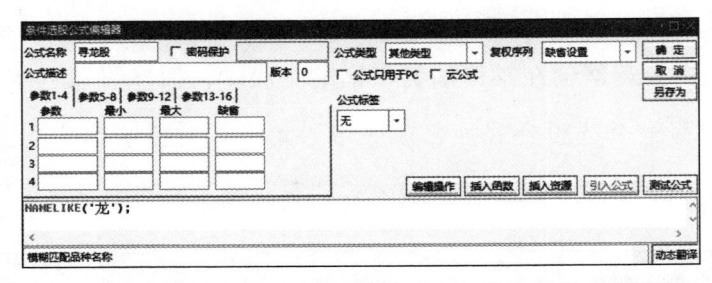

图 11-6　自编选股公式"寻龙股"1（条件选股公式编辑器）

【例 2】修改非时间序列的逻辑判断的自编公式。

图 11-5 的选股结果中，股票名称的第一个字都是"龙"。如果还想选出股票名称任意一个字是"龙"的股票，就需要更换选股函数。

修改选股公式，将函数 NAMELIKE 改为函数 NAMEINCLUDE，如图 11-7 所示。测试无误，保存修改后的公式。

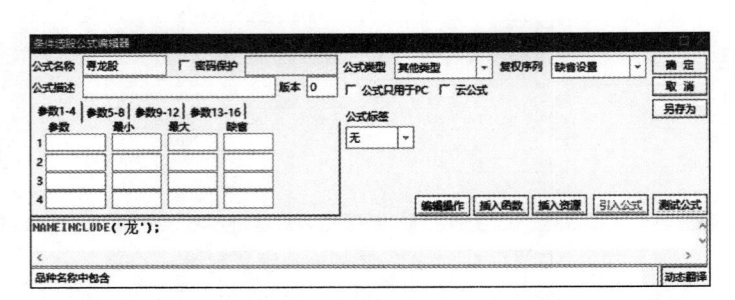

图 11-7　自编选股公式"寻龙股"2（条件选股公式编辑器）

公式源代码：

NAMEINCLUDE('龙');

对比图 11-6 和图 11-7，两个公式编辑器中的动态翻译是不同的。依据自动翻译的结果不同，可以判断出这两个函数的意义不同。

图 11-6 中，函数 NAMELIKE 翻译为"模糊匹配品种名称"。图 11-7 中，函数 NAMEINCLUDE 翻译为"品种名称中包含"。

使用修改后的选股公式执行选股。将选股公式"寻龙股"加入选股条件，单击"执行选股"按钮，等待选股结束，如图 11-8 所示。可以看到本次选股从 5080 只个股中，筛选出了 84 只符合条件的股票，选中率为 1.7%。

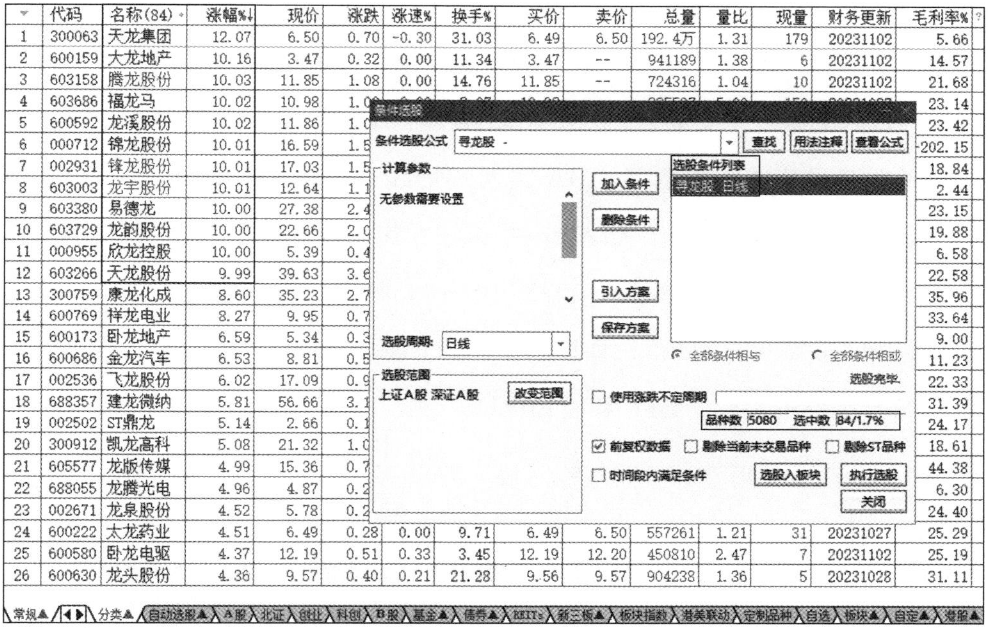

图 11-8 含"龙"字的股票列表

把选股结果按照涨幅从高到低排序，可以看到该日有 10 多只个股涨停。涨幅最多的是一只 300 打头的股票，涨幅超过 12%。

【例3】对时间序列的历史数据做逻辑判断。

在"条件选股"窗口中，如果不勾选"时间段内满足条件"，则默认以最近一个交易周期的数据来筛选股票。当以时间序列数据作为选股逻辑时，还可以利用历史数据来进行验证操作。一个选股策略好用不好用，如果用最新的数据来验证，那么可能要等 1 周或者 1 个月之后才能看到结果。但是如果把选股时间改为半个月前，甚至更早的时间，就可以观察到个股自历史选股日到最近的价格走势了。

利用选股公式进行历史验证时，最好是将选股公式与指标公式搭配在一起用。先在个股详情页使用指标公式显示个股的指标线，尤其是突出显示与选股公式有关的逻辑判断。这样的话，对选股结果列表逐个查看时，可以更深入地理解选股逻辑以及交易逻辑。

以均线金叉为例，使用系统选股公式"MA买入"进行选股，设定选股日期为过去的某一个交易日，例如2023年10月18日。打开"条件选股"窗口，在"条件选股公式"中选择"MA买入－均线买入条件选股"，"计算参数"使用默认的（5，20），单击"加入条件"按钮。然后勾选"时间段内满足条件"，在开始日期和结束日期都填入2023-10-18。单击"执行选股"按钮，等待选股结束，如图11-9所示。可以看到本次选股从5080只个股中，筛选出了53只符合条件的股票，选中率为1.0%。

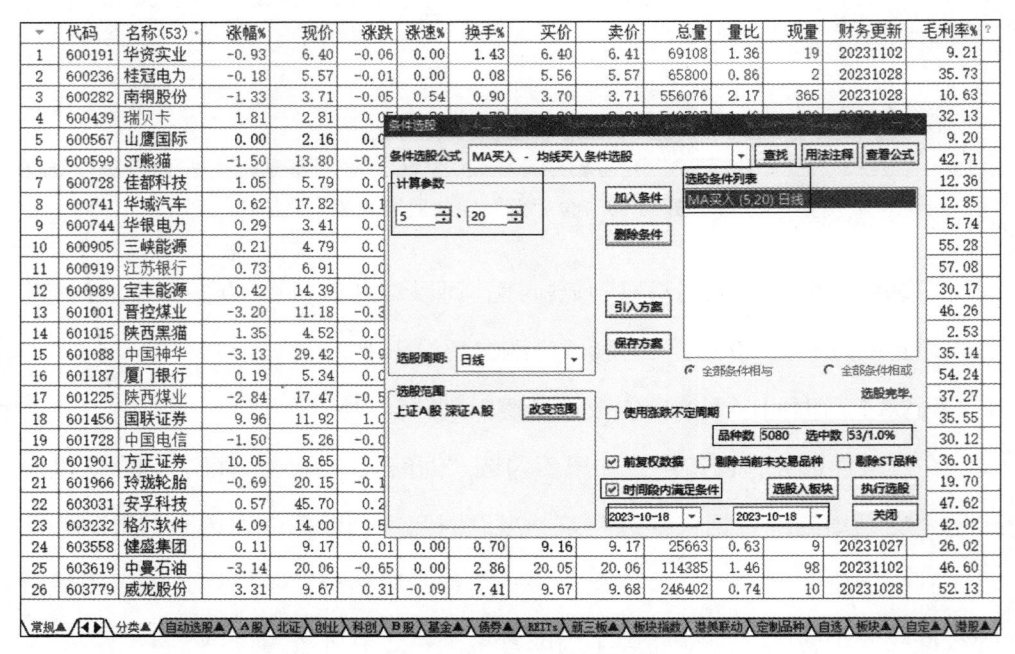

图11-9　MA买入选股

双击选出的股票列表中的任意个股，例如锋龙股份（002931），该股在出现 MA 买入条件后，开启了一段上升趋势，以收盘价 12.12 元计算，最后一个交易日的现价为 17.03 元，这段趋势持续了十多个交易日，涨幅约为 40%，如图 11-10 所示。

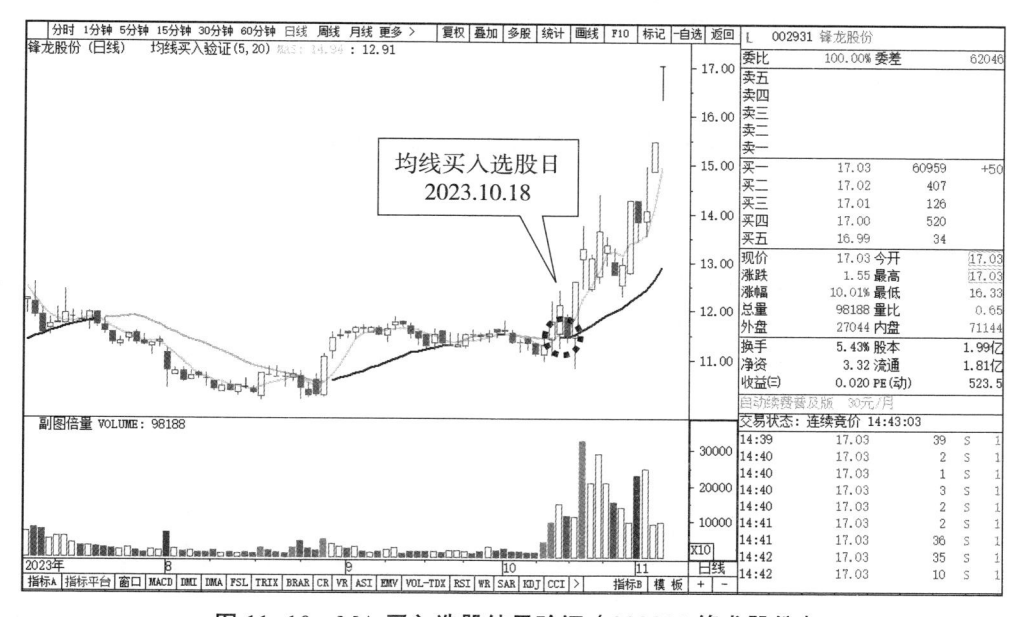

图 11-10　MA 买入选股结果验证（002931 锋龙股份）

图 11-10 的主图使用了自编公式"均线买入验证"。该公式有两个参数（5，20），与选股公式的参数保持一致。通过自编的指标公式可以观察到，选股日刚好是中期均线从绿色变为紫色的第一天。

自编指标公式"均线买入验证"，"画线方法"为"主图叠加（后置）"，输入源代码，参数设置如下：

序号	参数	最小值	最大值	缺省值
1	N	0	50	5
2	M	0	200	20

最终的指标公式编辑器如图 11-11 所示。

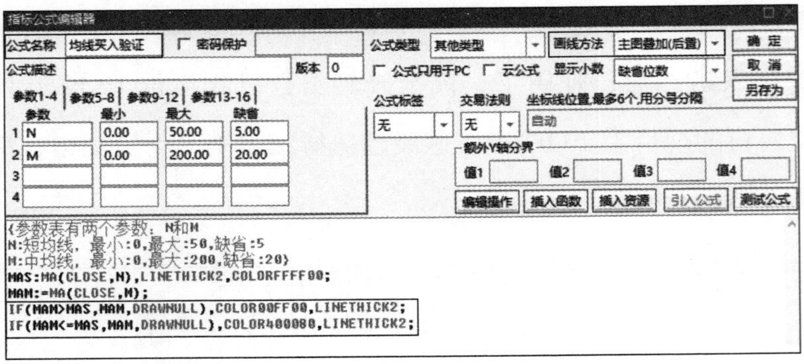

图 11-11　自编指标公式"均线买入验证"（指标公式编辑器）

公式源代码：

{ 参数表有两个参数：N 和 M

N：短均线，最小：0，最大：50，缺省：5

M：中均线，最小：0，最大：200，缺省：20}

MAS:MA(CLOSE,N),LINETHICK2,COLORFFFF00;

MAM:=MA(CLOSE,M);

IF(MAM>MAS,MAM,DRAWNULL),COLOR00FF00,LINETHICK2;

IF(MAM<=MAS,MAM,DRAWNULL),COLOR400080,LINETHICK2;

该公式的短期均线使用 2 号粗的青色线表示，而中期均线是分段显示的。

当中期均线的价格比短期均线更高时（空头），中期均线为绿色。

当中期均线的价格小于等于短期均线时（多头），中期均线为紫色。

公式编辑区的前三行语句是灰色的，表示它们都是不会被执行的注释语句，用于说明两个参数的意义。参数 N 用于计算短期均线的周期数量，参数 M 用于计算中期均线的周期数量。

注意最后两行语句，都使用了选择函数 IF，表示条件判断。

IF(MAM>MAS,MAM,DRAWNULL),COLOR00FF00,LINETHICK2;

IF(MAM<=MAS,MAM,DRAWNULL),COLOR400080,LINETHICK2;

函数 IF 有 3 个参数，第一个参数是逻辑判断，第二个参数指定当逻辑判断为 1 时的输出结果，第三个参数用于指定当逻辑判断为 0 时的输出结果。

IF 语句在进行逻辑判断之后，可以对不同的情况设置个性化的输出操作。以第一个 IF 语句为例，画成逻辑判断的框图，如图 11-12 所示。

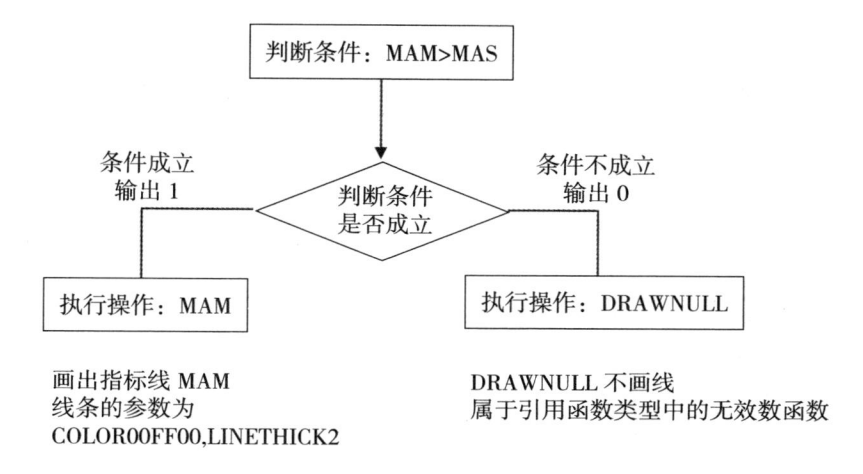

图 11-12 IF 语句的框图

逻辑判断条件是判断中期均线 MAM 是否大于短期均线 MAS。

如果中期均线 MAM 大于短期均线 MAS，输出 1。此时，画出指标线 MAM。

如果中期均线 MAM 不大于短期均线 MAS，输出 0。此时，不画线。

第 12 章　改写公式常用流程

前面介绍了公式系统的常用工作界面、数据格式、公式语法、公式编辑器、常用函数、逻辑判断等模块知识。下面把这些知识综合起来，讲解改写公式的常用流程。不同于将公式源代码直接应用在炒股软件中，本章侧重于对公式大类的灵活运用。

12.1　把系统公式改成自编公式

对于投资者来说，通达信软件的系统公式是宝贵的学习资源。这些公式经由专业人员设计、编写、测试，最终呈现在投资者面前。它们没有语法错误，是可以直接拿来就用的公式。

投资者可以对系统公式默认的显示效果进行修改，增加个性化设置。例如，在市场趋势或者买卖点提示方面，可以让指示效果更加明显。图 11-10 所示的双均线显示效果，就是对系统公式"MA 均线"的个性化改造。

要把系统公式改成自编公式，需经过仔细研究系统公式、另存系统公式为自编公式并调用、修改自编公式等步骤。

1. 仔细研究系统公式

系统公式"MA 均线"的显示效果如图 12-1 所示。4 个参数的设置可参见 2.2 节的图 2-5。当市场开启一段上升趋势后，均线会呈多头发散。短期均线在中期均线上方，中期均线在长期均线上方，长期均线在最下面。

学过了公式编辑器和语法之后，再来仔细研究系统公式"MA 均线"的公式源代码。

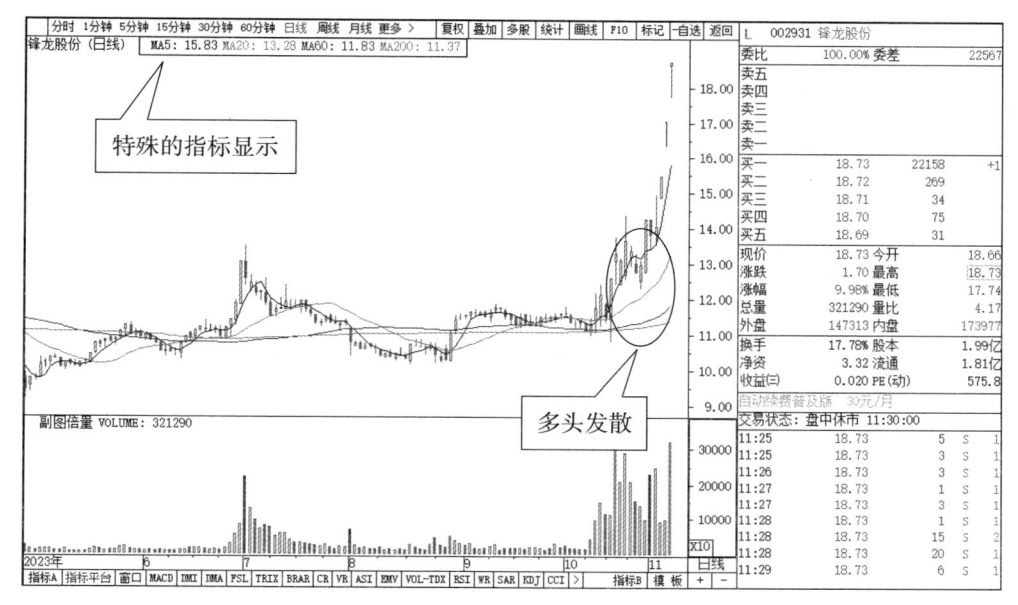

第 12 章　改写公式常用流程 | 159

图 12-1　系统公式"MA 均线"显示效果（002931 锋龙股份）

系统公式"MA 均线"是一种比较特殊的公式，它在主图显示的公式名称和参数提示，并不像常用的主图指标显示方式（见图 8-2）。

选中图 12-1 的主图后，按快捷键 Alt+S，打开如图 12-2 所示的公式编辑器。

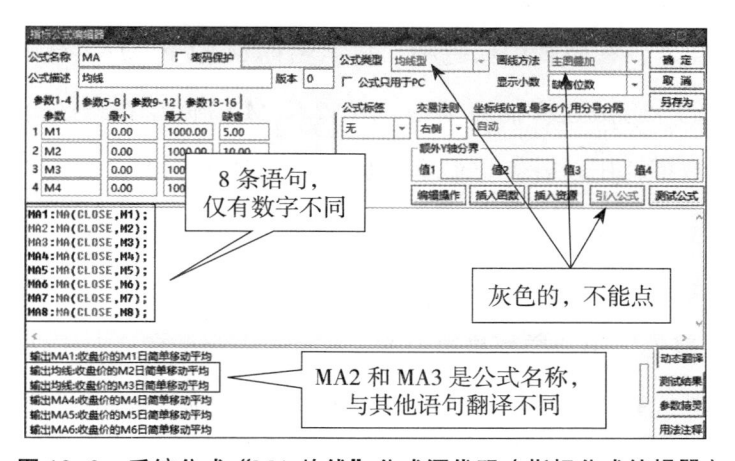

图 12-2　系统公式"MA 均线"公式源代码（指标公式编辑器）

系统公式"MA 均线"的"公式类型"和"画线方法"都是灰色的选择框，不能修改。而这里的"引入公式"按钮是灰色的原因，跟另外两个选择框不一样，"引入公式"按钮只能在新建公式的情况下使用。

再看系统公式"MA 均线"的 8 行语句，它们大体是相同的，都是在如下的主体语句基础上修改而成。

MA:MA(CLOSE,M);

语句解构如下：

语句名称（数据名称）为"MA"。

输出符为"："。

语句内容为"MA(CLOSE,M)"。

终止符为"；"。

将上面的主体语句复制出 8 条语句，分别在数据名称 MA 和参数 M 的后面添加序号 1、2、3、…、8，就可以编写出如图 12-2 所示的系统公式。

最后来看图 12-2 中的动态翻译。尽管公式输出了 MA1、MA2、MA3、…、MA8 这 8 个数据，但是 MA2 和 MA3 在翻译时，并没有跟其他语句一样，也翻译成"输出 MA2"或"输出 MA3"，而是自动翻译成了"输出均线"。此外，在公式源代码中，数据名称 MA2 和 MA3 是蓝色的文字，而不是黑色的。造成这样的原因是，MA2 和 MA3 除了在系统公式"MA 均线"中作为数据输出以外，它们本身也是公式名称。MA2 是一个系统公式，MA3 是一个自编公式。

如果读者尚未编写 MA3 的公式，那么在打开图 12-2 所示的公式编辑器时，MA3 与其他输出一样都是黑色的文字，并不是蓝色。对于普通的函数来说，在公式源代码中文字是绿色的，但 MA 在公式源代码中是蓝色的，同样是因为它是公式名称。

此外，在语句内容中，MA 作为函数有两个参数：CLOSE 和 M。CLOSE

表示待计算的时间序列，M 表示计算的时间周期数量。MA 函数属于引用函数类型，功能是求出输入的时间序列的简单移动平均值。

通过上面的分析，可以发现系统公式的细节非常多，需要在学习公式编写的过程中逐渐积累。

2．另存系统公式为自编公式并调用

由于系统公式的源代码不能修改，当想要改造系统公式时，需要将其另存为自编公式。

在如图 12-2 所示的公式编辑器中，先将公式名称从"MA"改为"MA4"，然后单击"另存为"按钮，保存为新公式。此时，界面又回到图 12-1 所示的状态，看起来一切都没有改变，那是因为此时主图选择的是系统公式"MA 均线"，另存的公式"MA4 均线"属于自编公式。

在修改自编公式"MA4 均线"之前，首先打开如图 12-3 所示的"请选择主图指标"窗口，单击"用户"标签页，在公式树的最后，找到自编公式"MA4 均线"，选中后单击"确定"按钮，将主图指标公式设置为"MA4 均线"。

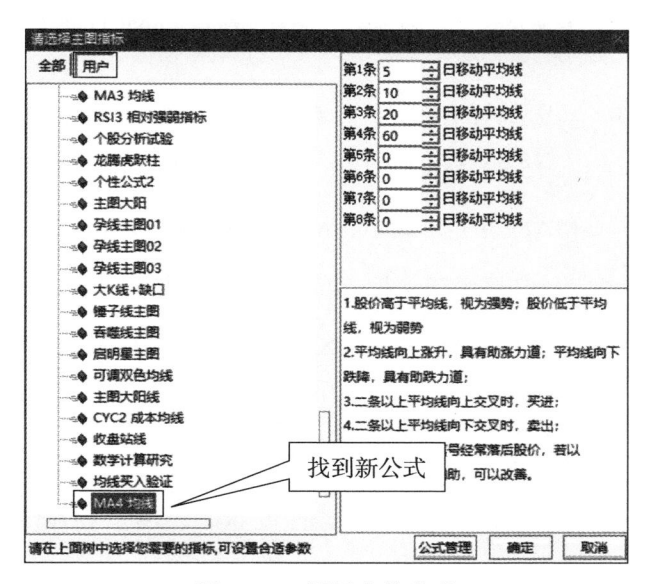

图 12-3　调用自编公式

3. 修改自编公式

主图在调用了自编公式"MA4 均线"后,效果如图 12-4 所示。主图中的指标线画线效果与图 12-1 类似,还是四根不同颜色的细线,但主图左上角的指标名称、参数等信息与图 12-1 不同。

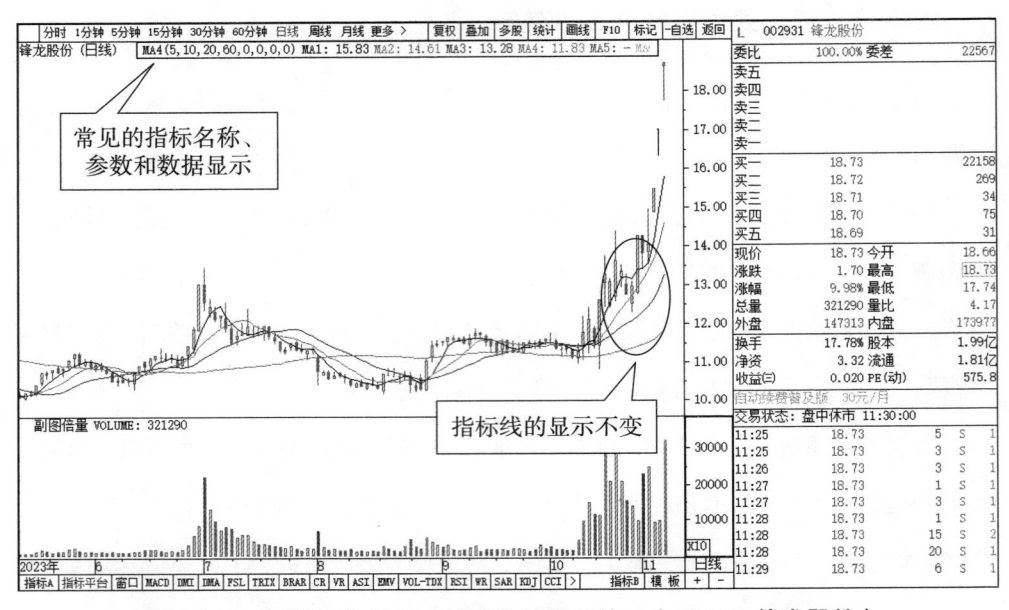

图 12-4 自编公式"MA4 均线"的显示效果(002931 锋龙股份)

调用了自编公式"MA4 均线"后,指标信息显示为"MA4(5,10,20,60,0,0,0,0) MA1:15.83 MA2:14.61 MA3:13.28 MA4:11.83 MA5:- MA6:- MA7:- MA8:-"。其中,MA5、MA6、MA7、MA8 这 4 根指标线的数值显示为"-",这是由于 4 根指标线的参数都输入了 0,计算结果为空。

此时选中主图后,按快捷键 Alt+S,打开如图 12-5 所示的公式编辑器,就可以修改自编公式了。

对照图 12-2 可以发现,在自编公式的公式编辑器中,"公式类型"和"画线方法"不再是灰色的,而是可以修改的状态。由于 MA4 也是公式名称,此时公式编辑区中的"MA4"也变为了蓝色。在动态翻译中，图 12-2 所示的"输出 MA4"也变为了"输出均线"。说明动态翻译的文字"均线"，实际上对应了"公式描述"输入框中的文字。可以在图 12-5 的公式编辑器中进行各种编写试验。只要测试通过，就可以保存公式。

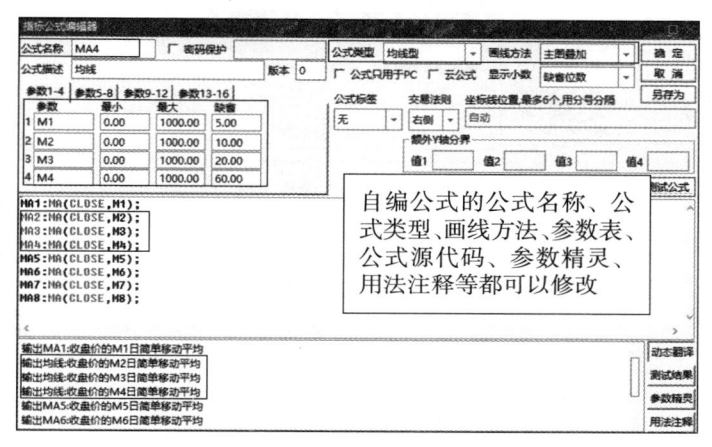

图 12-5　修改自编公式"MA4 均线"（指标公式编辑器）

例如，只保留图 12-5 中源代码前两行语句，删除后面 6 行。在参数设置表中也只保留 M1 和 M2，删除已设置的其他参数。然后把图 11-11 的后两行语句抄写在公式源代码的最后。单击"测试公式"按钮，弹出如图 12-6 所示的对话框，提示"参数设置已更改，是否重新生成参数精灵"。通常情况下，修改了参数设置表后，在参数精灵输入框中也需要做相应的修改，单击"是"按钮即可。如果不打算修改参数精灵，就单击"否"按钮。单击"是"或者"否"按钮后，弹出框自动关闭。

完成公式测试后，下面的"测试结果"自动显示相应信息，如图 12-7 所示。由于图 12-6 中的公式源代码有语法错误，测试公式没有通过。

错误语句为：

IF(MAM>MAS,MAM,DRAWNULL),COLOR00FF00,LINETHICK2

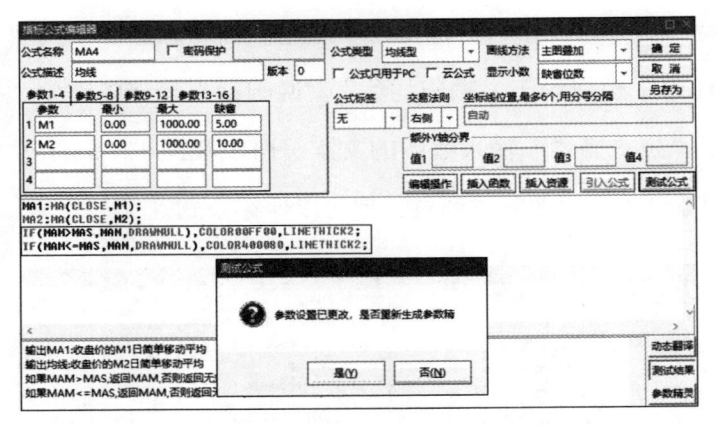

图 12-6 "测试公式"对话框

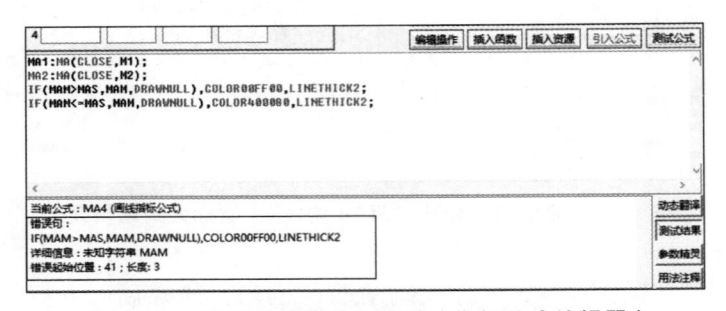

图 12-7 自编公式测试不通过（指标公式编辑器）

该条语句位于第三行。详细信息为"未知字符串 MAM"。由于此语句是从图 11-11 的公式源代码中复制而来，而图 11-11 的公式是测试通过的，说明该语句不存在大的语法问题。但这里提示了"未知"，说明公式第三行使用的数据名称 MAM 没有提前定义，所以公式执行到第三行时，就出错了。

修改方式是：把第三行和第四行语句中的数据名称 MAM 改为 MA2，MAS 改为 MA1，如图 12-8 所示。再次测试公式，结果显示"测试通过！"。

将公式保存后，回到如图 12-9 所示的个股详情页。图中的中期均线 MA2 画出来的效果也是双色均线。若把 M2 的参数从 10 改为 20，那么与图 11-10 的中期均线就显示得完全一样了。两张图中的短期均线显示不一样的原因是，图 12-8 的第一行语句没有做画线设置，使用的是系统默认画线，没有添加 2 号粗的青色线设置。

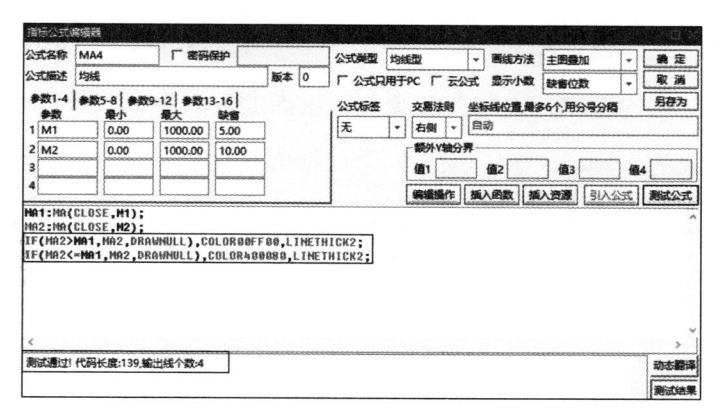

图 12-8　自编公式测试通过（指标公式编辑器）

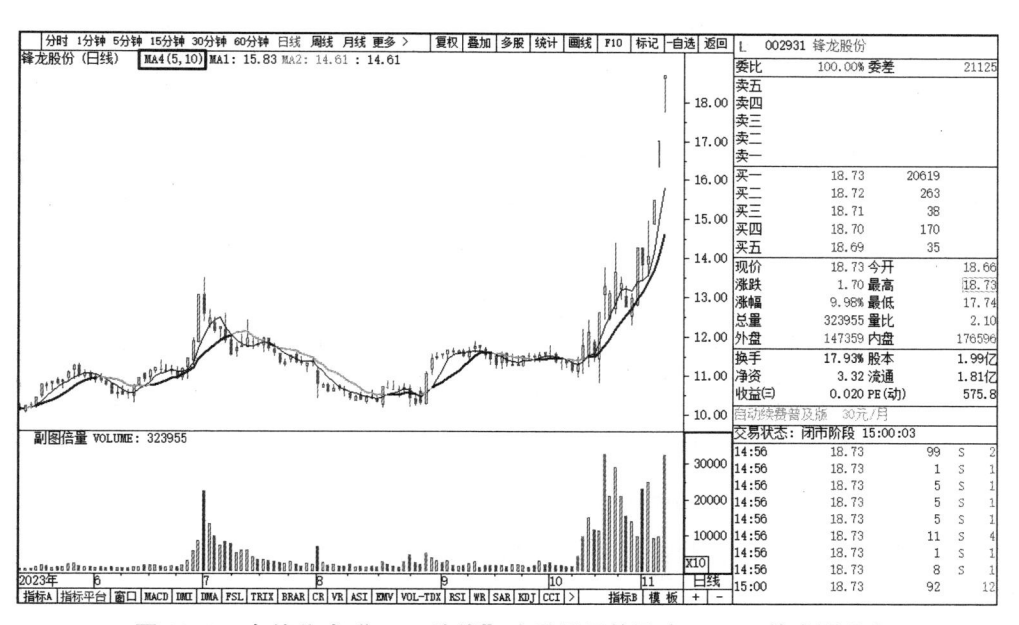

图 12-9　自编公式"MA4 均线"改后显示效果（002931 锋龙股份）

总的来说，把系统公式改为自编公式，主要是保留系统公式原本的数据计算逻辑，然后根据个人需要，修改输出的指标线数量、参数设置、画线效果等，令指标线的指示效果更加明显。注意输出语句使用的中间变量，一定要提前定义。

12.2 把指标公式改成选股公式

第 9 章对指标公式和选股公式使用的公式编辑器进行了详细介绍，本节从实际编写公式的角度，讲解公式源代码层面的关联性。

指标公式的作用是"画出来"。它把提取到的数据，通过特定的计算公式，自动运算之后，将结果显示在个股详情页。尤其对于时间序列数据而言，它会针对一个交易品种（如一只个股）在所有时间点上，大批量快速计算一遍。

选股公式的作用是"选出来"。它基于特定的逻辑判断，对选择的个股范围，在选定的时间点上，自动计算一遍，将满足选股条件（即判断结果为 1）的个股制作成列表展示出来。

换句话说，在品种数量、时间点、计算公式和逻辑判断这几个因素中，指标公式确定了品种、计算公式和逻辑判断；而选股公式确定了时间点、计算公式和逻辑判断。对于指标公式而言，时间点是不确定的。对于选股公式而言，品种是不确定的。

所以，指标公式就把所有时间点上的计算结果都呈现出来；而选股公式就将符合条件的品种都罗列出来。正是由于指标公式与选股公式之间的内在关系，可以在公式源代码层面，把指标公式改成选股公式。

通常需要经过分析画出的指标线、找到特征时间点的判断规则、编写选股公式、验证选股公式编写是否正确等步骤来完成。

1. 分析画出的指标线

以双色均线为例，把图 12-9 中的参数改为（5,20），效果如图 12-10 所示。分析指标线可知，锋龙股份（002931）在 2023 年 10 月 18 日（周三）这一天，短期均线 MA1 的价格为 11.52 元，中期均线 MA2 的价格为 11.45 元。短期均线 MA1 的价格大于中期均线 MA2。而前一个交易日（2023 年 10 月

17日，周二）的短期均线 MA1 的价格为 11.37 元，中期均线 MA2 的价格为 11.43 元。短期均线 MA1 的价格小于中期均线 MA2。

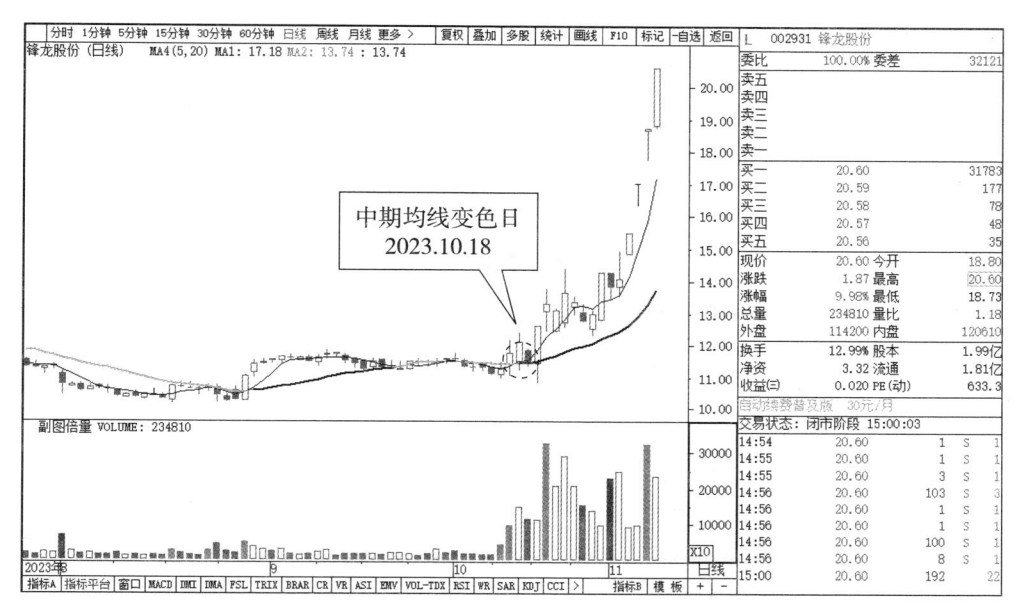

图 12-10　自编公式"MA4 均线"分析（002931 锋龙股份）

2. 找到特征时间点的判断规则

下面将中期均线变色用原理图来表示。假定当前时间刻度为中期 MA2 指标线改变颜色的时间点，此时短期均线 MA1 的数值大于中期均线 MA2。在左边的历史走势中，前一个时间刻度的短期均线 MA1 数值小于中期均线 MA2。因此，如果分别将短期均线 MA1 和中期均线 MA2 的数值点连接起来，那么交叉点位于两个时间刻度的中间，如图 12-11 所示。

不少投资者习惯追求抓住变盘点，也就是图中黑色虚线框出来的时间点。笔者建议，投资者最好是在常用的时间周期图表上，显示了明显的变盘信号之后再考虑进场交易。这是因为，如果市场在当前时间刻度上，短期均线 MA1 和中期均线 MA2 没有形成金叉信号。那么在未来的时间周期上，如果市场还想走上升趋势，仍需花费时间形成金叉信号。换句话说，没有形成金叉信号时，后续既有可能形成上升趋势，还有可能做横盘整理，也可能继续下跌走势。

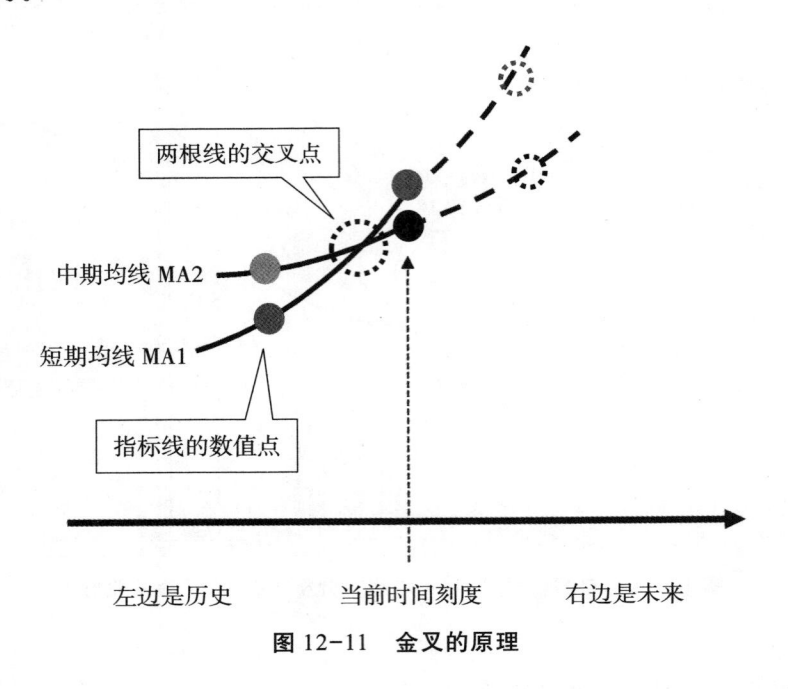

图 12-11　金叉的原理

如果市场在当前时间刻度上，短期均线 MA1 和中期均线 MA2 形成了金叉信号，那么在未来的时间周期上，短期均线 MA1 就有更大的可能性走出更高的高点 HH。换句话说，有了金叉后形成上升趋势比没有金叉时，可能性高一点。

对于心急的投资者来说，在当前时间刻度上，如果出现图 12-11 中黑色虚线框的金叉走势，并且还没到收盘时间，可以考虑分析更小时间周期的图表，寻找是否存在合适的交易机会。例如，当前时间周期是日线，转为分析 30 分钟 K 线图或者 15 分钟 K 线图。如果在更小时间周期的图表上，是一个健康的上升趋势，心急的投资者可以考虑在适当的价位提前进场埋伏。注意交易计划要同步做好止损准备，一旦第二天的走势与预想的情况不同，及时离场。

3. 编写选股公式

理解了两根指标线的交叉原理以及交易技巧后，投资者对指标公式的选股逻辑有了基本认识。对于时间序列数据的选股公式来说，很多时候都会使用逻辑函数类型下的 CROSS 函数。它的用法说明如图 12-12 所示。

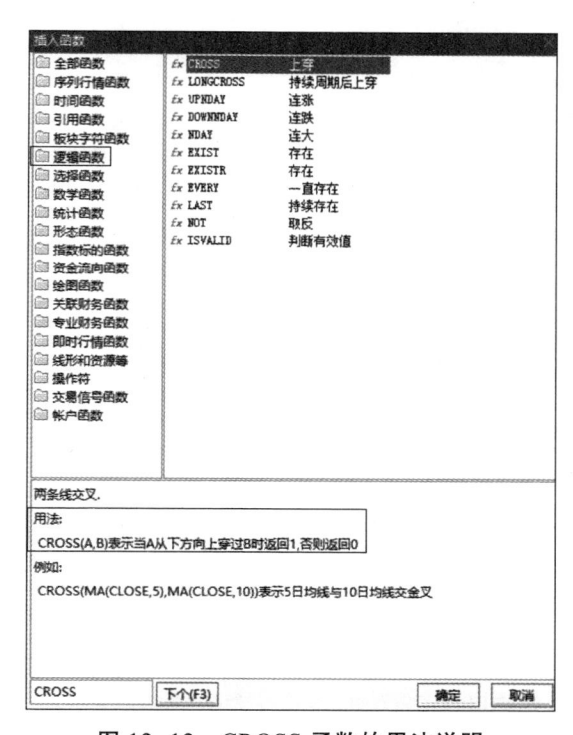

图 12-12　CROSS 函数的用法说明

CROSS 函数有两个参数，每个参数都可以视为一根指标线。它的计算规则是：当第一个参数对应的指标线上穿第二个参数对应的指标线时，在当前时间刻度上输出 1，否则输出 0。

以图 12-11 的两根线来说，短期均线 MA1 上穿中期均线 MA2，就应编写如下公式：

CROSS(MA1,MA2);

该语句可以作为选股公式的输出语句，即逻辑判断语句。将 MA1 和

MA2 的赋值语句补充完整，便是选股公式源代码。

```
MA1:=MA(CLOSE,M1);
MA2:=MA(CLOSE,M2);
CROSS(MA1,MA2);
```

再来分析图 12-12 的示例语句。

```
CROSS(MA(CLOSE,5),MA(CLOSE,10));
```

它表示 5 日均线与 10 日均线形成金叉。CROSS 函数的第一个参数是指标线 MA(CLOSE,5)，第二个参数是指标线 MA(CLOSE,10)。示例语句没有提前设置中间变量 MA1 和 MA2，而是直接把中间变量对应的语句内容填入了 CROSS 函数。

可以参照示例，把 MA1 和 MA2 的语句内容分别代入 CROSS 函数，编写如下语句：

```
CROSS(MA(CLOSE,M1),MA(CLOSE,M2));
```

这两种写法是等价的。建议新手先分步骤练习编写公式，后面再做适当的语句合并。

由于公式编译存在一定的规则，如果将语句合并得太精简，可能出现合并后的计算结果与分步骤运行的结果不一致的情况。

下面以图 12-8 所示的自编指标公式"MA4 均线"为基础，编写选股公式"我的均线买入"。

步骤 1：新建选股公式。在条件选股公式编辑器中，单击"引入公式"按钮。在弹出的提示框中单击"否"按钮，弹出如图 12-13 所示的"选择指标"窗口。

步骤 2：在指标选择框的最后找到"MA4"，选中"MA4"后单击"确定"按钮。除了"公式名称"和"公式描述"，参数设置表和公式源代码与图 12-8 所示的自编指标公式"MA4 均线"是相同的，如图 12-14 所示。

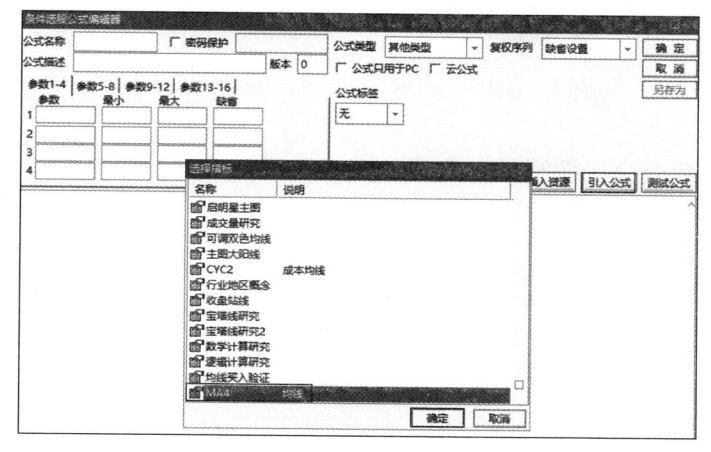

图 12-13　"选择指标"窗口

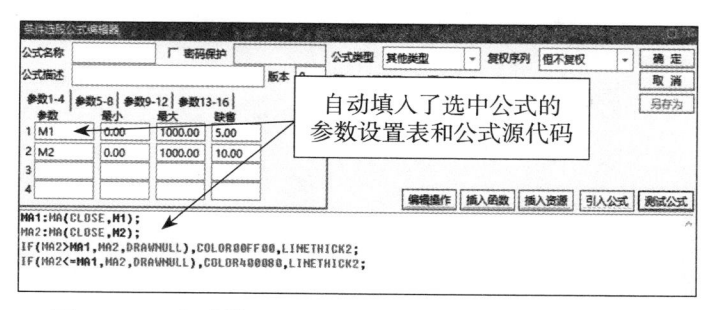

图 12-14　自动填入公式源代码（条件选股公式编辑器）

步骤 3：在"公式名称"输入框里填写"我的均线买入"，"复权序列"从"恒不复权"改为"缺省设置"。修改公式源代码，前两行语句的输出符从"："改为"：="，删除后两行语句，增加 CROSS 函数，如图 12-15 所示。

图 12-15　指标公式改为选股公式（条件选股公式编辑器）

步骤 4：完善了公式名称和公式源代码后，单击"测试公式"按钮，显示"测试通过！"。最后单击"确定"按钮，保存新的选股公式。

4. 验证选股公式编写是否正确

由于使用的选股逻辑与系统公式"MA买入"是相同的，所以如果使用自编选股公式执行选股结果，与系统公式的选股结果相同，那么选股公式就可以视为编写正确。以图11-9的选股结果作为标准来对比。使用自编公式进行选股，在"条件选股"窗口选择条件选股公式"我的均线买入"，计算参数从（5,10）修改为（5,20），单击"加入条件"按钮，勾选"时间段内满足条件"，分别在开始日期和结束日期填入2023-10-18。单击"执行选股"按钮，等待选股结束，结果如图12-16所示。

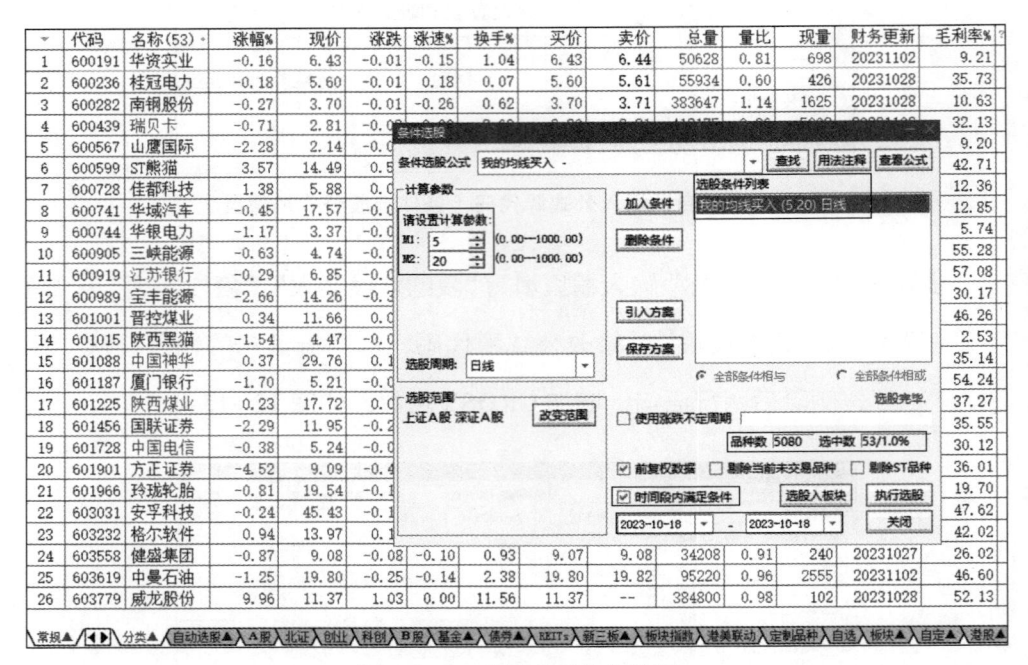

图12-16 自编公式执行选股

可以看到本次选股从5080只个股中筛选出了53只符合条件的股票，选中率为1.0%。与图11-9的选股结果完全一致，说明自编公式编写无误。

12.3 把五彩 K 线公式改成选股公式

本书在 2.1 节展示了五彩 K 线公式的调用过程、显示效果和公式源代码。K 线图是同时使用 4 个时间序列数据画出来的图表，比一般的指标线稍微复杂一点。对于 K 线的逻辑判断以及展示效果，通达信软件使用了五彩 K 线公式方便投资者研究。换句话说，在五彩 K 线公式编辑器中，投资者只需要关注 4 个时间序列的数据比较逻辑，便可以直观地看到是否与预想的一致。

假如投资者希望筛选某种 K 线形态的股票，只需把编写好的五彩 K 线公式改为选股公式即可。常用的步骤有分析五彩 K 线画线效果、编写 K 线选股公式、验证选股公式编写是否正确等。

1. 分析五彩 K 线公式及画线效果

例如，长上影线的 K 线是一种常见的特征信号 K 线，在公式管理器的五彩 K 线公式里，可以找到系统公式"CHSY 长上影"。按快捷键 Ctrl+F，在公式树中选择"五彩 K 线公式"—"CHSY 长上影"，单击"修改"按钮，查看公式源代码，如图 12-17 所示。

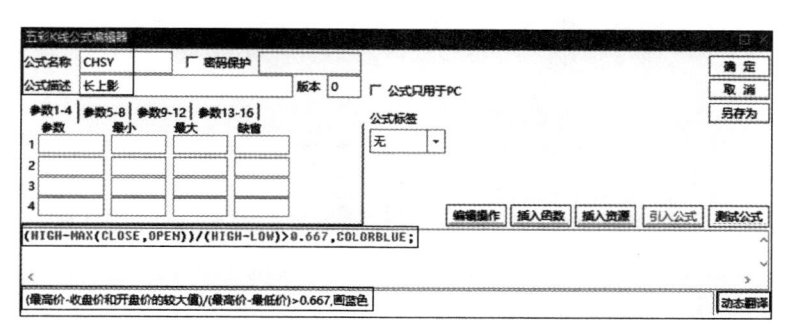

图 12-17 长上影公式源代码（五彩 K 线公式编辑器）

"CHSY 长上影"的公式源代码只有一行语句：

(HIGH-MAX(CLOSE,OPEN))/(HIGH-LOW)>0.667,COLORBLUE;

语句解构如下：

语句名称（数据名称）无。

输出符无。

语句内容为"(HIGH−MAX(CLOSE,OPEN))/(HIGH−LOW)>0.667，COLORBLUE"。

终止符为";"。

语句内容使用了特征 K 线的颜色函数 COLORBLUE。

重点来分析前面的逻辑判断语句，对照动态翻译，它设定了某个判定比例，并令其大于 0.667。将判定比例改写成如下数学公式：

$$判定比例 = \frac{最高价 - MAX(收盘价, 开盘价)}{最高价 - 最低价}$$

这里用到了数学函数类型下的 MAX 函数，用于比较两个输入谁更大，并将较大的数值输出。MAX(收盘价，开盘价)可以输出收盘价和开盘价的较大值，即 K 线实体部分的上沿。

分子将 K 线的最高价与实体上沿做差，也就是计算 K 线上影线的绝对价格空间。分母计算了 K 线的绝对价格空间。分子除以分母得到的判定比例，相当于计算了上影线占据整个 K 线的价格空间比例。公式的计算逻辑如图 12−18 所示。

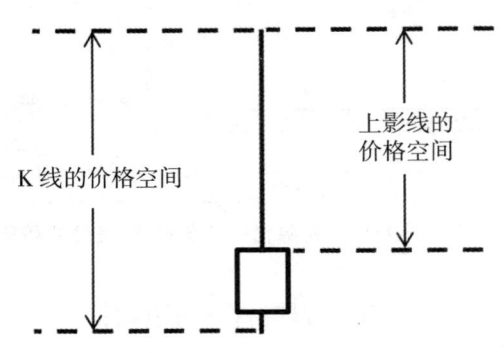

图 12−18　长上影 K 线的公式计算逻辑

综上所述，长上影 K 线公式源代码对应的逻辑判定如下：

$$判定比例 = \frac{最高价 - \text{MAX}(收盘价, 开盘价)}{最高价 - 最低价} > 0.667$$

即将上影线的长度超过 K 线价格空间三分之二的 K 线用蓝色画出来。

最后，在主图中使用五彩 K 线公式"CHSY 长上影"，效果如图 12-19 所示。在 K 线图中只要满足了判定比例规则，都用蓝色 K 线标记。

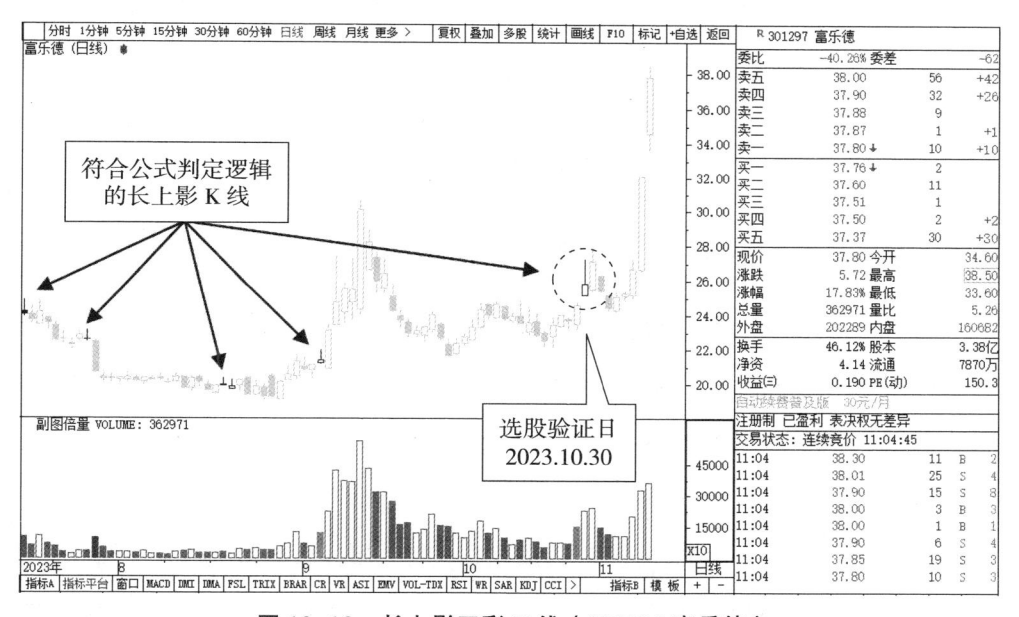

图 12-19　长上影五彩 K 线（301297 富乐德）

2. 编写 K 线选股公式

由于五彩 K 线公式和条件选股公式的输出都是逻辑判断，所以可以把图 12-17 所示的五彩 K 线公式改造成选股公式。

步骤 1：新建选股公式。在条件选股公式编辑器中，抄写五彩 K 线公式"CHSY 长上影"的公式源代码。只保留逻辑判断语句，不需要画线设置。

步骤 2：在"公式名称"输入框里填写"长上影"。

步骤 3：单击"测试公式"按钮，查看测试结果。当公式源代码和公式名称都填写正确时，显示"测试通过！"，如图12-20所示。

步骤4：单击"确定"按钮，保存为新的选股公式。

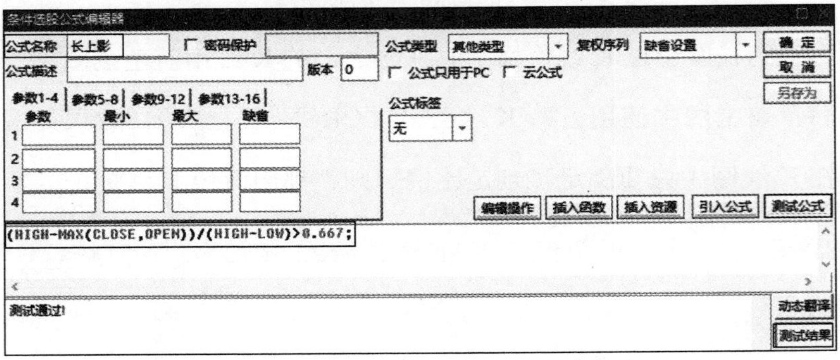

图 12-20 测试公式（条件选股公式编辑器）

3. 验证选股公式编写是否正确

由于自编选股公式的选股逻辑与系统公式"CHSY 长上影"是相同的，所以如果使用自编选股公式执行选股的结果与系统公式的结果相同，那么选股公式就可以视为编写正确。以图12-19所示的选股日作为标准来对比。使用自编公式进行选股，在"条件选股"窗口中选择条件选股公式"长上影"，没有计算参数，单击"加入条件"按钮，勾选"时间段内满足条件"，分别在开始日期和结束日期填入2023-10-30。单击"执行选股"按钮，等待选股结束，如图12-21所示。

可以看到本次选股从5080只个股中筛选出了170只符合条件的股票，选中率为3.3%。

注意：此处并不是以选中的股票数量来判定自编公式是否编写无误，而是以图12-19所示的个股富乐德（301297）是否在选股日2023年10月30日被选出来作为标准。能够被选中，说明选股逻辑编写无误。

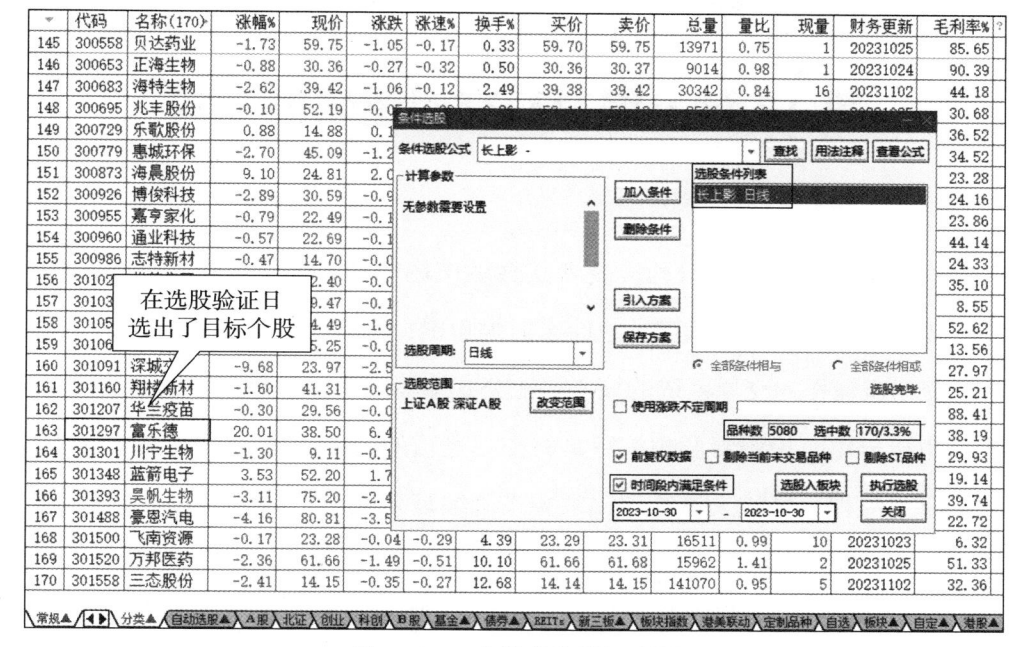

图 12-21　自编公式执行选股

第 13 章　编写有交易逻辑的公式

一套交易系统可以帮助投资者从金融市场中做决策，选择买什么品种，花多少钱买卖，什么时候买入，什么时候卖出，什么时候止损离场等。

交易逻辑作为交易系统的核心，比公式编写的逻辑判断更贴近实战交易，含义也更丰富。投资者要想编写具有交易逻辑的公式，首先需要掌握编写公式的基本流程，通过大量练习，掌握正确编写公式的方法。接下来，就需要积累将交易逻辑与公式逻辑相互转化的经验了。

13.1　公式逻辑与交易逻辑

可以把指标公式看作自动画图工具，通过编写含有数学计算、逻辑判断、画线设置等要素的语句，将数据处理成可以直观看到的指标线。指标线包含文字、数字、横线、斜线、曲线、颜色块等丰富的形式。指标线画成什么样子，取决于编写的公式。指标公式可以只提取数据，也可以画线和逻辑判断。而选股公式、五彩 K 线公式和专家公式输出的是逻辑判断。可以把这些都看作公式的逻辑。

交易逻辑不仅体现在个股详情页上，还体现在指标线和选股结果列表上。投资者储备的交易知识多寡，使得即使面对同一根指标线，执行的交易决策也可能千差万别。

对个人投资者而言，光掌握编写各类公式的基本流程是不够的，投资者还要练习将交易逻辑转化成公式逻辑。有了公式逻辑，才能打造交易系统公式包。通常情况下，一个交易系统公式包由多个指标公式和选股公式组成，甚至还有配套的交易型指标公式。

在第 12 章中介绍的将指标公式改成选股公式、将五彩 K 线公式改成选股公式，目的就是帮助投资者加深对不同类型的公式源代码的理解。一个交易系统公式包里的几个公式，尽管公式大类可能不同，但其核心的计算逻辑可能是相通的，甚至可以不做修改。

那么到底先有公式逻辑，还是先有交易逻辑呢？

答案因人而异。例如，某人参加了一个课程，老师在课上讲解了一套交易系统，对这个人来说，就是先有了交易逻辑。如果说老师直接把公式源代码给了学员，没有讲解公式的实战技巧，那么学员就先有了公式逻辑。

可以通过公式逻辑分析出交易逻辑，也可以通过交易逻辑去理解公式逻辑，如图 13-1 所示。由于公式逻辑与交易逻辑都是围绕着"做交易要赚钱"的目的，而表现形式又都体现在分析价格、成交量、指标、K 线、市场热点等方面。因此，当编写有交易逻辑的公式时，一定不能与公式逻辑割裂开来。使用有交易逻辑的公式时，投资者就可以依据各种数字或者图形信号，获取市场信息，从而决定当下该去介入一笔有利可图的交易，还是应离场观望。

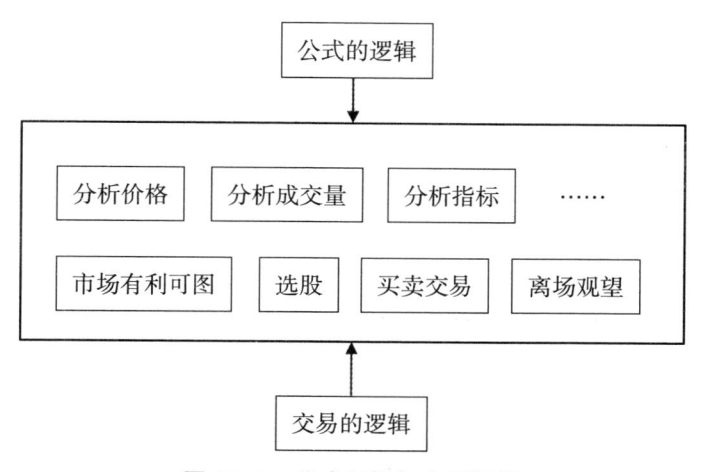

图 13-1 公式逻辑与交易逻辑

13.2 通过系统公式学逻辑

通达信的系统公式背后几乎都有交易逻辑做支撑,它们是投资者认识各种交易逻辑的好途径。从交易逻辑的视角去分析公式源代码,也会有更大的收获。

还是以均线的核心公式为例,函数 MA 可以求出指定时间序列的简单移动平均值。它的第一个参数是自定义用于计算的时间序列。如果把收盘价改为其他价格,就可以画出不一样的指标线。

1. 自编用于研究的公式

编写一个新的指标公式,在新建公式的指标公式编辑器中,设置"公式名称"为"均线研究","画线方法"为"主图叠加",设置参数如下:

序号	参数	最小值	最大值	缺省值
1	M	20	1000	20

输入源代码后,测试公式无误,保存新公式,如图 13-2 所示。

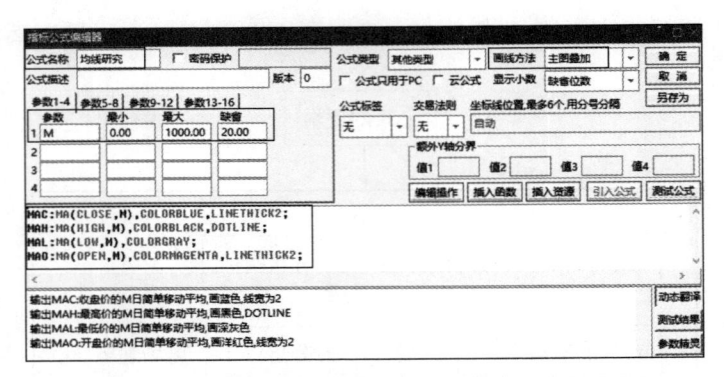

图 13-2 自编公式"均线研究"(指标公式编辑器)

公式源代码:

MAC:MA(CLOSE,M),COLORBLUE,LINETHICK2;

MAH:MA(HIGH,M),COLORBLACK,DOTLINE;

MAL:MA(LOW,M),COLORGRAY;

```
MAO:MA(OPEN,M),COLORMAGENTA,LINETHICK2;
```

2. 分析自编指标公式的画线

指标公式"均线研究"编写完成后，在主图调用该公式，显示效果如图 13-3 所示。

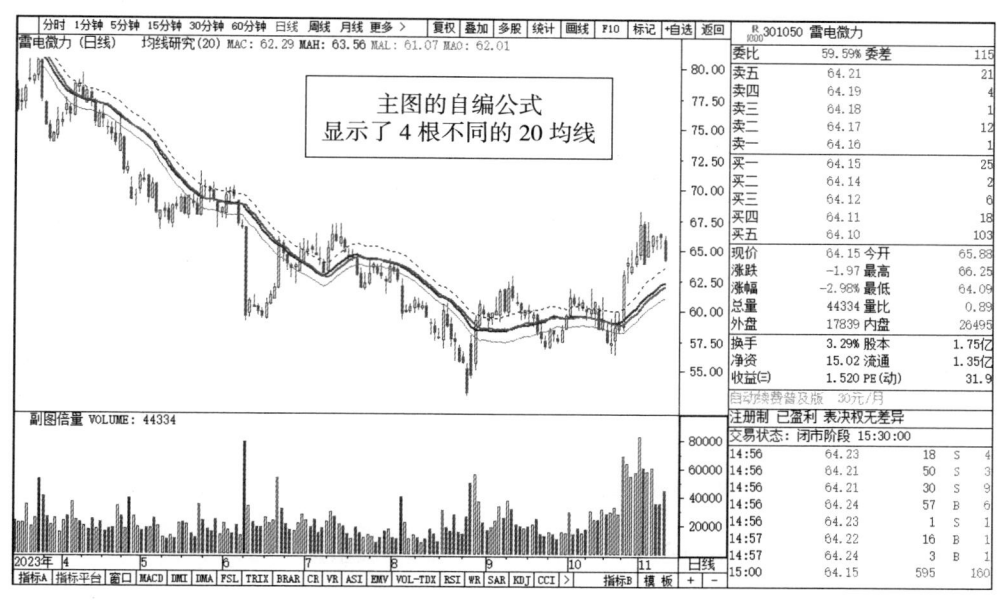

图 13-3　自编公式"均线研究"分析（301050 雷电微力）

主图中有 4 根不同的 20 均线。蓝色 2 号粗（从上向下数第 2 根）的指标线是传统的收盘价均线 MAC。洋红色 2 号粗（从上向下数第 3 根）的指标线是开盘价均线 MAO，它的走势与收盘价均线 MAC 接近，但在趋势明显的时间段，也会有分歧。黑色虚线（从上向下数第 1 根）是最高价均线 MAH，它的走势价位通常高于收盘价均线 MAC 和开盘价均线 MAO。灰色实线（从上向下数第 4 根）是最低价均线 MAL，它的走势价位通常低于收盘价均线 MAC 和开盘价均线 MAO。

如何理解这 4 根指标线呢？需要从形成每根指标线的原始时间序列数据出发。

开盘价表示每个交易周期开盘时,买卖双方成交的价格。收盘价表示每个交易周期收盘时,买卖双方成交的价格。这两个价格越接近,说明买卖双方对市场的分歧越小。

最高价表示买方进攻的极限力量,同时也是空方防守的极限。

最低价表示卖方进攻的极限力量,同时也是多方防守的极限。

对于激进的投资者来说,可以参考最低价均线 MAL 来制订买入交易计划。

3. 修改自编的指标公式

下面修改自编公式"均线研究"。选中图 13-3 所示的主图,按快捷键 Alt+S,在修改公式的指标公式编辑中,设置"公式名称"为"均线研究 2",画线方法和参数设置表不变。输入源代码,测试无误后,另存为"均线研究 2",如图 13-4 所示。

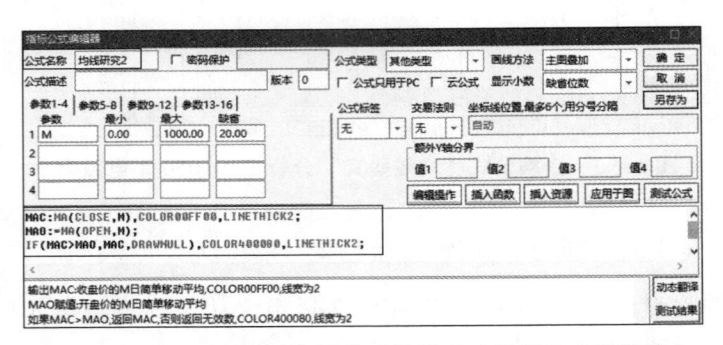

图 13-4 "均线研究 2"的公式源代码(指标公式编辑器)

公式源代码:

MAC:MA(CLOSE,M),COLOR00FF00,LINETHICK2;

MAO:=MA(OPEN,M);

IF(MAC>MAO,MAC,DRAWNULL),COLOR400080,LINETHICK2;

自编公式"均线研究 2"只保留了显示指标线收盘价均线 MAC,但是对它做了双色均线处理。默认情况下显示绿色 COLOR00FF00。当收盘价均线 MAC 高于开盘价均线 MAO 时，显示的颜色改为紫色 COLOR400080。

下面在主图调用自编公式"均线研究2"，显示效果如图 13-5 所示。

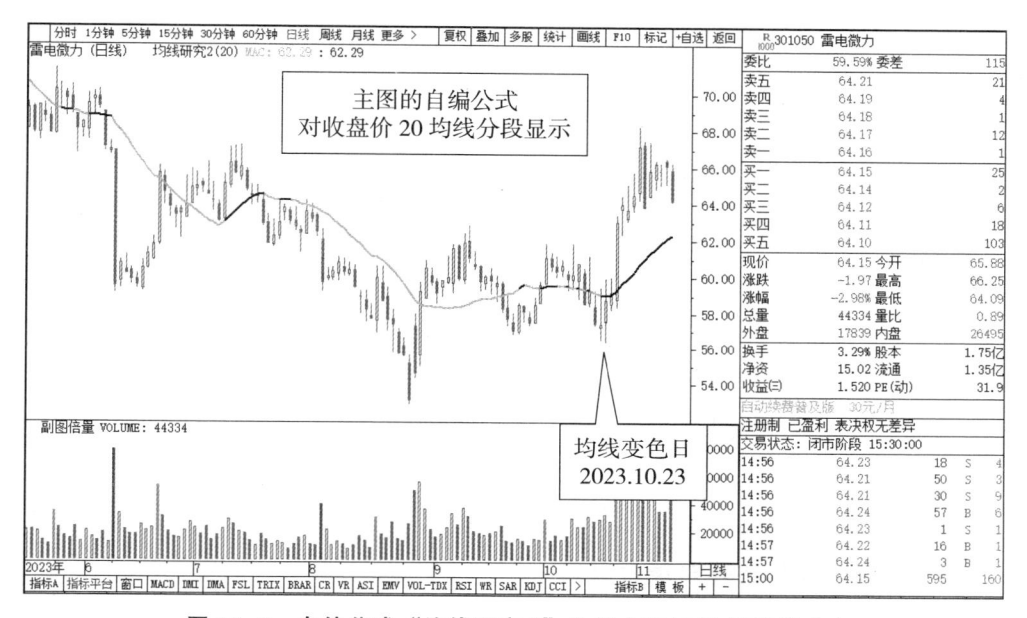

图 13-5　自编公式"均线研究2"分析（301050 雷电微力）

注意：图 13-5 是与图 11-10 交易逻辑不同的双色均线。图 11-10 的变色逻辑是 5 均线与 20 均线形成金叉，而图 13-5 的变色逻辑是收盘价均线与开盘价均线形成金叉。

4. 编写选股公式

若将图 13-5 的变色逻辑也编写成选股公式，可以参见 12.2 节的步骤。也可以在新建条件选股公式的公式编辑器中，设置"公式名称"为"均线研究买入"，设置参数如下：

序号	参数	最小值	最大值	缺省值
1	M	20	1000	20

输入源代码，测试无误后，保存新的选股公式，如图13-6所示。

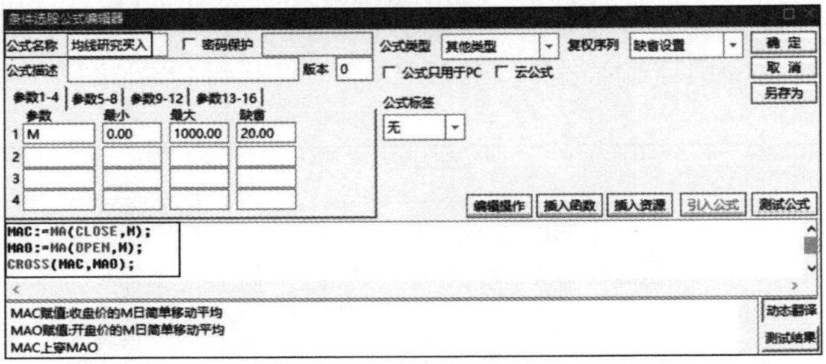

图13-6 编写选股公式（条件选股公式编辑器）

公式源代码：

MAC:=MA(CLOSE,M);

MAO:=MA(OPEN,M);

CROSS(MAC,MAO);

5. 验证选股公式编写是否正确

由于自编公式的选股逻辑与图13-5自编公式的均线变色逻辑相同，所以如果对自编选股公式执行选股后，在结果列表中能够找到图13-5所示的个股雷电微力（301050），那么自编公式"均线研究买入"的选股公式逻辑就是正确的。

如图13-7所示，在"条件选股"窗口中，选择条件选股公式"均线研究买入"，计算参数默认为20，单击"加入条件"按钮，勾选"时间段内满足条件"，分别在开始日期和结束日期填入2023-10-23。单击"执行选股"按钮，等待选股结束。

可以看到本次选股从5080只个股中，筛选出了46只符合条件的股票，选中率为0.9%。图13-5所示的个股雷电微力（301050）可以在选股结果列表中找到，说明自编公式的判断逻辑无误。

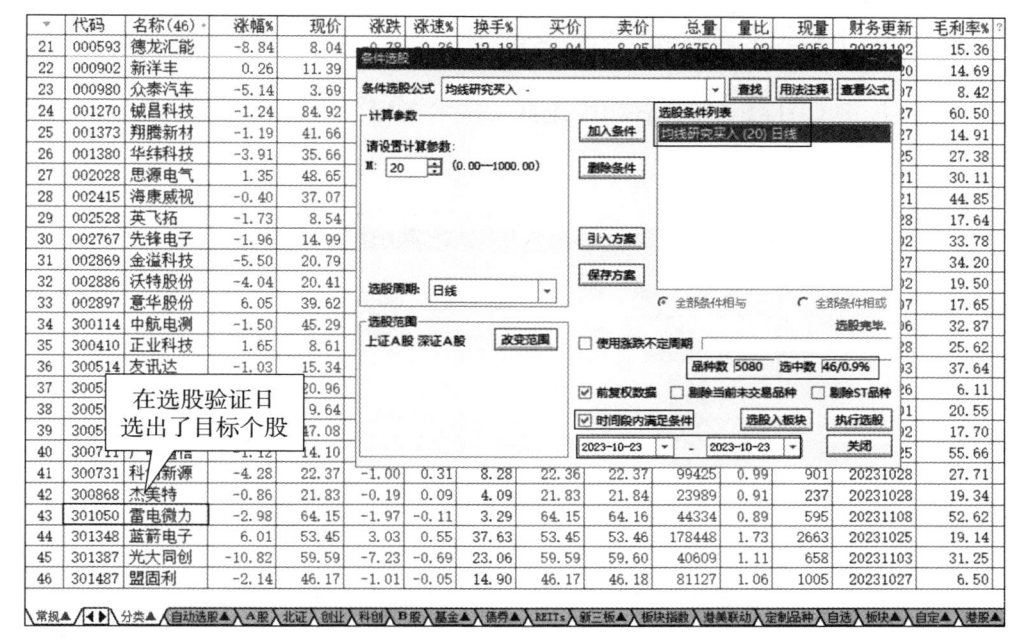

图 13-7 自编公式执行选股

13.3 阅读书籍吸收逻辑并试验

"海龟交易法则"是很多投资者熟悉的交易系统。原版海龟交易法则是一套经典的交易系统，它在 20 世纪 80 年代由商品投机家理查德·丹尼斯（Richard Dennis）通过在知名媒体打广告招募培训生的方式得到推广。

原版海龟交易法则的入市策略比较简单。它包含两个系统，具体在各个系统中投入多少比例的资金，由投资者自己决定。

系统 1：以突破 20 日的最高价为基础的交易系统。

系统 2：以突破 55 日的最高价为基础的交易系统。

这两个系统都利用了唐奇安通道以及趋势跟踪技术。什么是唐奇安通道呢？可以在通达信的系统公式里找到它。

1. 找到书籍里交易系统提及的核心指标

按快捷键 Ctrl+F，在公式树中选择"技术指标公式"—"路径型"—"唐奇安通道"，如图 13-8 所示。

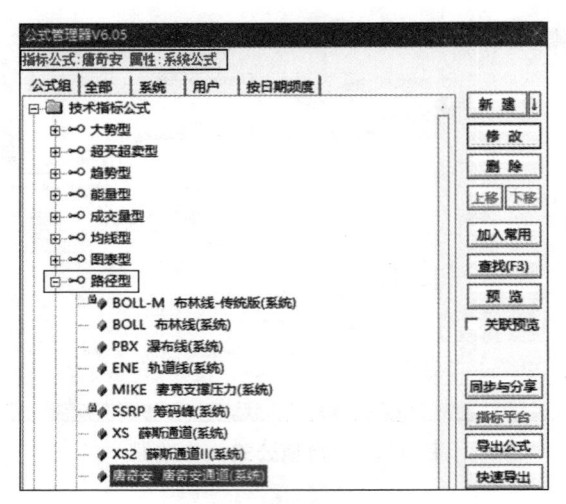

图 13-8 系统公式唐奇安通道

选中"唐奇安通道"后，单击"修改"按钮，在指标公式编辑器中可以看到，"公式名称"为"唐奇安公式"，"描述"为"唐奇安通道"，"画线方法"为"主图叠加"，参数设置如下：

序号	参数	最小值	最大值	缺省值
1	X1	1	100	20
2	X2	1	100	10

查看公式源代码，注意结合公式源代码的动态翻译，熟悉新函数的用法，如图 13-9 所示。

公式源代码：

周期高点:REF(HHV(H,X1),1);

周期低点:REF(LLV(L,X2),1);

平空开多:=HIGH>=周期高点;

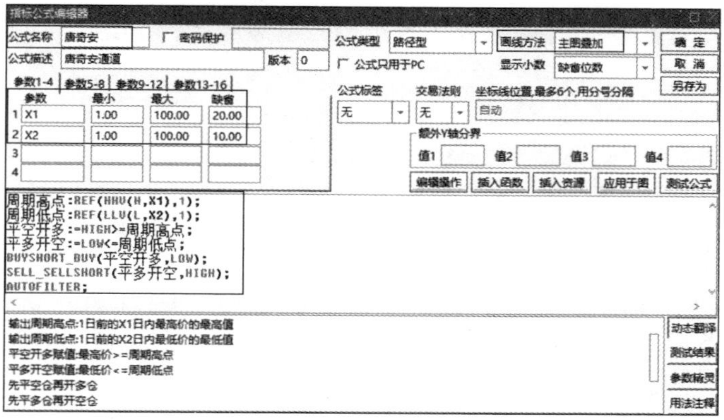

图 13-9　系统公式唐奇安通道的公式源代码（指标公式编辑器）

平多开空:=LOW<=周期低点；

BUYSHORT_BUY(平空开多,LOW)；

SELL_SELLSHORT(平多开空,HIGH)；

AUTOFILTER；

2. 分析指标公式的画线及公式逻辑

下面来理解"唐奇安通道"公式的逻辑。它的画线方法是主图叠加，先将指标公式在主图中画出来，再结合画线效果与公式源代码进行分析。

以个股跨境通（002640）为例，主图选用指标公式"唐奇安"，参数为默认的（20,10），如图 13-10 所示。

沿着 K 线图的上方有一根指标线，表示 20 日内最高价指标线。对应公式源代码的第一行语句：

周期高点:REF(HHV(H,X1),1)；

表示利用最高价函数 HHV 画出指标线。但是在它的基础上，使用 REF 函数往右边移动一个时间周期，该指标线的名字叫"周期高点"。输入参数 X1，默认值 20，设定为 20 个时间周期内的最高价。

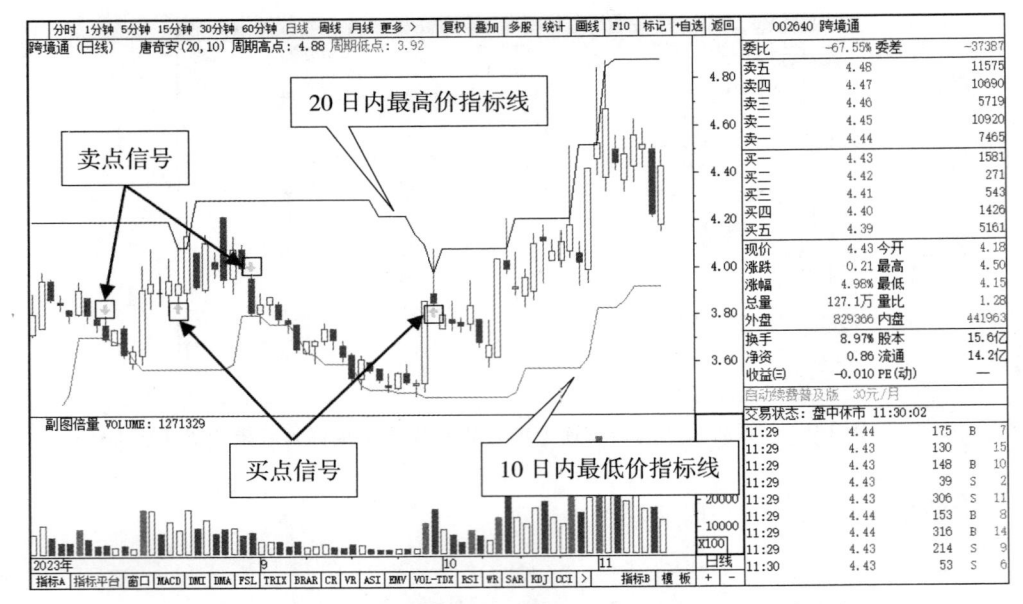

图 13-10　唐奇安通道的指标线和买卖点（002640 跨境通）

沿着 K 线图的下方有一根指标线，表示 10 日内最高价指标线。对应公式源代码的第二行语句：

周期低点:REF(LLV(L,X2),1);

表示利用最低价函数 LLV 画出指标线。但是在它的基础上，使用 REF 函数往右边移动一个时间周期，该指标线的名字叫"周期低点"。输入参数 X2，默认值 10，设定为 10 个时间周期内的最低价。

由于这两个语句都用了 REF 函数往右边移动一个时间周期，也就是利用图 10-14 时间序列的引用原理。因此，在当前时间刻度上，看到的是历史数值。

以日线为例，这种用法的含义是：假设今天处于开盘中，除了开盘价之外，三个价格是随着行情动态变化的。但在今天做交易决策时，投资者需要客观地参考价格。周期高点和周期低点两根指标线就是用来做参考的价格线。

买入的参考价格选用了昨天收盘后已经确定下来的 20 日内的最高价。

卖出的参考价格选用了昨天收盘后已经确定下来的 10 日内的最低价。

公式源代码的第 3 到 6 行实现了上述买入卖出逻辑。

以买入为例，对应的公式源代码为：

平空开多:=HIGH>= 周期高点；

BUYSHORT_BUY（平空开多,LOW）；

先定义中间变量"平空开多"，它在今天的最高价比昨天的周期高点价位更高时，输出 1，也就是买入的逻辑判断。买入信号使用了交易信号函数类型下的 BUYSHORT_BUY 函数。此信号对应了图 13-10 主图中的买点信号。

同样地，卖出对应的公式源代码为：

平多开空:=LOW<= 周期低点；

SELL_SELLSHORT（平多开空,HIGH）；

先定义中间变量"平多开空"，它在今天的最低价比昨天的周期低点价位更低时，输出 1，也就是卖出的逻辑判断。卖出信号使用了交易信号函数类型下的 SELL_SELLSHORT 函数。此信号对应了图 13-10 主图中的卖点信号。

3. 编写公式试验交易逻辑

下面以海龟交易法则的系统 1 为例，参照系统公式"唐奇安通道"，尝试编写公式，"公式名称"为"海龟系统 1"，"画线方法"为"主图叠加"。设置参数如下：

序号	参数	最小值	最大值	缺省值
1	X1	1	100	20

输入公式源代码，如图 13-11 所示。

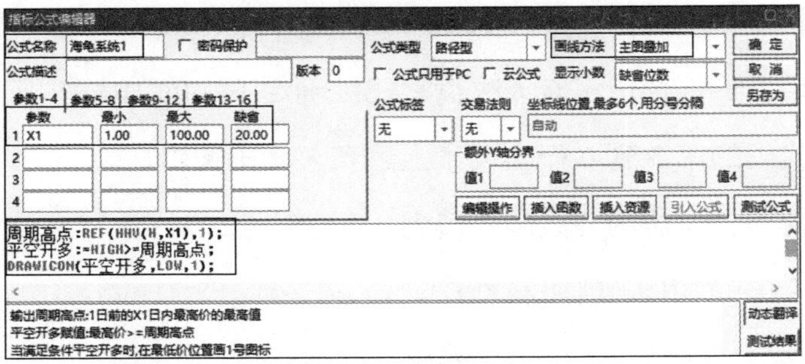

图 13-11 "海龟系统 1"公式源代码(指标公式编辑器)

公式源代码：

周期高点:REF(HHV(H,X1),1);

平空开多:=HIGH>= 周期高点;

DRAWICON(平空开多,LOW,1);

由于系统 1 的买入标准是以突破 20 日的最高价为基础，因此保留系统公式"唐奇安通道"的"周期高点"指标线和买入规则。买入信号这里使用了绘图函数 DRAWICON，在最低价的位置使用 1 号图标，也就是红色上箭头。

在主图中调用自编公式"海龟系统 1"。由于公式源代码没有对买点信号过滤，所有满足"平空开多"的买点信号都被标记了红色上箭头，如图 13-12 所示。

基于海龟交易法则的入市策略，假如上一次突破是盈利的，那么再次出现买入信号时，应该忽略。所以，尽管图 13-12 中有很多买点信号，但实战时需要以入市策略对应的规则为准。

既然有了试验用的"海龟系统 1"，那么"海龟系统 2"该如何实现呢？

掌握编写公式基本流程的读者已经发现了，只需要把"海龟系统 1"的参数 X1 从 20 改为 55 即可。

最后，海龟交易法则中关于控制头寸规模方面，使用了 ATR 平均真实幅度的指标。感兴趣的读者可以参照本节介绍的研究方法，在公式管理器的公

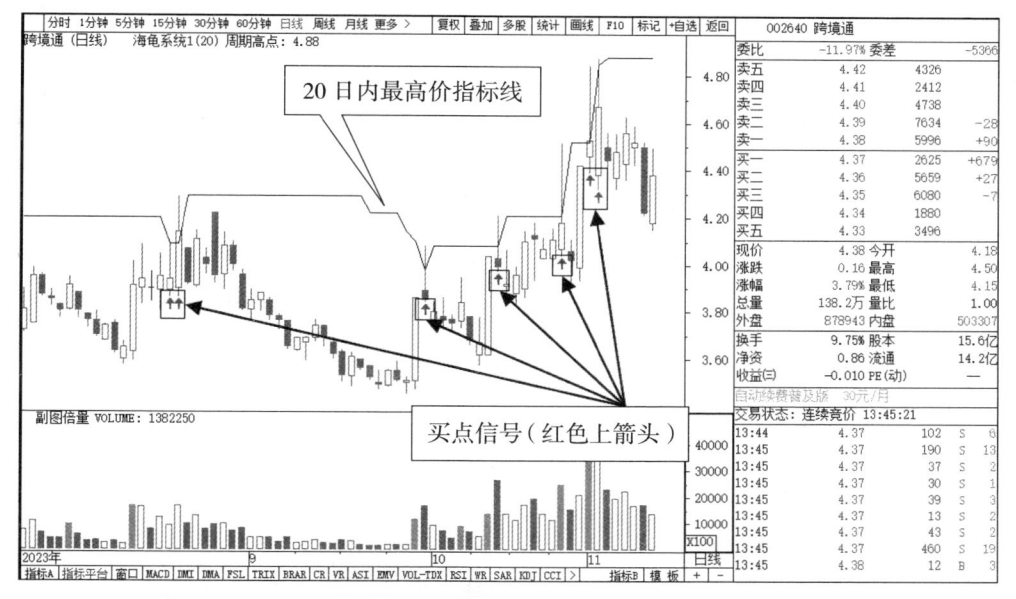

图 13-12　自编公式的指标线和买点（002640 跨境通）

式树中，选择"技术指标公式"—"超买超卖型"—"ATR 真实波幅"，进行探索试验。

13.4　阅读新闻吸收逻辑并试验

有些投资者除了使用日常习惯的选股策略，平时也会阅读新闻了解市场热点。举个例子，市场曾经有段时间"龙"字很火，俗称"龙字辈"，后面又衍生出"龙凤呈祥"。会编公式的投资者就可以参照图 11-7 的公式源代码，编写选股公式"龙凤呈祥"，如图 13-13 所示。

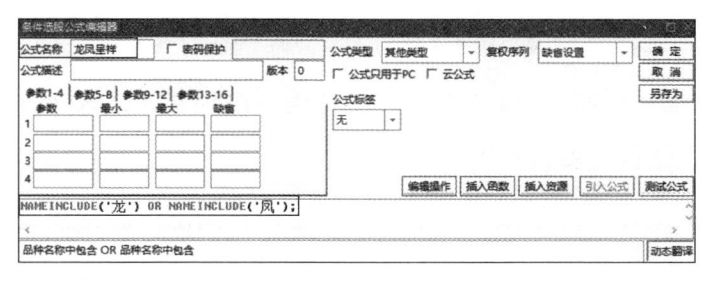

图 13-13　自编选股公式"龙凤呈祥"（条件选股公式编辑器）

公式源代码：

NAMEINCLUDE('龙') OR NAMEINCLUDE('凤');

公式源代码中使用了操作符函数 OR，含义是"或者"，也就是常说的"逻辑或"。OR 也可以写成 ||。选股逻辑是筛选出股票名称中包含"龙"字，或者是包含"凤"字的股票。只要股票名称中有"龙""凤"任意一个字都算作符合条件。

使用"龙凤呈祥"选股公式执行选股。将选股公式"龙凤呈祥"加入选股条件，单击"执行选股"按钮，等待选股结束，如图 13-14 所示。

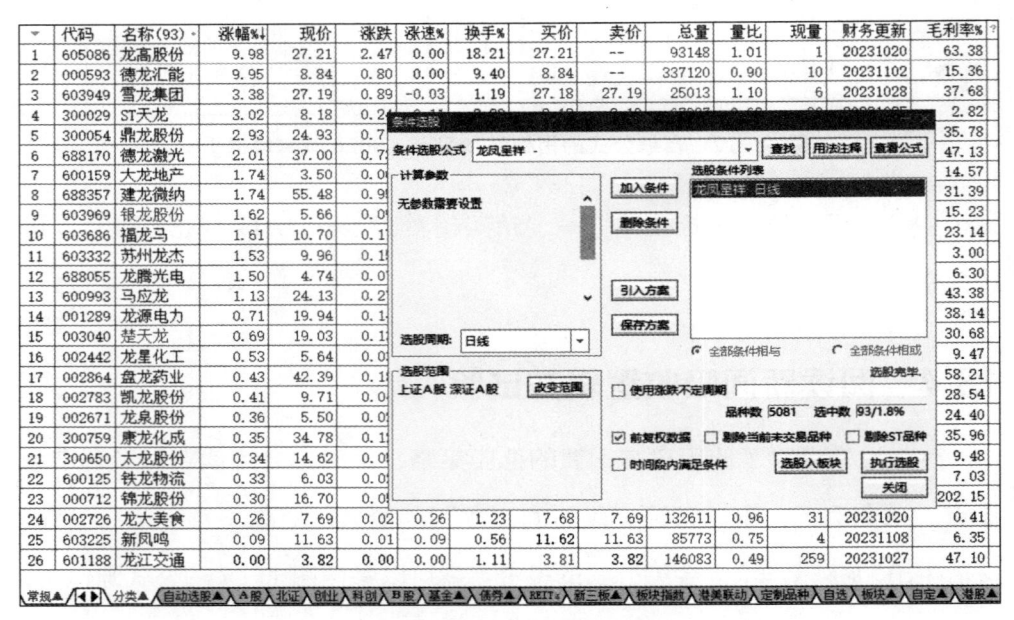

图 13-14　执行"龙凤呈祥"选股公式

可以看到本次选股从 5081 只个股中，筛选出了 93 只符合条件的股票，选中率为 1.8%。比图 11-8 所示的选股结果多出来 9 只，这 9 只就是股票名称里含"凤"字的股票。

将选股结果按照涨幅从高到低进行排序，当前涨停股票仅有 2 只。对比图 11-8 的选股结果，可以判断出此热点话题的炒作或许已接近尾声。

第 14 章　公式测试

前面在讲解公式编写时，大部分都是按照公式测试通过来介绍的，但在实际编写公式的过程中，出现异常情况是很正常的，新手一定不能畏难。要知道，计算机只能按照编写的公式源代码一行一行地执行，人类的思想才是最宝贵的。

为了让新手面对公式编辑器报错时，更加游刃有余，本章主要介绍几种常见的测试公式报错，以及应对方案。

14.1　公式测试基本原则

公式编辑器的"测试公式"能够自动检测公式是否错误，并且给出提示。只有通过测试的公式，才能保存在软件中。在测试公式时，需要关注以下几条基本原则。

第一，确认选择了正确的公式编辑器。例如，条件选股公式编辑器只能有一行输出语句，如果按照指标公式的编辑方式，写了好几个指标线的输出语句，这时"测试公式"肯定会报错。

第二，确认公式名称填写正确。公式名称最多可以输入 6 个汉字，如果与现有的公式名称重复了，"测试公式"也会报错。

第三，后面的语句使用的中间变量，一定要提前使用赋值语句定义。

第四，公式源代码中使用的参数，一定要提前在参数设置表中定义。

第五，使用函数时，注意查阅函数字典，确认每项输入都符合函数的使用规则。

第六，语句中的输出符、终止符、冒号、逗号、括号、引号等都要在英文状态下录入。

第七，每个意思完整的语句末尾都加上终止符";"。

14.2　常见错误提示与修改方法

下面是一些常见的错误提示以及修改方法。

1. 没有填写公式名称

无论是在哪一种公式编辑器里编辑公式，只要没有在"公式名称"输入框中填写公式名称，测试公式时都会出现如图 14-1 所示的提示"您忘记写公式名啦"。

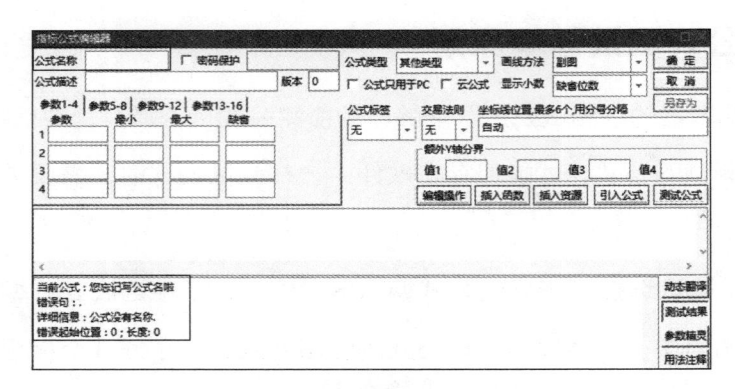

图 14-1　没有填写公式名称

修改方法：在"公式名称"输入框中填写公式名称，即可避免此项报错。

2. 没有输入公式源代码

无论是在哪一种公式编辑器里编辑公式，输入公式名称后，如果没有在公式编辑区里输入公式源代码，测试公式时都会出现如图 14-2 所示的提示"无内容可编译！"。

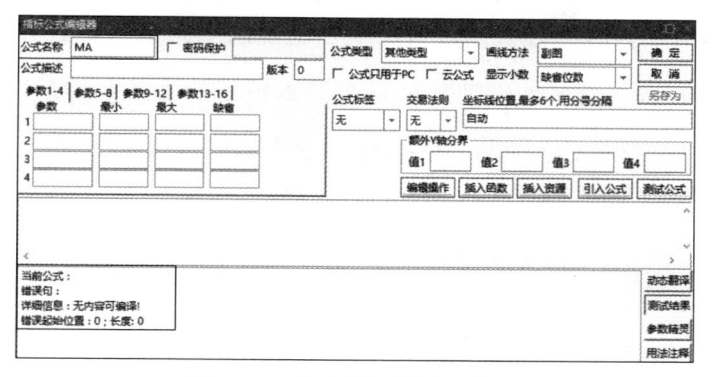

图 14-2　没有填写公式源代码

修改方法：在公式编辑区里输入公式源代码，即可避免此项报错。

3. 公式名称填写有误

无论是在哪一种公式编辑器里编辑公式，在输入公式名称和公式源代码后，如果公式名称的填写有误，测试公式时可能会出现如图 14-3 所示的提示"您新建的名称和系统关键字重名，不符合命名标准，请重新命名！"。

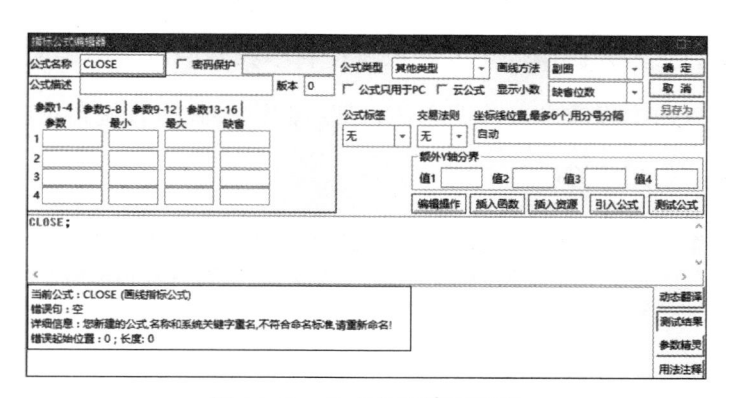

图 14-3　公式名称填写有误

修改方法：在"公式名称"输入框中修改公式名称。例如，图 14-3 中的公式名称填写的是"CLOSE"。由于 CLOSE 本身是系统自带的函数，表示收盘价时间序列，因此它不能作为公式名称。自编公式的公式名称不能与系统已有的公式名称和函数名称重复。

如果是用于实战的公式，投资者应多花点时间来编辑公式名称。如果是用于练习的公式，简单的处理方式是在原本重复的公式名称后面加个数字。在"公式名称"输入框中将"CLOSE"改为"CLOSE2"，测试公式通过，如图 14-4 所示。

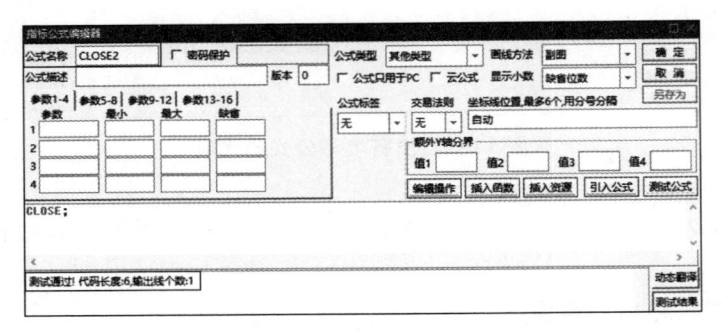

图 14-4　简单修改公式名称

4. 没有提前定义公式里的变量

无论是在哪一种公式编辑器里编辑公式，输入了公式名称和公式源代码之后，如果公式源代码中使用的变量既没有在参数设置表里提前定义，也没有在前面的语句中提前定义数据名称，那么测试公式时可能会出现如图 14-5 所示的提示"未知字符串"。

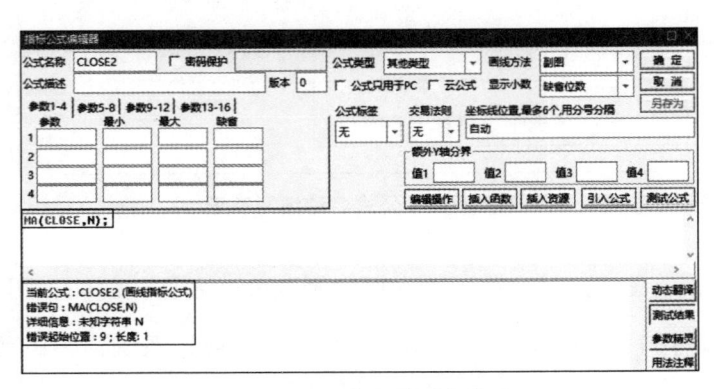

图 14-5　公式变量没有定义

修改方法 1：将未定义的变量改成表示常量的数字。在公式编辑区将"N"改成"20"，测试公式通过，如图 14-6 所示。

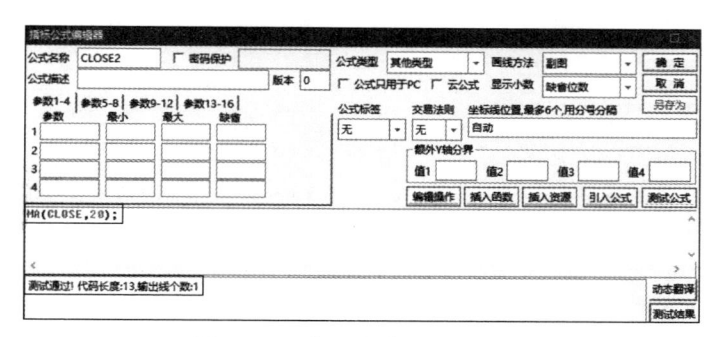

图 14-6　将公式变量改成常量

修改方法 2：在参数设置表中完善设置。补齐参数 N 的最小值为 0，最大值为 100 和缺省值为 20，测试公式通过，如图 14-7 所示。

图 14-7　完善参数设置表

5. 没有提前定义公式里的数据

无论是在哪一种公式编辑器里编辑公式，输入了公式名称和公式源代码之后，如果公式源代码中使用的数据没有在前面的语句中提前定义，测试公式时可能会出现如图 14-8 所示的提示"未知字符串"。

修改方法：先找到提示"未知字符串"的语句，然后在它前面补齐数据定义。例如，图 14-8 中的第二行语句输出了比较收盘价 C 与数据 MAN 的判断结果,在该语句前面补齐 MAN 的数据定义"MAN:=MA(CLOSE,N);",如图 14-9 所示,测试公式通过。

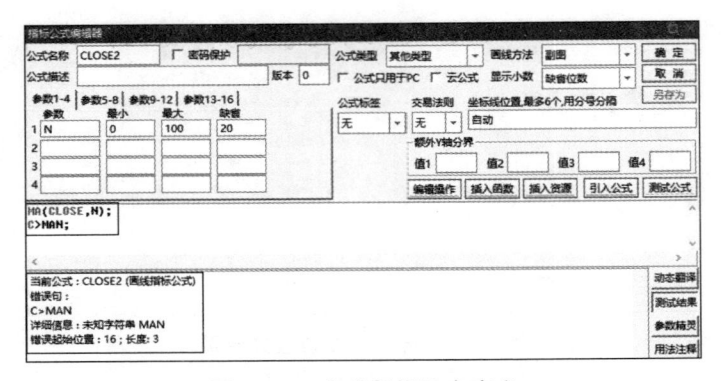

图 14-8 公式数据没有定义

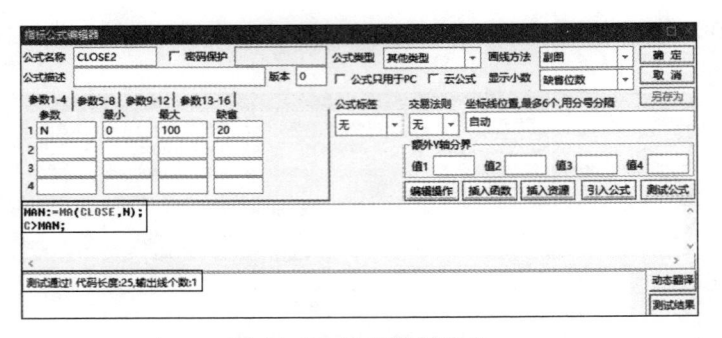

图 14-9 补齐数据定义

6. 输入了中文状态下的标点符号

无论是在哪一种公式编辑器里编辑公式,输入了公式名称和公式源代码之后,如果公式源代码中使用的标点符号是在中文状态下录入的,测试公式时可能会出现如图 14-10 所示的提示"未知字符串"。

注意:图 14-10 和图 14-8 的错误提示并不一样。尽管提示信息都显示了"未知字符串",但是锁定的错误语句不一样。图 14-8 锁定的是第二行语句 C>MAN,图 14-10 锁定的是第一行语句 MAN:=MA(CLOSE,N)。

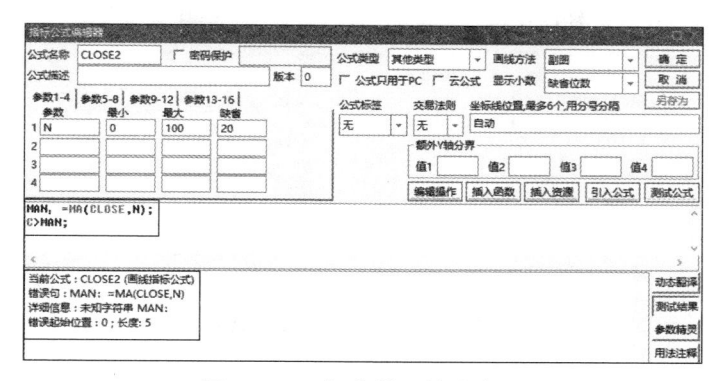

图 14-10　标点符号格式有误

修改方法：将第一行语句中的中文冒号"："改成英文状态下的冒号":"即可。

7. 公式中的括号数量不匹配

编写的公式语句较长，用到好几层括号时，每一个前括号"("都对应一个后括号")"。假如前括号与后括号的数量不匹配，测试公式时可能会出现如图 14-11 所示的提示，只给出了错误语句的位置，没有详细的提示信息。

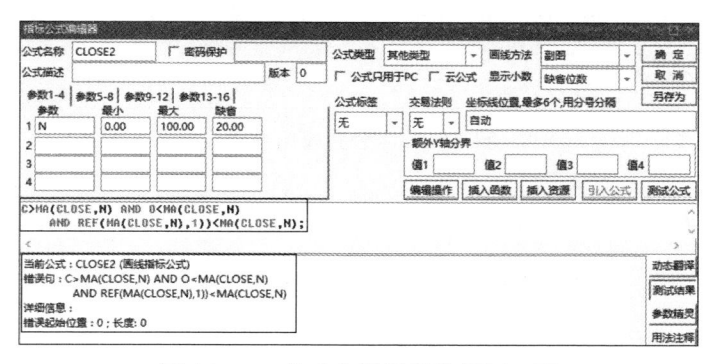

图 14-11　公式中的括号数量不匹配

修改方法：仔细阅读公式源代码，找到括号数量对不上的地方，将其修改正确。例如，图 14-11 中的第二行 REF(MA(CLOSE,N),1)) 有两个前括号和三个后括号。删除第三个后括号，测试通过，如图 14-12 所示。

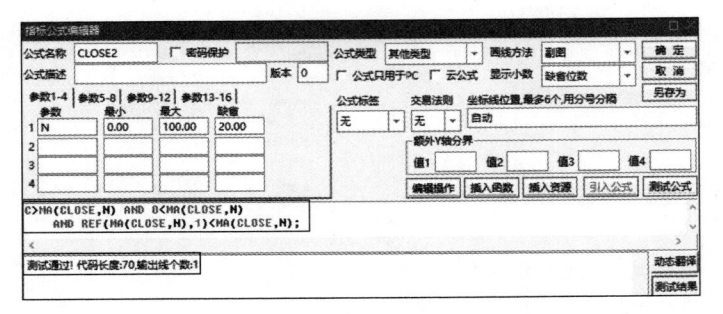

图 14-12　修改公式的括号数量

8. 公式输出不符合公式编辑器规则

假如在条件选股公式编辑器中有两行语句都表示输出，测试公式时可能会出现如图 14-13 所示的提示"条件选股公式……输出不能超过 1 个！"。

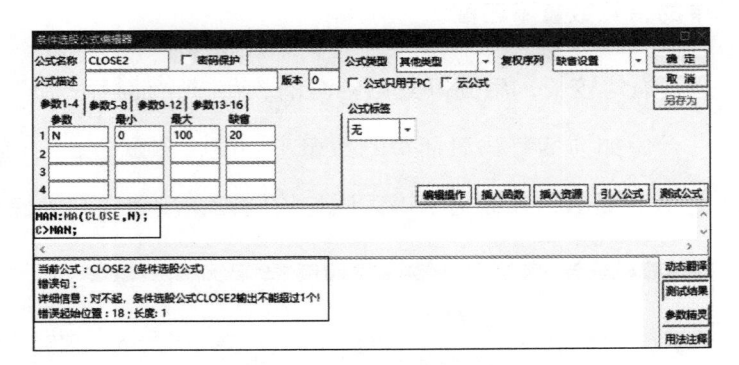

图 14-13　公式输出有误

修改方法：仔细阅读公式源代码找到锁定公式最终输出的语句，将不应作为输出语句的代码改为赋值语句。例如，将第一行语句中的输出符":"改成赋值语句的输出符":="。

高级篇

赚钱的方法就是去做赚钱的交易；挣大钱的方法就是在恰当的时机精准地站在正确的一边。

——《股票大作手回忆录》

第 15 章　编写实战 K 线公式

在通达信软件中，K 线除了以不同的颜色区分阴线和阳线之外，投资者可以根据个人喜好将 K 线的显示设置为常见 K 线或者实心 K 线。常见 K 线的阳线显示为空心状态，实心 K 线则将阳线也显示为实心状态。

K 线的自编公式主要包含两部分内容，一是 K 线的判断逻辑，二是 K 线的显示效果。五彩 K 线公式可以帮助投资者专注于研究 K 线的逻辑判断，也可以使用指标公式将特征 K 线个性化显示。例如，拆解 K 线的影线和实体公式，分别对上影线、下影线和实体部分的颜色和粗细等进行自定义设置。

15.1　常见 K 线元素公式表

由于单根 K 线是基于 4 个时间序列数据画出来的，因此，投资者在编写 K 线公式时，必须熟记这 4 个基本时间序列函数，如表 15-1 所示。例如，收盘价对应函数 CLOSE，也可以用首字母 C 代替。

表 15-1　单根 K 线基本时间序列函数表

开盘价	OPEN，或 O
收盘价	CLOSE，或 C
最高价	HIGH，或 H
最低价	LOW，或 L

CLOSE 和 C 这两种写法是完全等价的。公式编写的初学者可能使用全称 CLOSE 多一点，因为看到单词可以快速理解公式的意义。而当专注在编写公式的逻辑时，为了节省时间，通常会大量使用简称。

利用基本的时间序列数据以及 REF 函数，可以描述如表 15-2 所示的 K

线元素。这些基本的元素公式需要牢记。

表 15-2　常用的 K 线元素公式表

成交量	VOL，或 V
成交额	AMOUNT，或 AMO
实体上沿	MAX(OPEN,CLOSE)，或 MAX(O,C)
实体下沿	MIN(OPEN,CLOSE)，或 MIN(O,C)
上影线	HIGH-MAX(OPEN,CLOSE)，或 H-MAX(O,C)
下影线	MIN(OPEN,CLOSE)-LOW，或 MIN(O,C)-L
实体部分	ABS(OPEN-CLOSE)，或 ABS(CLOSE-OPEN)，或 ABS(O-C)，或 ABS(C-O)
振幅	HIGH-LOW，或 ABS(LOW-HIGH)，或 H-L，或 ABS(L-H)
阳线	CLOSE>OPEN，或 C>O
阴线	CLOSE<OPEN，或 C<O
一字线或十字星线	CLOSE=OPEN，或 C=O
前一日开盘价	REF(OPEN,1)，或 REF(O,1)
前一日收盘价	REF(CLOSE,1)，或 REF(C,1)
前一日最高价	REF(HIGH,1)，或 REF(H,1)
前一日最低价	REF(LOW,1)，或 REF(L,1)
前一日成交量	REF(VOL,1)，或 REF(V,1)
前 N 日开盘价	REF(OPEN,N)，或 REF(O,N)
前 N 日收盘价	REF(CLOSE,N)，或 REF(C,N)
前 N 日最高价	REF(HIGH,N)，或 REF(H,N)
前 N 日最低价	REF(LOW,N)，或 REF(L,N)
前 N 日成交量	REF(VOL,N)，或 REF(V,N)

15.2　用五彩 K 线公式研究 K 线逻辑

五彩 K 线公式基本上都是利用表 15-1 和表 15-2 的元素，加上逻辑判断组合而成。熟悉这些基本元素后，再去阅读系统公式，可以更容易地理解公式的逻辑。

【例1】12.3 节中图 12-19 所示的长上影 K 线，就是计算了上影线与振幅的比例，并要求比值大于 0.667（约三分之二）。公式源代码如下：

```
(HIGH-MAX(CLOSE,OPEN))/(HIGH-LOW)>0.667
```

【例2】2.1 节中图 2-1 所示的锤子线，除了计算 K 线振幅与上影线之间的比例关系，还有额外的限制。公式源代码如下：

```
OUT:HIGH=MAX(OPEN,CLOSE)&&
HIGH-LOW>3*(HIGH-MIN(OPEN,CLOSE))&&
CLOSE<MA(CLOSE,5);
```

第一个额外条件是 HIGH=MAX(OPEN,CLOSE)，即最高价等于实体上沿，也就是没有上影线。

第二个额外条件是 CLOSE<MA(CLOSE,5)，即收盘价小于收盘价的 5 均线。

这三条语句使用了操作符函数 &&，即"逻辑与"。&& 也可以写成 AND，说明系统公式锤子线必须同时满足这三条语句才行。

【例3】结合动态翻译，对比早晨之星和早晨十字星的公式源代码。

按快捷键 Ctrl+F，在公式树中选择"五彩 K 线公式"—"KSTAR2 早晨之星"，单击"修改"按钮，查看公式源代码，如图 15-1（a）所示。

按快捷键 Ctrl+F，在公式树中选择"五彩 K 线公式"—"K140 早晨十字星"，单击"修改"按钮，查看公式源代码，如图 15-1（b）所示。

早晨之星和早晨十字星的两个公式源代码大同小异，毕竟从 K 线的原理来讲，都描述了连续三根 K 线的价格相对关系。当前时间刻度的 K 线是一根中阳线，两个时间周期之前是一根中阴线。差别主要在公式的第三行，也就是对前一个时间周期的 K 线描述的量化规则。

早晨之星要求前一个时间周期是一根小线，阳线或者阴线都可以，但以收盘价计算，K 线的实体部分不能超过 3 个点。使用的语句如下：

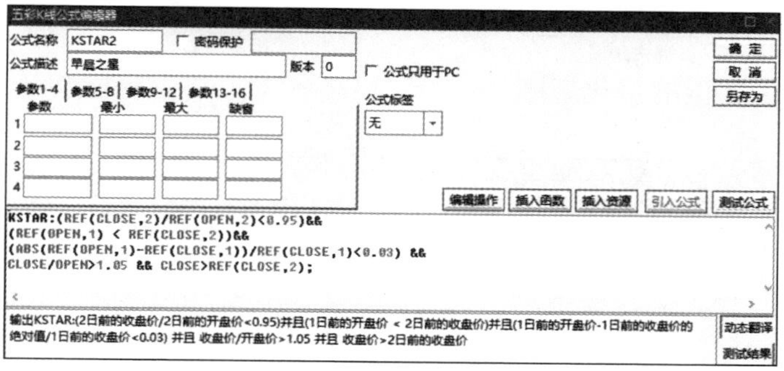

（a）早晨之星公式

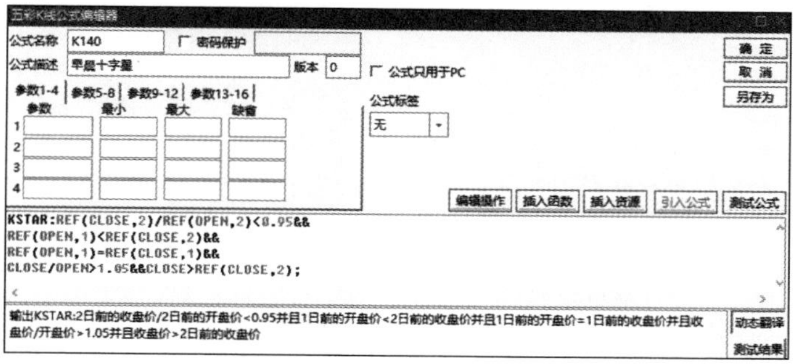

（b）早晨十字星公式

图 15-1　早晨之星和早晨十字星公式源代码（五彩 K 线公式编辑器）

(ABS(REF(OPEN,1)-REF(CLOSE,1))/REF(CLOSE,1)<0.03)

早晨十字星要求的条件比早晨之星更严格。要求前一个时间周期必须是十字星线，也就是开盘价与收盘价相等。使用的语句如下：

REF(OPEN,1)=REF(CLOSE,1)

由于早晨十字星的公式源代码对前一个时间周期的价格要求更严格，因此，符合早晨十字星的个股肯定也符合早晨之星，但符合早晨之星的个股不一定也符合早晨十字星。

【例 4】自编公式标记早晨之星的三根 K 线。

使用图 15-1（a）所示的系统公式标记早晨之星 K 线，如图 15-2 所示。图中只标记了早晨之星形态的第三根 K 线中阳线。尽管它的前一根 K 线看上去像是十字星，但由于开盘价 31.01 元不等于收盘价 31.03 元，因此此形态不符合早晨十字星的量化规则。

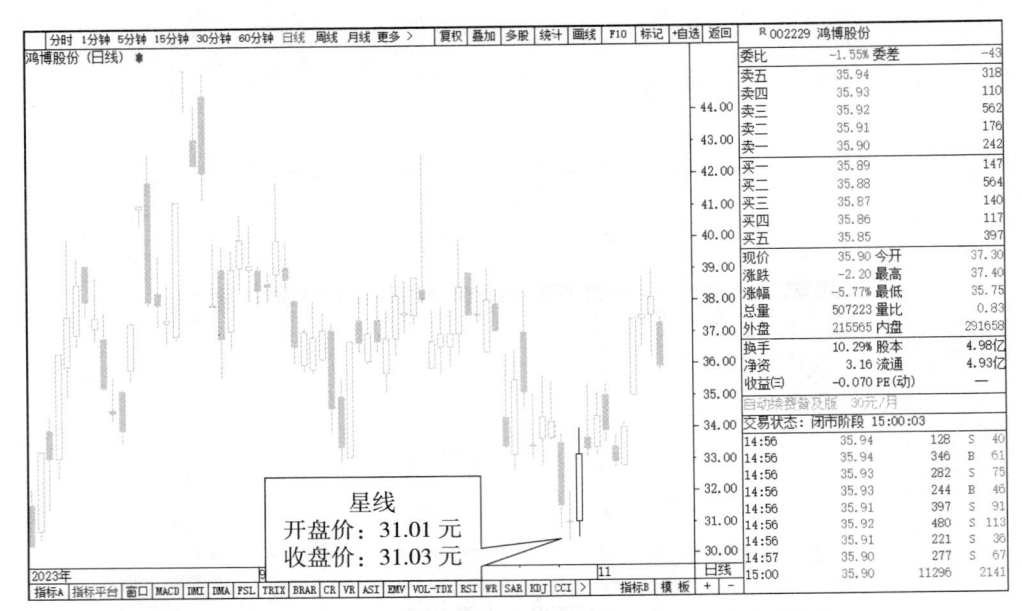

图 15-2　早晨之星的五彩 K 线指示（002229 鸿博股份）

如果要把早晨之星形态的三根 K 线都用特殊的颜色标记，需要使用 BACKSET 函数，修改之前的两个时间周期的判断状态。自编五彩 K 线公式"我的晨星"，如图 15-3 所示。

公式源代码：

KSTAR:=(REF(CLOSE,2)/REF(OPEN,2)<0.95)&&
(REF(OPEN,1)<REF(CLOSE,2))&&
(ABS(REF(OPEN,1)-REF(CLOSE,1))/REF(CLOSE,1)<0.03) &&
CLOSE/OPEN>1.05 && CLOSE>REF(CLOSE,2);
BACKSET(KSTAR,3);

将公式原本的输出语句"KSTAR:"改为赋值语句"KSTAR:="，KSTAR 变为中间变量。最后增加输出语句 BACKSET(KSTAR,3)，表示把符合 KSTAR 判断条件的时间刻度，以及前面两根 K 线的数值都设为 1。

```
KSTAR:=(REF(CLOSE,2)/REF(OPEN,2)<0.95)&&
       (REF(OPEN,1) < REF(CLOSE,2))&&
       (ABS(REF(OPEN,1)-REF(CLOSE,1))/REF(CLOSE,1)<0.03) &&
       CLOSE/OPEN>1.05 && CLOSE>REF(CLOSE,2);
BACKSET(KSTAR,3);
```

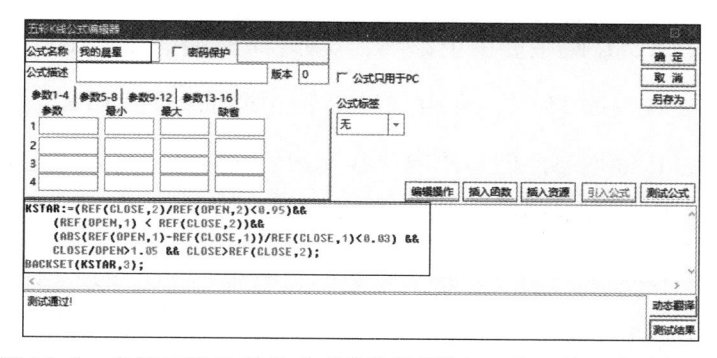

图 15-3　自编五彩 K 线公式"我的晨星"（五彩 K 线公式编辑器）

使用图 15-3 所示的自编公式标记早晨之星 K 线，如图 15-4 所示。图中将早晨之星形态的三根 K 线都用特殊颜色标记了出来。由于 BACKSET 函数属于未来函数，也就是说，假如当前时间刻度是第三根 K 线，盘中尚未形成早晨之星，那么此时前面的两根 K 线也不会被特殊标记。只有当前时间刻度符合判断条件，历史 K 线的状态才会被修改。

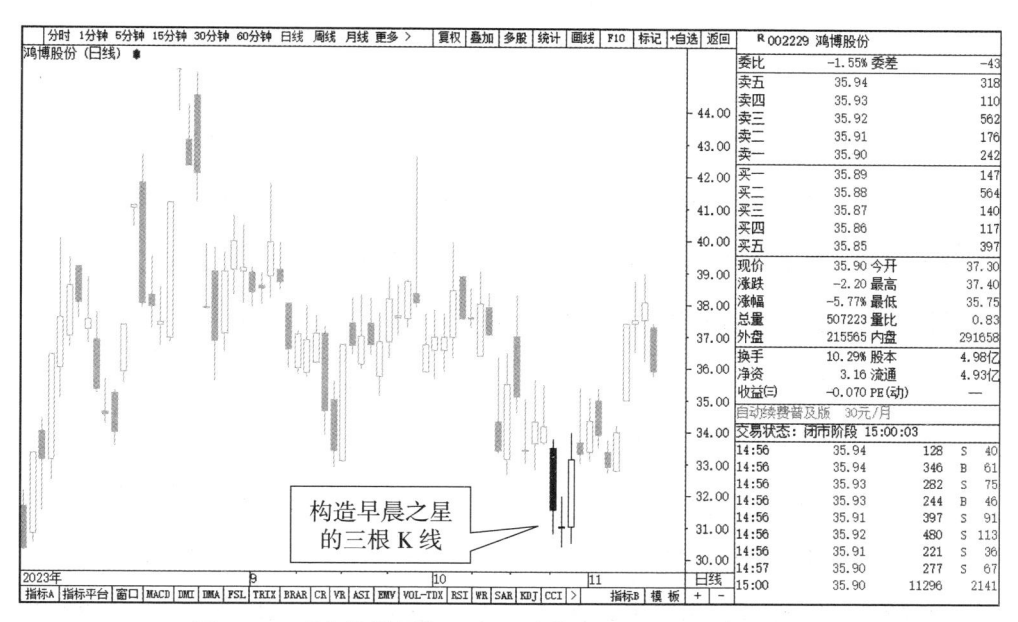

图 15-4　"我的晨星"五彩 K 线指示（002229 鸿博股份）

15.3 用指标公式画特征 K 线

从形态上看，K 线主要由上影线、实体部分、下影线组成。常用元素的对应公式可以查阅表 15-2，利用这些元素公式可以在五彩 K 线公式中画出各种自定义的 K 线形态。但若使用这些元素公式在指标公式里画 K 线，还需要用到绘图函数 STICKLINE。

【例 1】自编公式分别突出显示 K 线的上影线、下影线和实体。

定义一个长上影线的价格标准为：上影线超过实体部分的 1.5 倍，同时下影线的长度小于实体部分的 50%。

步骤 1：先用五彩 K 线公式编写判断逻辑。

考虑到实体部分是进行价格比较的基准数据，将它设置为大于 0，代码如下：

ABS(OPEN-CLOSE)>0

表示上影线超过实体部分的 1.5 倍，代码如下：

(HIGH-MAX(OPEN,CLOSE))>ABS(OPEN-CLOSE)*1.5

表示下影线的长度小于实体部分的 50%，代码如下：

(MIN(OPEN,CLOSE)-LOW)<ABS(OPEN-CLOSE)*0.5

以上三个语句都是逻辑判断语句，在新建公式的五彩 K 线公式编辑器中，使用操作符 AND 将它们连接起来，就可以锁定特征 K 线了，设置"公式名称"为"我的长上影"，输入源代码，如图 15-5 所示。

公式源代码：

ABS(OPEN-CLOSE)>0 AND

(HIGH-MAX(OPEN,CLOSE))> ABS(OPEN-CLOSE)*1.5 AND

(MIN(OPEN,CLOSE)-LOW)< ABS(OPEN-CLOSE)*0.5;

步骤 2：公式编写无误后，使用五彩 K 线指示。使用自编公式"我的长

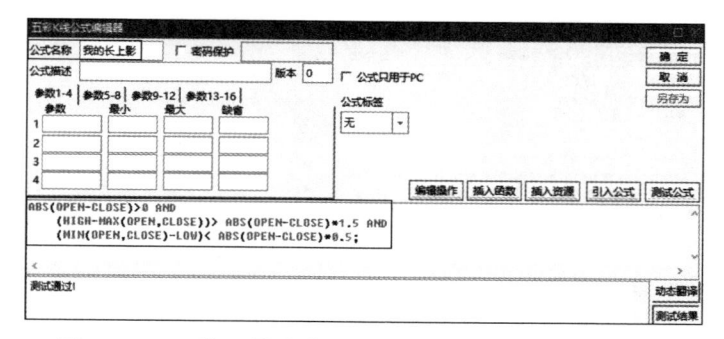

图 15-5　五彩 K 线公式写逻辑（五彩 K 线公式编辑器）

上影"在主图中的指示效果如图 15-6 所示。对比图 12-19 的系统公式指示效果，图 12-19 中的特征 K 线是蓝色的，而图 15-6 中的特征 K 线是红色的，红色是五彩 K 线默认的指示颜色。

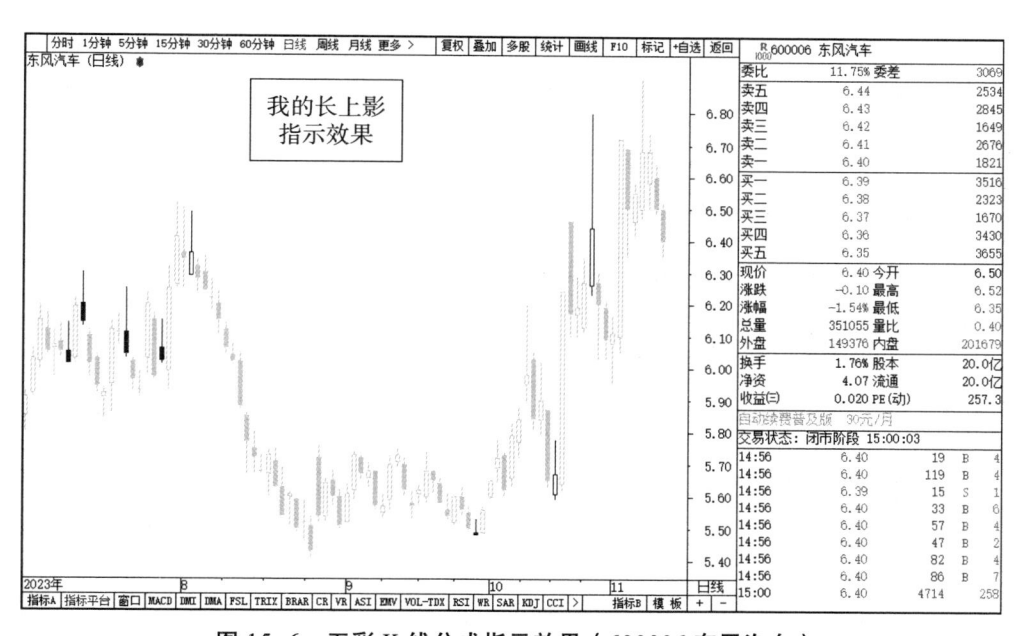

图 15-6　五彩 K 线公式指示效果（600006 东风汽车）

步骤 3：依据五彩 K 线公式的逻辑判断，编写指标公式。自编指标公式，设置"公式名称"为"我的长上影"，"画线方法"为"副图"，输入源代码，如图 15-7 所示。

图 15-7　指标公式写逻辑（指标公式编辑器）

公式源代码：

ABS(OPEN-CLOSE)>0 AND
(HIGH-MAX(OPEN,CLOSE))>ABS(OPEN-CLOSE)*1.5 AND
(MIN(OPEN,CLOSE)-LOW)<ABS(OPEN-CLOSE)*0.5;

尽管指标公式的名称与五彩 K 线公式的名称相同，但由于两个公式不属于同一个公式大类，所以测试公式时，不会出现错误提示，测试会通过。

保存图 15-7 所示的新公式，在副图中调用此公式，如图 15-8 所示。当

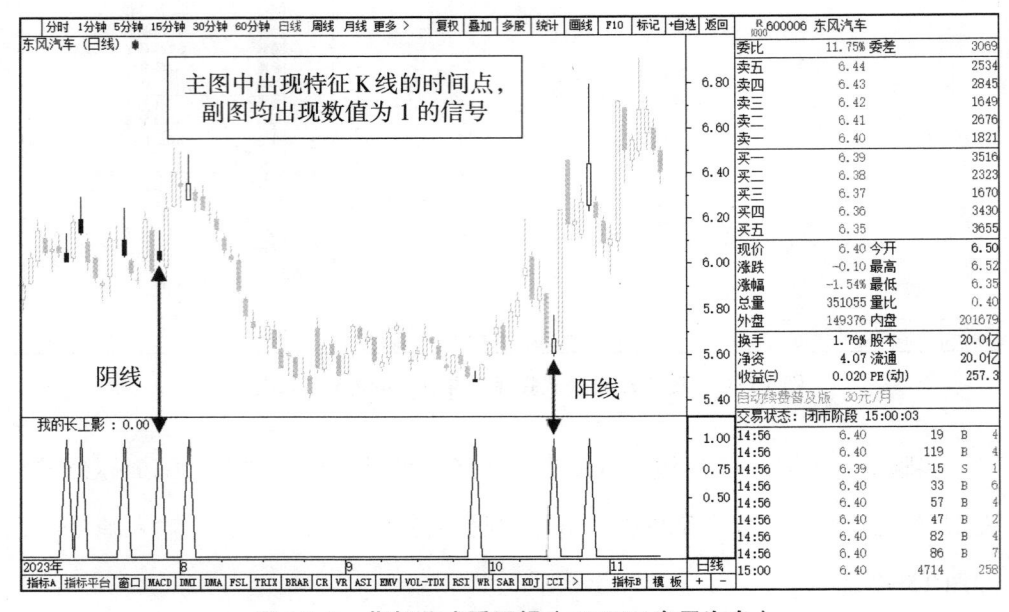

图 15-8　指标公式看逻辑（600006 东风汽车）

主图中每次对长上影的特征 K 线进行指示时，副图中的指标线数值就从 0 变为了 1。图中共有 8 个时间点符合指示条件的判断逻辑，当副图指标线为 1 时，与 K 线是阴线或阳线无关。

步骤 4：自编指标公式分别突出显示 K 线的上影线和下影线。将图 15-7 的公式另存为"我的长上影 2"，"画线方法"改为"主图叠加"，输入公式源代码，如图 15-9 所示。

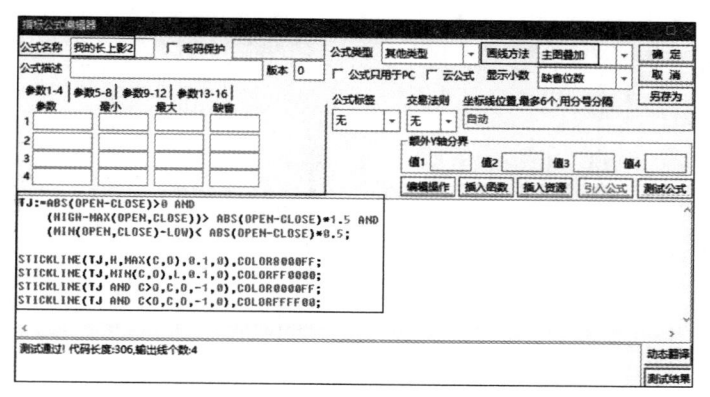

图 15-9　指标公式画特征 K 线（指标公式编辑器）

公式源代码：

```
TJ:=ABS(OPEN-CLOSE)>0 AND
(HIGH-MAX(OPEN,CLOSE))>ABS(OPEN-CLOSE)*1.5 AND
(MIN(OPEN,CLOSE)-LOW)<ABS(OPEN-CLOSE)*0.5;
STICKLINE(TJ,H,MAX(C,O),0.1,0),COLOR8000FF;
STICKLINE(TJ,MIN(C,O),L,0.1,0),COLORFF0000;
STICKLINE(TJ AND C>O,C,O,-1,0),COLOR0000FF;
STICKLINE(TJ AND C<O,C,O,-1,0),COLORFFFF00;
```

将逻辑判断语句命名为 TJ（"条件"的拼音首字母），作为画特征 K 线的逻辑判断语句。然后分别使用画线函数 STICKLINE 画上影线、下影线、阴线实体和阳线实体。

注意：在画上影线和下影线时，将柱线的宽度设置为0.1，即画线函数STICKLINE的第四个参数设置为0.1。因此，图15-10中的特征K线上影线（红色）和下影线（蓝色）都比常见K线的影线更粗。

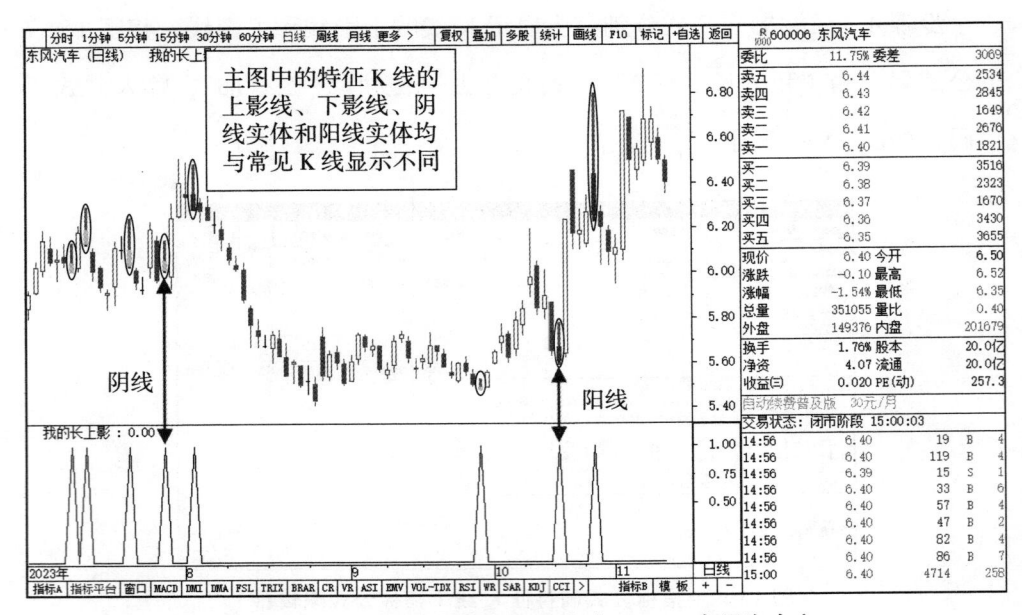

图15-10　指标公式看特征K线（600006东风汽车）

【例2】自编公式分别突出显示早晨之星的当前K线与历史的两根K线。

参照例1的步骤，将K线图里的早晨之星当前K线显示成红色，历史的两根K线显示成蓝色，如图15-11所示，星线的上影线和下影线不加粗。星线是阳线时，实体部分为红色；星线是阴线时，实体部分为蓝色。

新建指标公式，设置"公式名称"为"我的晨星"，"画线方法"为"主图叠加"，输入源代码，如图15-12所示。逻辑判断继续利用图15-1（a）所示的"早晨之星"系统公式源代码，将它改为赋值语句，然后利用画线函数STICKLINE分别画出早晨之星的三根K线。

公式源代码：

KSTAR:=(REF(CLOSE,2)/REF(OPEN,2)<0.95)&&

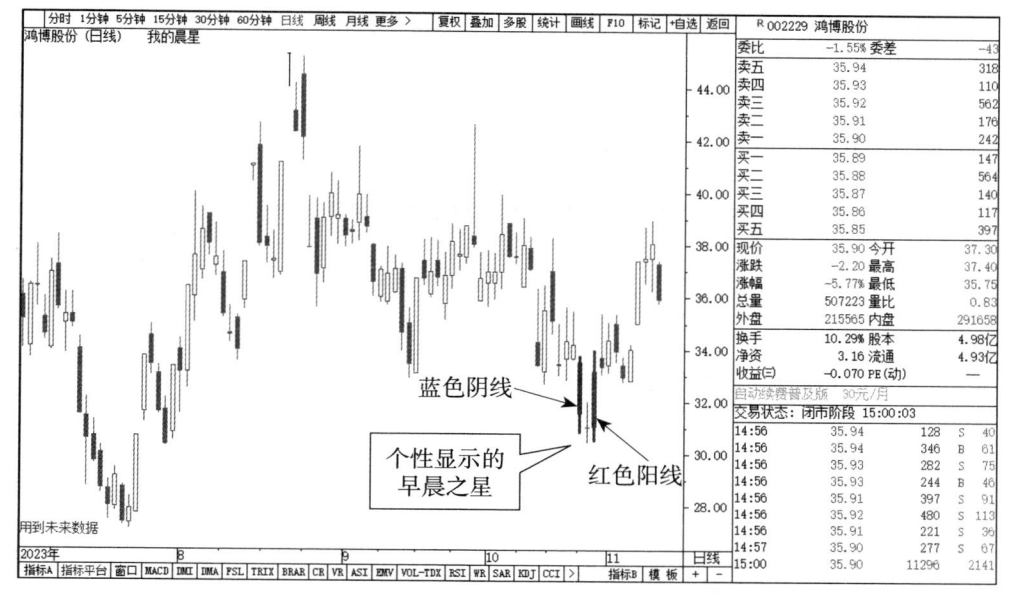

图 15-11　自编指标公式看早晨之星（002229 鸿博股份）

```
(REF(OPEN,1) < REF(CLOSE,2))&&
(ABS(REF(OPEN,1)-REF(CLOSE,1))/REF(CLOSE,1)<0.03) &&
CLOSE/OPEN>1.05 && CLOSE>REF(CLOSE,2);
{画出当前时间周期的中阳线}
STICKLINE(KSTAR,H,MAX(C,O),0.1,0),COLOR0000FF;
STICKLINE(KSTAR,MIN(C,O),L,0.1,0),COLOR0000FF;
STICKLINE(KSTAR,C,O,-1,0),COLOR0000FF;
{画出2个时间周期前的中阴线}
STICKLINE(REFX(KSTAR,2),H,MAX(C,O),0.1,0),COLORFF0000;
STICKLINE(REFX(KSTAR,2),MIN(C,O),L,0.1,0),COLORFF0000;
STICKLINE(REFX(KSTAR,2),C,O,-1,0),COLORFF0000;
{画出1个时间周期前的星线}
STICKLINE(REFX(KSTAR,1),H,MAX(C,O),0,0),COLORFF0000;
```

```
STICKLINE(REFX(KSTAR,1),MIN(C,O),L,0,0),COLORFF0000;
STICKLINE(REFX(KSTAR,1) AND C<O,C,O,-1,0),COLORFF0000;
STICKLINE(REFX(KSTAR,1) AND C>=O,C,O,-1,0),COLOR0000FF;
```

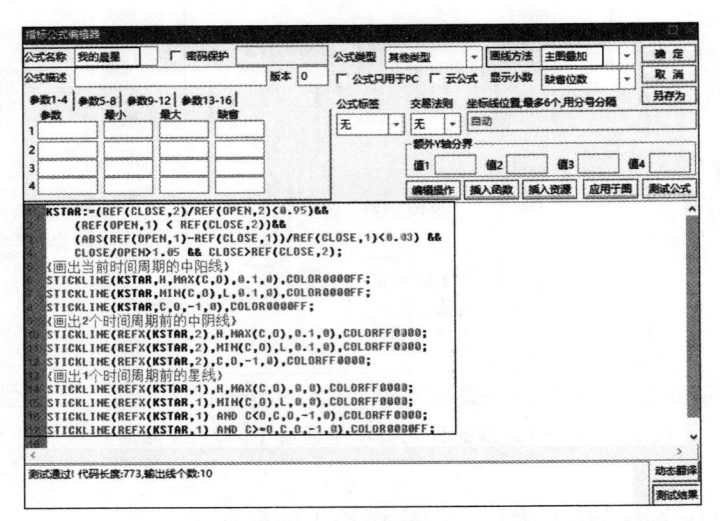

图 15-12 自编指标公式"我的晨星"(指标公式编辑器)

注意：在画星线和中阴线时，使用了引用函数 REFX 对两根 K 线定位。也就是说，这两根 K 线是否有特殊颜色标记，取决于未来的某根 K 线是否符合早晨之星的逻辑判断。

第 16 章　编写实战指标公式

指标公式在实战中既可以指示市场趋势，也可以提供量化规则买卖点。针对这两种用法，本章详细介绍实战公式的编写方法。

前面章节使用了两根均线来指示市场趋势。对于中长期交易者来说，也可以使用多根均线来指示市场趋势的方向。

柯蒂斯·费思（Curtis Faith）在《海龟交易法则：把普通人变成传奇商人的秘密方法》（Way of the Turtle: The Secret Methods that Turned Ordinary People into Legendary Traders）一书里介绍了 6 个交易系统，本章也将尝试编写买点公式。

16.1　编写公式分析均线多头排列

前面在 2.2 节图 2-3 的主图画出了 4 根均线，由于使用了系统公式"MA 均线"，所以每根均线都用的默认 1 号粗，均线的颜色也是软件默认给出的。本节继续以参数（5,20,60,200）为例，通过编写指标公式来研究多头发散的特征，从而编写选股公式。

【例 1】自编指标公式，显示均线多头排列交易法。

编写一个指标公式"均线多头排列"，对不同阶段的均线自定义不同的显示效果。

如图 16-1 所示，设置长期均线（参数 200，指标线名称为 CQ）显示为灰色虚线，中长期均线（参数 60，指标线名称为 ZC）显示为橙色 2 号粗线，中短期均线（参数 20，指标线名称为 ZD）显示为蓝色 2 号粗线，短期均线（参数 5，指标线名称为 DQ）为双色均线，默认情况下显示为紫色细线。

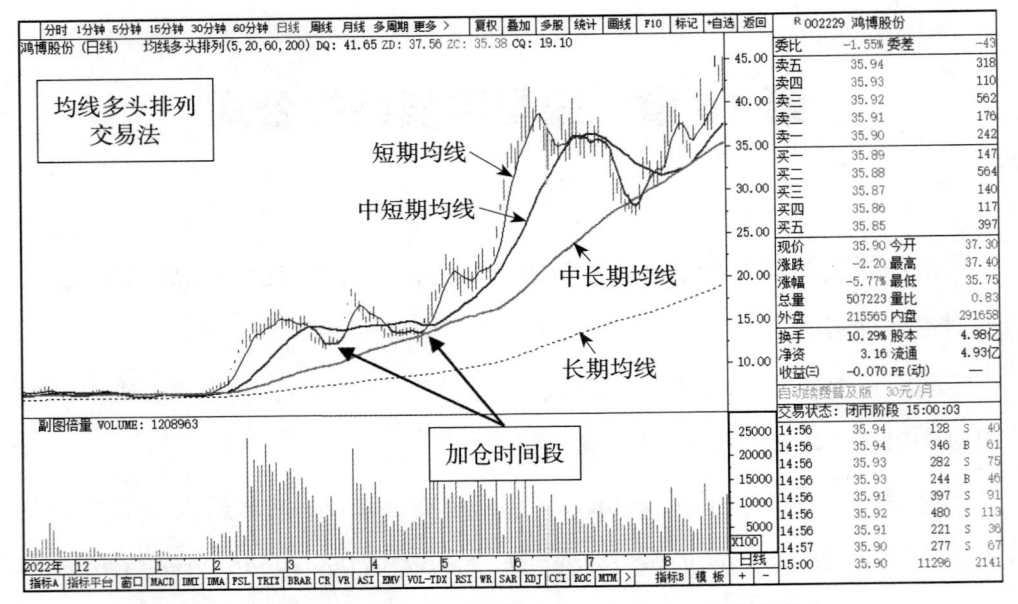

图 16-1 均线多头排列的显示效果（002229 鸿博股份）

当中短期均线、中长期均线、长期均线处于多头排列时，如果短期均线的价格比中短期更低，将短期均线显示为红色粗线，突出显示跟随中期趋势的加仓时间段。

新建指标公式，设置"公式名称"为"均线多头排列"，"画线方法"为"主图叠加"，参数设置如下：

序号	参数	最小值	最大值	缺省值
1	M1	0	1000	5
2	M2	0	1000	20
3	M3	0	1000	60
4	M4	0	1000	200

依据均线 MA 的核心公式分别写出 4 根指标线，并且将表示语句含义的拼音首字母作为公式名称。例如，DQ 是短期均线的简称；ZD 是中短期均线的简称；ZC 是中长期均线的简称；CQ 是长期均线的简称，如图 16-2 所示。注意参数精灵的提示文字也一并修改。

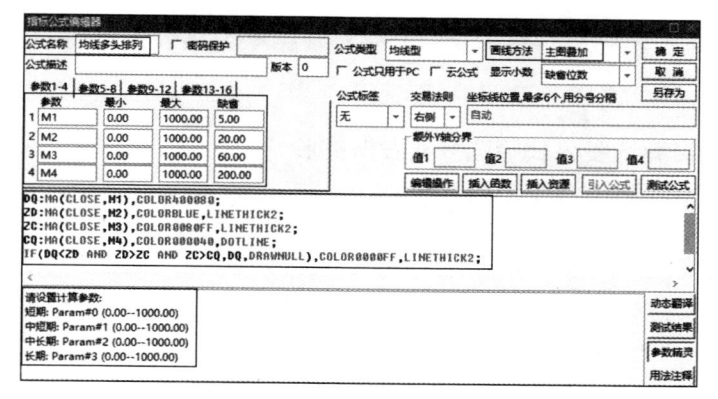

图 16-2　均线多头排列公式源代码（指标公式编辑器）

公式源代码：

DQ:MA(CLOSE,M1),COLOR400080;

ZD:MA(CLOSE,M2),COLORBLUE,LINETHICK2;

ZC:MA(CLOSE,M3),COLOR0080FF,LINETHICK2;

CQ:MA(CLOSE,M4),COLOR000040,DOTLINE;

IF(DQ<ZD AND ZD>ZC AND ZC>CQ,DQ,DRAWNULL),COLOR0000FF,LINETHICK2;

多头排列是通过比较中短期均线、中长期均线、长期均线的价格完成的。当价格处于多头排列时，任意找一个时间点观察 ZD、ZC 和 CQ 的价格关系，可以写出下面的逻辑判断：

ZD>ZC AND ZC>CQ

该语句表示中短期均线的价格比中长期均线的价格更高，同时中长期均线的价格比长期均线的价格更高。

趋势加仓时间段，是在满足均线多头排列的条件下，还要额外满足以下条件：

DQ<ZD

该语句表示短期均线的价格比中短期均线的价格更低。

综合起来，可以对趋势加仓时间段，写出如下逻辑判断：

DQ<ZD AND ZD>ZC AND ZC>CQ

【例2】自编选股公式筛选多头发散的股票。

利用趋势加仓时间段的逻辑判断编写选股公式。公式名称可以与指标公式相同，也填入"均线多头排列"，参数设置如下：

序号	参数	最小值	最大值	缺省值
1	M1	0	1000	5
2	M2	0	1000	20
3	M3	0	1000	60
4	M4	0	1000	200

编写公式源代码时，将前面4行画线语句改为赋值语句，最后一行语句只保留逻辑判断，如图16-3所示。

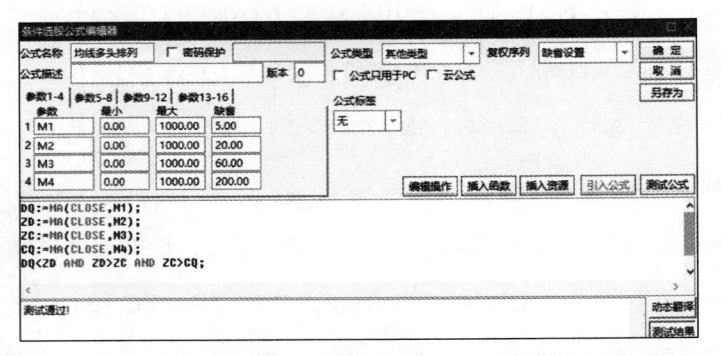

图16-3 均线多头排列的加仓选股公式（条件选股公式编辑器）

公式源代码：

DQ:=MA(CLOSE,M1);

ZD:=MA(CLOSE,M2);

ZC:=MA(CLOSE,M3);

CQ:=MA(CLOSE,M4);

DQ<ZD AND ZD>ZC AND ZC>CQ;

由于均线多头排列交易法属于中长期交易策略，使用选股公式进行历史验证时，可以选择任意历史日期，最好是距离半年以上，例如 2023 年 3 月 15 日。

如图 16-4 所示，在"条件选股"窗口中，选择条件选股公式"均线多头排列"，计算参数默认（5，20，60，200），单击"加入条件"按钮。然后勾选"时间段内满足条件"，分别在开始日期和结束日期填入 2023-03-15。单击"执行选股"按钮，等待选股结束。

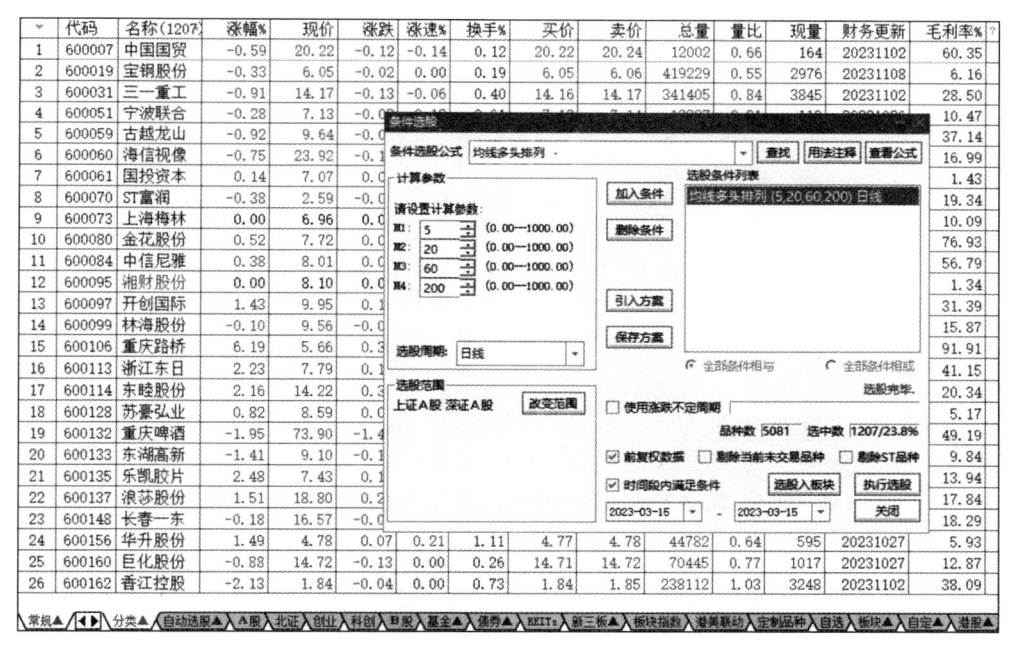

图 16-4 "均线多头排列"执行选股

可以看到本次选股从 5081 只个股中，筛选出了 1207 只符合条件的股票，选中率为 23.8%。

由于选中率接近四分之一，说明只能将该选股公式作为初步选股器，投资者还需要进一步分析走势形态特征。为了方便历史定位，在指标公式"均线多头排列"的最后增加如下语句，在选股验证日 2023 年 3 月 15 日画出三角形小图标。

```
DRAWICON(DQ<ZD AND ZD>ZC AND ZC>CQ AND
DATE=1230315,LOW,38);
```

从选股结果列表中双击任意个股，查看个股走势，如图 16-5 所示，该股在选股验证日之后的走势符合此交易策略。

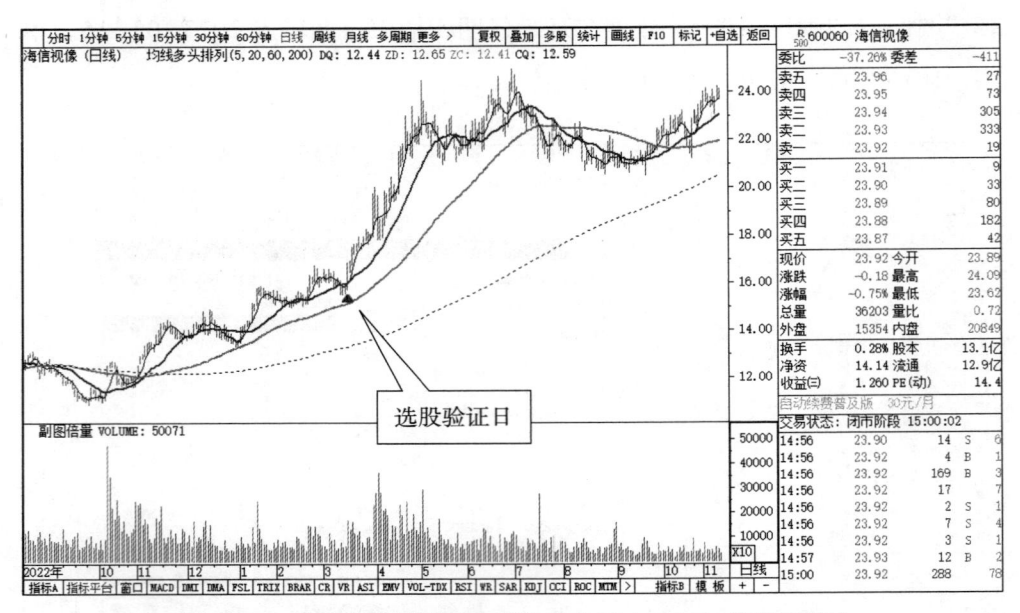

图 16-5　均线多头排列的选股结果分析（600060 海信视像）

更换个股，如图 16-6 所示，在选股验证日之后的走势并没有成功延续此前的上升趋势。

需要注意的是，任何交易公式都有其使用的边界。均线多头排列交易法的前提条件是，个股的中长期走势要维持均线多头排列的状态。一旦均线多头排列的形态被破坏，后面可能会从上升趋势转为下降趋势或者横盘整理。投资者需及时离场。

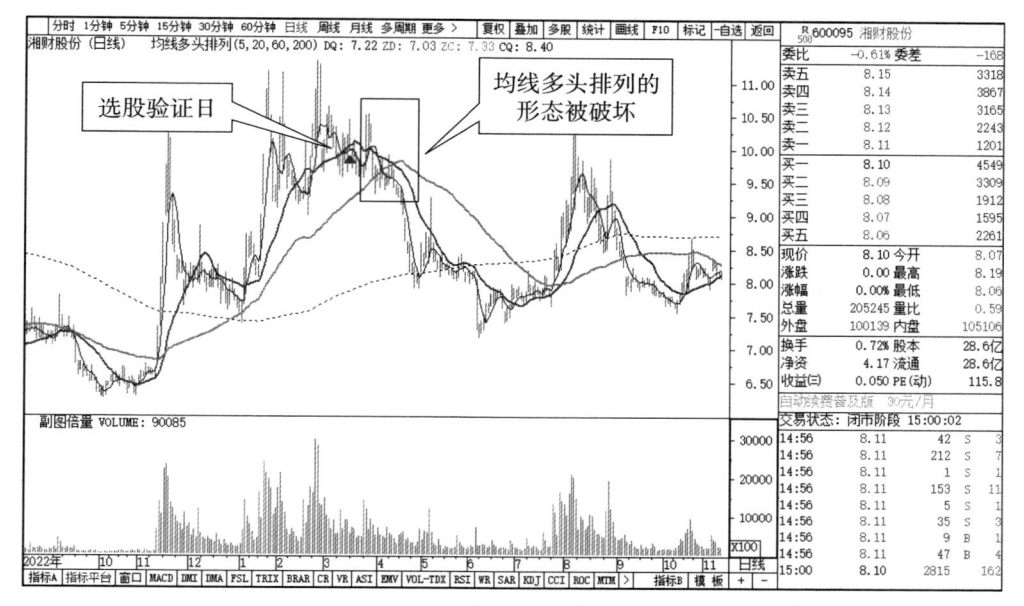

图 16-6　均线多头排列的选股结果分析（600095 湘财股份）

16.2　编写海龟交易法则提到的买点公式

在《海龟交易法则》一书中介绍了 6 个海龟交易系统：ATR 通道突破系统、布林线突破系统、唐奇安趋势系统、定时退出唐奇安趋势系统、双重移动平均线系统和三重移动平均线系统。唐奇安趋势系统的突破策略在本书 13.3 节讲解过，下面来编写 4 个买点公式。

这里用到的参数均出自《海龟交易法则》，投资者可以依据个人的投资风格，进行适当调整。案例重点讨论买点公式的逻辑判断。

【例 1】编写 ATR 通道突破买点公式。

该系统将 ATR 指标作为波动性指标，定义了一个中间变量为 350 日收盘价均线，以及通道上沿和通道下沿。通道上沿为 350 日收盘价均线加上 7 个 ATR，通道下沿为 350 日收盘价均线减去 3 个 ATR，如图 16-7 所示。

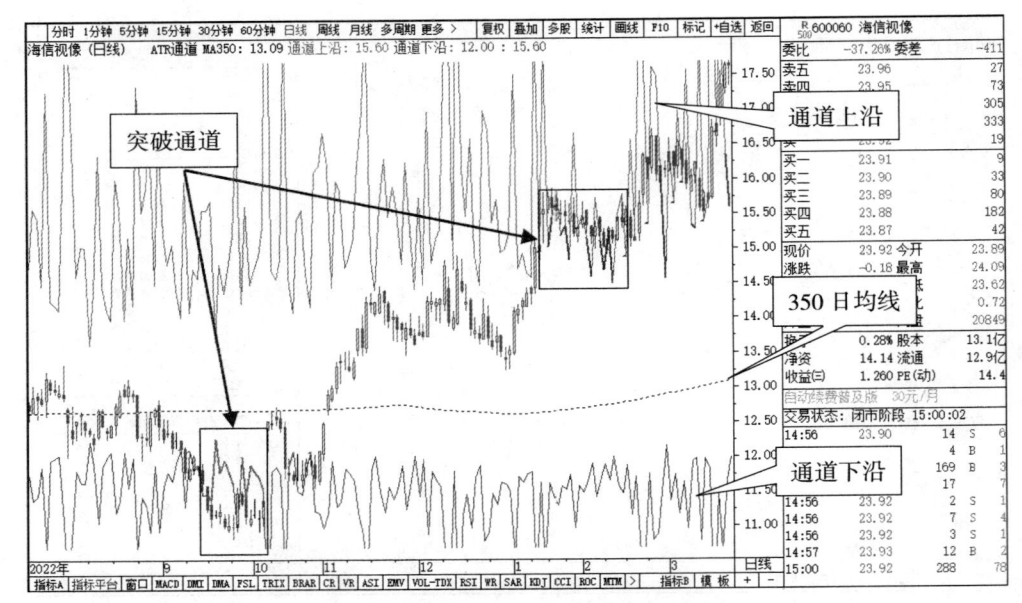

图 16-7　ATR 通道指标线效果图（600060 海信视像）

正常情况下，市场价格在通道上沿和通道下沿之间做振荡运动。此时，通道上沿显示紫红色细线，通道下沿显示蓝色细线。

当收盘价突破通道上沿时，将指标线颜色改为红色 2 号粗。

当收盘价突破通道下沿时，将指标线颜色改为橘色 2 号粗。

新建指标公式，设置"公式名称"为"ATR 通道"，"画线方法"为"主图叠加"，输入源代码，如图 16-8 所示。为了看图方便，将"通道上沿"和"通道下沿"分别作为中文的数据名称。ATR 的计算直接调用系统公式"ATR 真实波幅"，参数参考了原版海龟交易法则，设置为 20。

公式源代码：

```
MA350:MA(C,350),COLOR000040,DOTLINE;
通道上沿:REF(MA350,1)+ATR(20)*7,COLORMAGENTA;
通道下沿:REF(MA350,1)-ATR(20)*3,COLORFF0000;
IF(C>通道上沿,通道上沿,DRAWNULL),COLOR0000FF,LINETHICK2;
```

```
IF(C<通道下沿,通道下沿,DRAWNULL),COLOR0080FF,LINETHICK2;
```

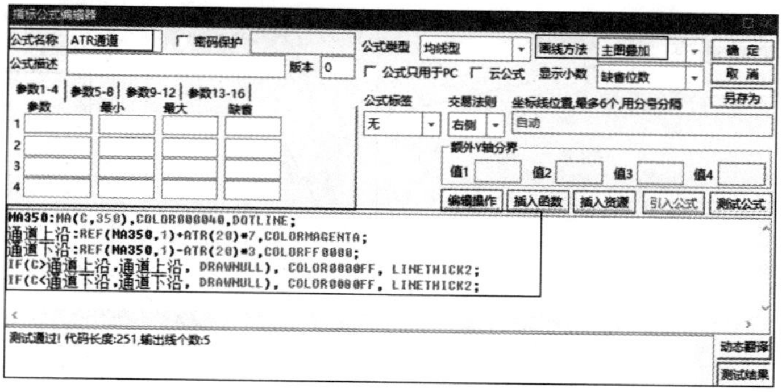

图 16-8　ATR 通道的公式源代码（指标公式编辑器）

仔细分析图 16-7，利用通道技术做交易，实际上有两种交易策略：一种是突破交易，另一种是区间交易。而突破交易的买点信号是区间交易的卖点信号。编写 ATR 通道突破买点公式，实际上就是对收盘价线与通道上沿的指标线做金叉，判断逻辑的语句如下：

```
CROSS(C,通道上沿)
```

【例 2】编写布林线突破买点公式。

该系统使用了 350 日收盘价均线作为布林线中轨。布林线上轨与布林线中轨之间的距离和布林线下轨与布林线中轨之间的距离都设定为 2.5 个标准差，如图 16-9 所示。

对比图 16-7 的 ATR 通道，可以发现由于该策略的上下沿计算，使用的是标准差而不是 ATR，布林线的通道上沿和通道下沿两根指标线更加平滑。

在指标公式"ATR 通道"的基础上，稍作修改即可完成指标公式"海龟布林线"，设置"画线方法"为"主图叠加"。公式中使用了统计函数 STD 估算标准差，如图 16-10 所示。

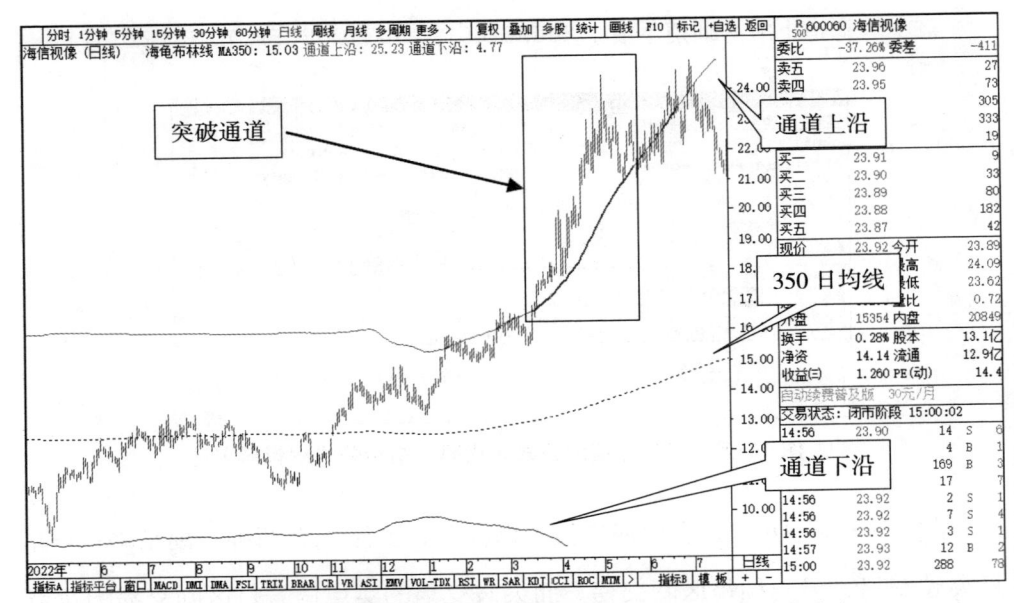

图 16-9 海龟布林线通道指标线效果图（600060 海信视像）

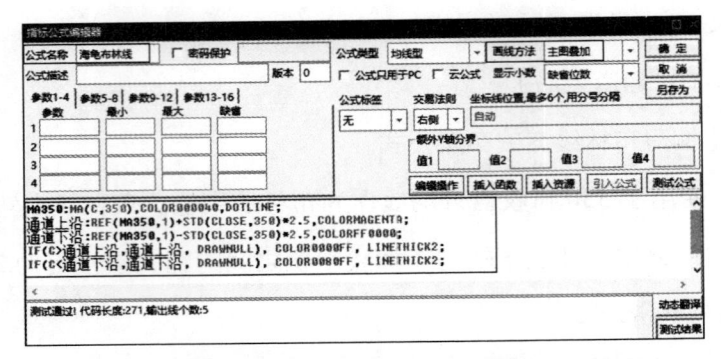

图 16-10 海龟布林线公式源代码（指标公式编辑器）

公式源代码：

MA350:MA(C,350),COLOR000040,DOTLINE;

通道上沿:REF(MA350,1)+STD(CLOSE,350)*2.5,COLORMAGENTA;

通道下沿:REF(MA350,1)-STD(CLOSE,350)*2.5,COLORFF0000;

IF(C>通道上沿,通道上沿,DRAWNULL),COLOR0000FF,LINETHICK2;

IF(C<通道下沿,通道下沿,DRAWNULL),COLOR0080FF,LINETHICK2;

参考 ATR 通道突破买点公式，布林带突破买点的判断逻辑语句如下：

CROSS(C,通道上沿)

最后来分析系统选股公式"BOLL 买入"，如图 16-11 所示。注意此公式有两个参数，第一个参数用于设定计算布林线中轨的均线的时间周期，默认是 20；第二个参数用于设定布林线上轨、下轨与中轨之间的距离，默认是 2 个标准差。

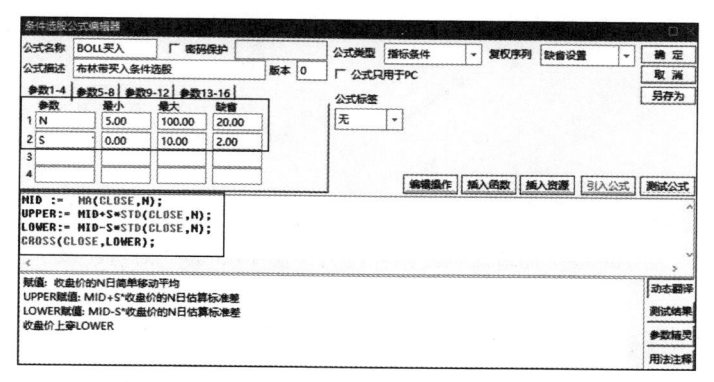

图 16-11　系统选股公式布林带买入公式源代码（条件选股公式编辑器）

最后一行设定选股条件的逻辑判断是：

CROSS(CLOSE,LOWER);

它表示筛选收盘价线与布林线下轨形成金叉的时间周期。与前面的突破交易逻辑不同，这是区间交易策略的买入判断逻辑。

【例 3】编写双重移动平均线买点公式。

该系统将 100 日收盘价均线和 350 日收盘价均线形成的金叉作为买入条件，如图 16-12 所示。350 日收盘价均线使用灰色虚线，将 100 日收盘价均线采用双色均线显示。当 100 均线的价格低于 350 均线时，100 均线显示为紫红色细线；否则 100 均线为红色粗线。这是一个长期交易系统，交易信号非常少。

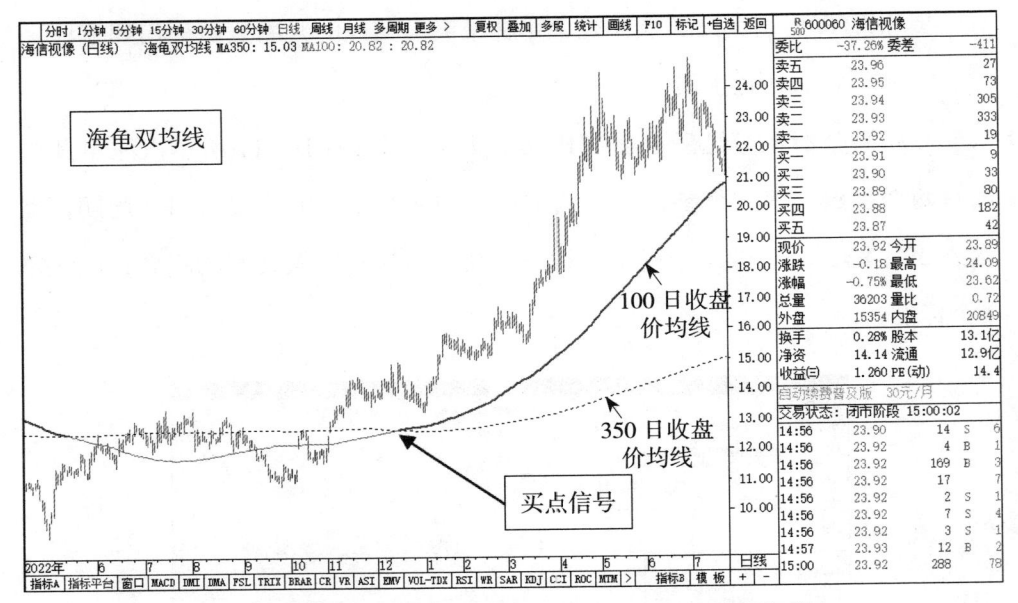

图 16-12　海龟双均线指标线效果图（600060 海信视像）

自编指标公式，设置"公式名称"为"海龟双均线"，"画线方法"为"主图叠加"，输入公式源代码，如图 16-13 所示。

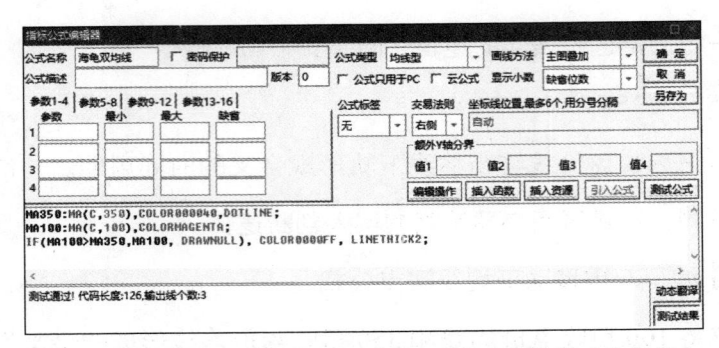

图 16-13　自编指标公式"海龟双均线"（指标公式编辑器）

公式源代码：

MA350:MA(C,350),COLOR000040,DOTLINE;

MA100:MA(C,100),COLORMAGENTA;

IF(MA100>MA350,MA100,DRAWNULL),COLOR0000FF,LINETHICK2;

双重移动平均线买点的判断逻辑的语句如下：

CROSS(MA100,MA350)

【例4】编写三重移动平均线买点公式。

该系统包含三根均线：100日收盘价均线、250日收盘价均线、350日收盘价均线，如图16-14所示。350日收盘价均线作为趋势过滤器，使用灰色虚线，250日收盘价均线使用蓝色细线。

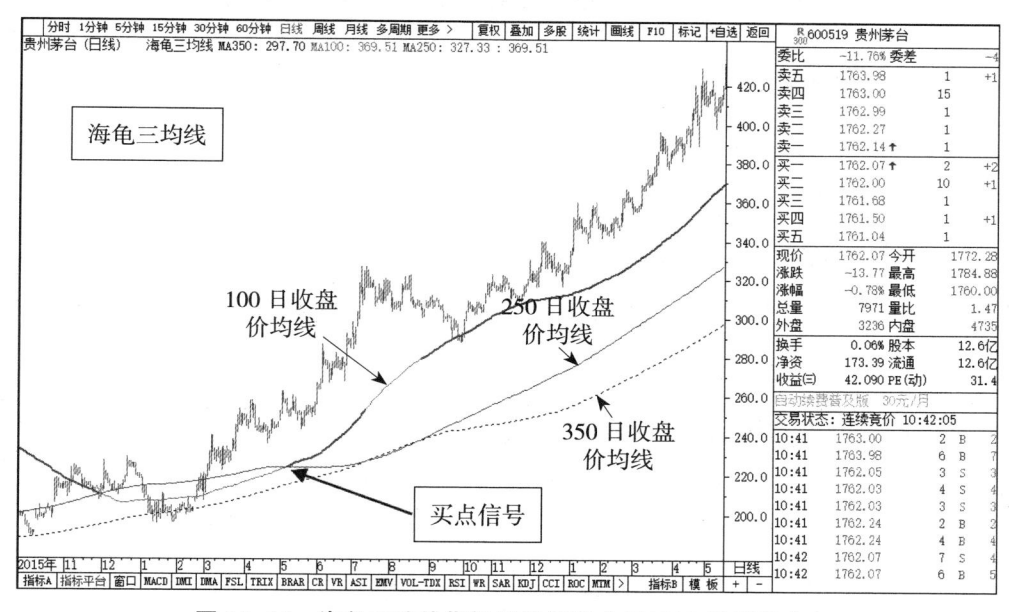

图16-14 海龟三均线指标线效果图（600519贵州茅台）

100日收盘价均线也采用双色均线显示，正常情况显示为紫红色细线。当100日均线的价格高于250日均线，并且100日均线和250日均线都在350日均线上方时，100日均线显示为红色粗线。与海龟双均线系统类似，它也是一个长期交易系统，交易信号非常少。

自编指标公式，设置"公式名称"为"海龟三均线"，"画线方法"为"主图叠加"，输入公式源代码，如图16-15所示。

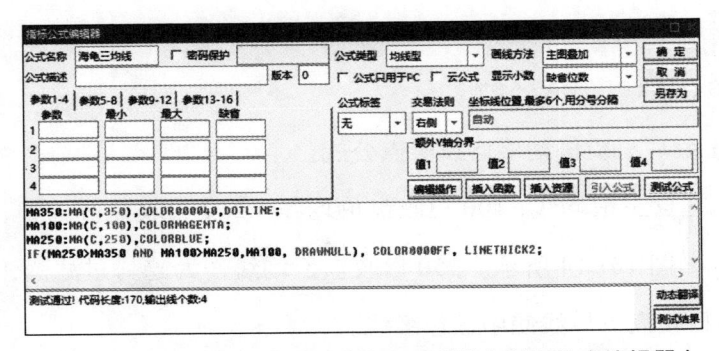

图 16-15　自编指标公式"海龟三均线"（指标公式编辑器）

公式源代码：

MA350:MA(C,350),COLOR000040,DOTLINE;

MA100:MA(C,100),COLORMAGENTA;

MA250:MA(C,250),COLORBLUE;

IF(MA250>MA350 AND MA100>MA250,MA100,DRAWNULL),COLOR0000FF,LINETHICK2;

三重移动平均线买点的判断逻辑的语句如下：

CROSS(MA100,MA250) AND MA250>MA350

第 17 章　编写基本面实战公式

与 K 线或者指标线的时间序列数据频繁更新不同，基本面使用的数据只需要投资者定期更新。如果指标支持云数据函数（选股除外），则不需要下载财务数据包。实战中编写基本面指标公式，在验证公式结果时，通常使用月线或季线图表，以及数据列表。

17.1　基本面常用函数

与基本面有关的函数通常属于关联财务函数类型和专业财务函数类型。另外，即时行情函数类型还有静态市盈率、动态市盈率、滚动市盈率等。

关联财务函数如图 17-1 所示。在关联财务函数类型中，可以看到大量的 FINANCE(N)，N 表示不同的数值。当函数 FINANCE 输入不同的数值，可提取相应的数据。

图 17-1 选中了函数 SETCODE，在帮助说明中可以看到此函数没有输入。它的功能是输出当前交易品种的市场类型对应的数字编号，可以作为公式的中间变量。函数 FINANCE(2) 与它的用法相同。如果要把数字编号显示在个股详情页面，可以使用函数 DRAWNUMBER_FIX 编写下面的语句：

DRAWNUMBER_FIX(1,0,0,0,SETCODE),COLORRED;

专业财务函数如图 17-2 所示。上面几个函数用于引用对应的外部数据。下面几个函数如 FINVALUE、FINONE 等，用于引用财务数据和交易类的数据。每个函数都有大量数据编号，使用前需查阅函数帮助说明，查看数据编号含义及用法。

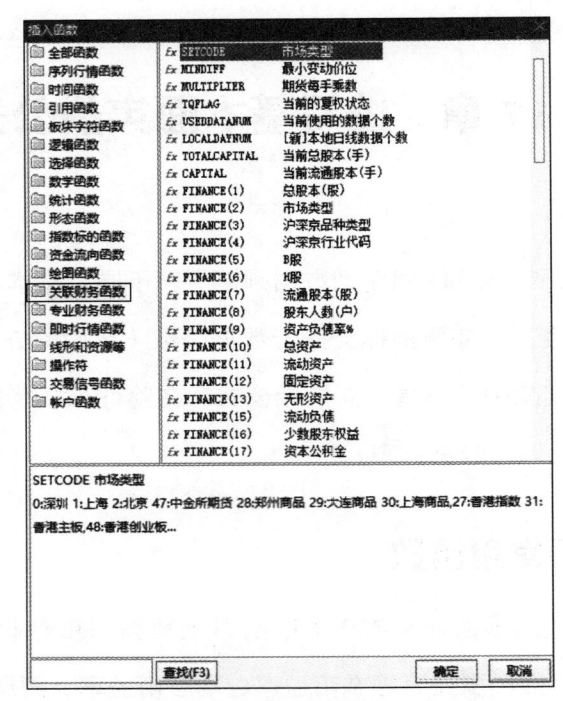

图 17-1　关联财务函数（"插入函数"窗口）

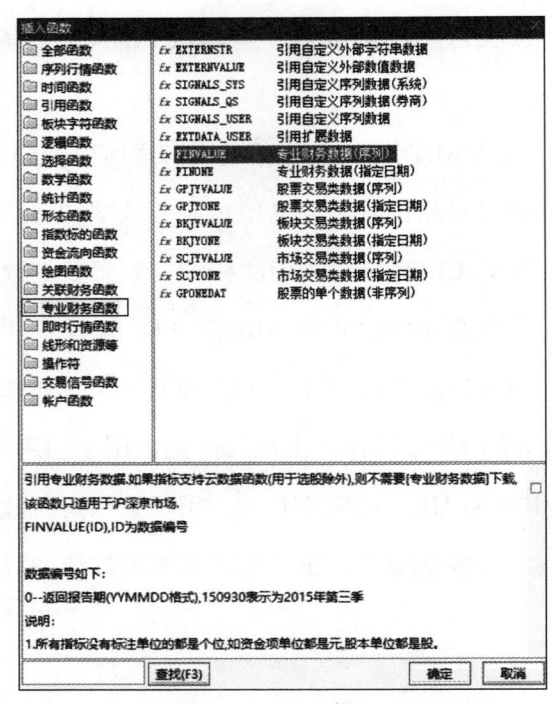

图 17-2　专业财务函数（"插入函数"窗口）

17.2 编写基本面指标公式

用指标公式提取基本面数据，并显示在个股详情页上，既可以在主图显示，也可以在副图显示；既可以在图中画出来，也可以只显示指标线的数值。

【例1】个股详情页显示最近北上大额增仓日离现在的自然日天数。

数据名称"最近北上大额增仓日离现在的天数"对应的函数为FINANCE(88)，编写基本面指标公式，设置"公式名称"为"基本面研究"，"画线方法"为"副图"，"显示小数"为"固定0位"，输入公式源代码，如图17-3所示。该公式对函数FINANCE(88)用了写字和指标线两种显示方式。

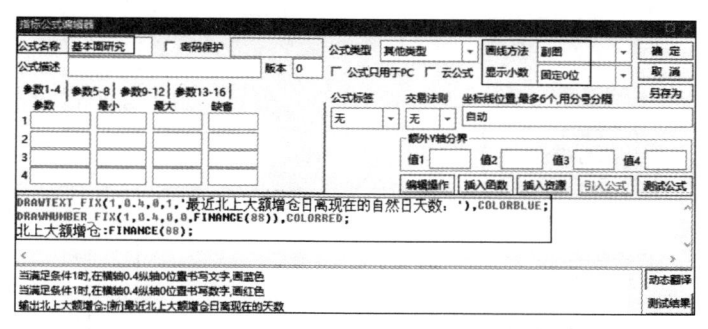

图 17-3 编写基本面指标公式（指标公式编辑器）

公式源代码：

DRAWTEXT_FIX(1,0.4,0,1,'最近北上大额增仓日离现在的自然日天数：'),COLORBLUE;

DRAWNUMBER_FIX(1,0.4,0,0,FINANCE(88)),COLORRED;

北上大额增仓:FINANCE(88);

第一行语句是在画布中显示蓝色文字（COLORBLUE），提示将要显示的数据含义。写字的位置以坐标点（0.4,0）右对齐。

第二行语句是提取函数FINANCE(88)的数值，并用红色显示（COLORRED）。写字的位置是以坐标点（0.4,0）左对齐。

第三行是用指标线的方式，既在图的左上角显示，也在副图中画指标线。由于数据名称有字数限制，这里仅设置了 6 个汉字"北上大额增仓"。

将基本面数据显示在副图，如图 17-4 所示。个股芯海科技（688595）在距离今天 15 天之前曾出现了北上大额增仓。注意这里给出的数值是自然日，包含节假日。

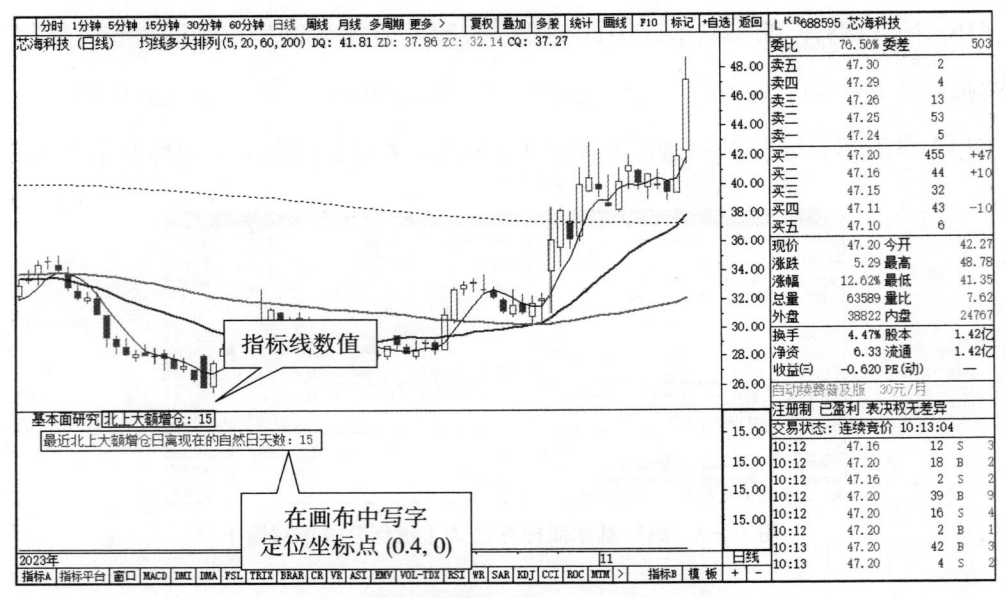

图 17-4　副图显示基本面数据（688595 芯海科技）

由于函数 FINANCE(88) 是静态数据，在所有时间周期上数值不变，因此指标线有一根横线。公式编辑器中的"显示小数"选择了"固定 0 位"，因此图 17-4 的指标线数值显示为"15"，而不是显示默认的数值格式"15.00"。

若在公式编辑器里将"画线方法"改为"主图叠加"，此公式从副图指标变为主图指标，调用后的显示效果如图 17-5 所示。

【例 2】个股详情页显示历史北上资金持股量。

新建副图指标公式，用来展示个股财报中的北上资金持股量变化。设置"公式名称"为"北上历史持股"，"画线方法"为"副图"，"显示小数"为"固

定 0 位",如图 17-6 所示,

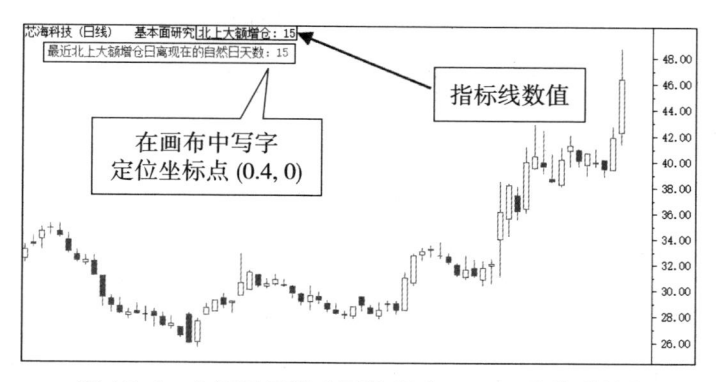

图 17-5 主图显示基本面数据(688595 芯海科技)

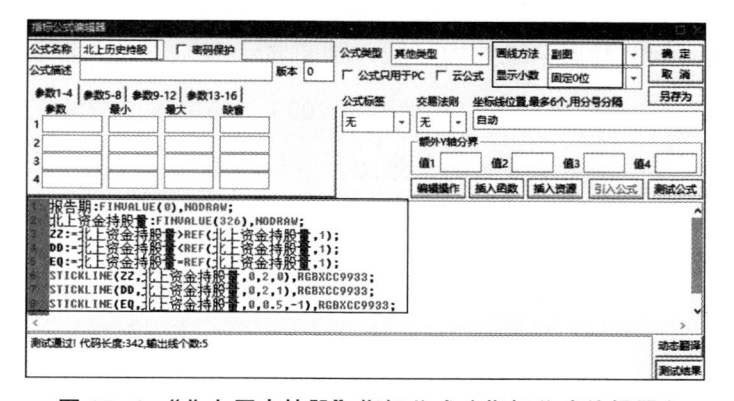

图 17-6 "北上历史持股"指标公式(指标公式编辑器)

公式源代码:

报告期:FINVALUE(0),NODRAW;

北上资金持股量:FINVALUE(326),NODRAW;

ZZ:=北上资金持股量>REF(北上资金持股量,1);

DD:=北上资金持股量<REF(北上资金持股量,1);

EQ:=北上资金持股量=REF(北上资金持股量,1);

STICKLINE(ZZ,北上资金持股量,0,2,0),RGBXCC9933;

STICKLINE(DD,北上资金持股量,0,2,1),RGBXCC9933;

```
STICKLINE(EQ,北上资金持股量,0,0.5,-1),RGBXCC9933;
```

公式源代码分成两部分，前两行表示分别提取财务报告的报告期、当期的北上资金持股量。提取当期的北上资金持股量（机构持股），使用的函数是专业财务函数类型中的 FINVALUE 函数的第 326 号数据。

后面 6 行设定用柱状图显示当期数据。前 3 行设置中间变量 ZZ、DD 和 EQ，后 3 行分别画线，具体画线设置如下。

如果当前时间周期大于前一个时间周期的数值时，柱线设置为金色实心柱。

如果当前时间周期小于前一个时间周期的数值时，柱线设置为金色空心柱。

如果当前时间周期与前一个时间周期相同时，柱线设置为金色虚线窄框。

将 K 线图的时间周期设置为月线，副图显示指标公式"北上历史持股"，如图 17-7 所示。个股当前的最新数据是 2023 年第三季度的数据（230930）。在有的股票软件中使用本公式时，副图左下角会提示"本指标需要云数据或下载的专业财务数据"。

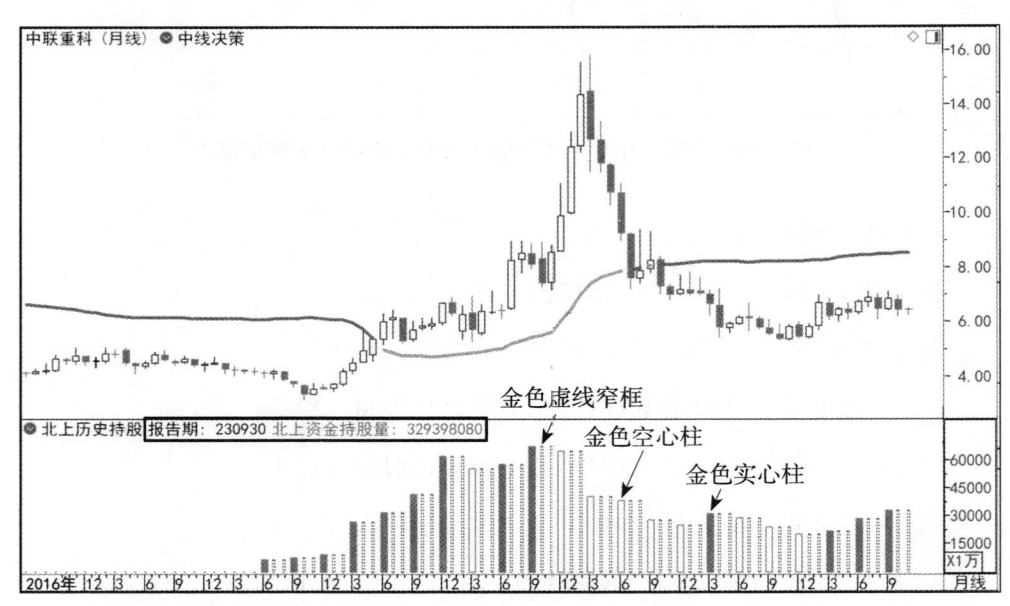

图 17-7 "北上历史持股"副图指标（000157 中联重科）

17.3 制作个性化基本面数据列表

在个股详情页显示历史基本面数据时，通常使用基本面的序列数据。继续以图 17-7 中的数据来说明，图中显示了"报告期：230930 北上资金持股量：329398080"。此副图实际上对应了表 17-1 所示的数据格式，也就是固定一只股票后，显示它在历史所有报告期的数据。提取这类格式的数据需要用到序列数据函数 FINVALUE。

表 17-1 个股财报的数据格式（固定品种示例）

股票代码	000157	
股票名称	中联重科	
报告期	2023 年 6 月 30 日	2023 年 9 月 30 日
北上资金持股量	283858880 股	329398080 股

基本面的数据列表还可以是固定报告期，展示多只股票的数据列表形式。仍以北上资金持股量为例，如表 17-2 所示。

表 17-2 个股财报的数据格式（固定报告期示例）

股票代码	股票名称	2020 年 12 月 31 日	2021 年 12 月 31 日	2022 年 12 月 31 日
000725	京东方 A	2047015680 股	1368997888 股	1450193280 股
000001	平安银行	1904300544 股	1744996480 股	1245448448 股
600019	宝钢股份	1483431552 股	1386930560 股	1185869952 股

【例 1】制作指定报告期的北上资金持股量数据表。

制作如表 17-2 所示的北上资金持股量数据表，可以使用指定日期函数 FINONE，编写指标公式，设置"公式名称"为"北上持股报表"，"显示小数"为"固定 0 位"，输入公式源代码，如图 17-8 所示。测试通过后保存新公式。

公式源代码：

北上 20：FINONE(326,2020,1231);

北上 21：FINONE(326,2021,1231);

北上 22：FINONE(326,2022,1231);

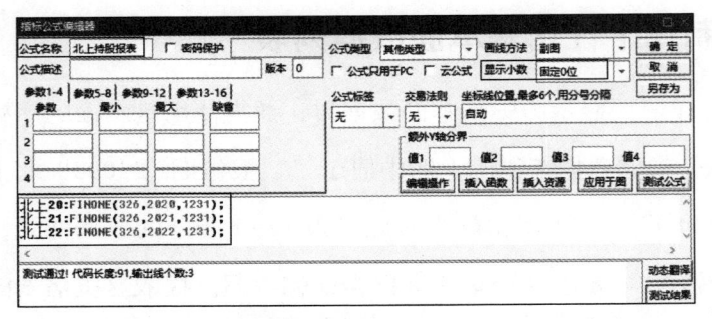

图 17-8　"北上持股报表"指标公式（指标公式编辑器）

此公式输出了 3 个数据名称，分别为 2020 年、2021 年和 2022 年年报中的北上资金持股量。报告期是在函数 FINONE 的第二个和第三个参数进行设置的。第二个参数指定报告期的年份，第三个参数指定报告期，第一季度输入 0331，第二季度输入 0630，第三季度输入 0930，第四季度输入 1231。

在副图中显示指标公式"北上持股报表"，如图 17-9 所示。可以在指标线数值的位置显示当前交易品种的指定报告期数据。副图的画布中也有三根水平的指标线，如果不想显示指标线，可以在语句内容后面添加画线设置",NODRAW"。

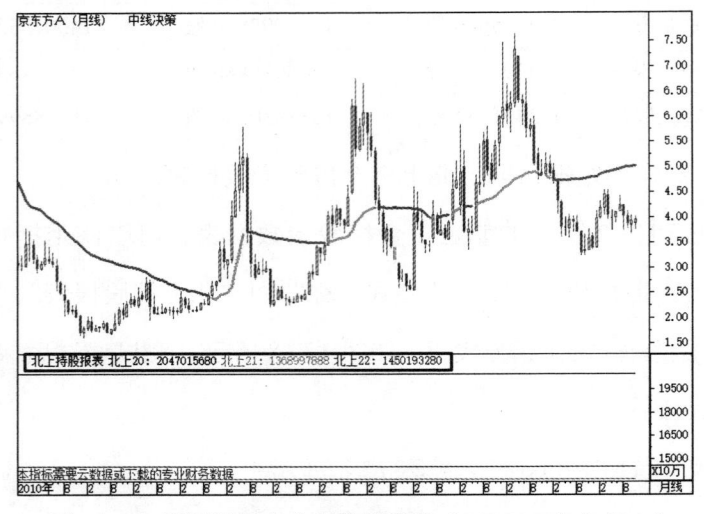

图 17-9　副图显示多个报告期数值（000725 京东方 A）

按快捷键".401",进入"历史行情.指标排序"页面。右键打开快捷菜单,选择"更改排序指标",在公式备选框的最后找到新公式"北上持股报表"。选中后单击"确定"按钮,打开如图 17-10 所示的界面。

代码	名称	涨幅%	收盘	总金额	北上20	北上21	北上22
000725	京东方A	0.00	3.95	0.00	2047015680	1368997888	1450193280
000001	平安银行	0.00	10.30	0.00	1904300544	1744996480	1245448448
600019	宝钢股份	0.00	6.05	0.00	1483431552	1386930560	1185869952
601901	方正证券	0.00	9.82	0.00	1474851712	1296947456	1215515776
002027	分众传媒	0.00	6.90	0.00	1440723584	1632310528	2218685440
601288	农业银行	0.00	3.63	0.00	1413691648	1736273792	2469876224
600900	长江电力	-0.35	22.49	5.54亿	1241098624	1641434752	1635673344
601398	工商银行	0.00	4.78	0.00	1186120192	1386451712	1900078976
601668	中国建筑	0.00	5.07	0.00			
000651	格力电器	0.00	33.48	0.00	虽然表格中显示的数据重叠了,但可以导出Excel表格查看		
000036	招商银行	0.00	30.16	0.00			
000333	美的集团	0.00	52.70	0.00			
600028	中国石化	0.00	5.41	0.00			
600887	伊利股份	0.00	27.52	0.00	823313984	907106176	685163904
000338	潍柴动力	0.00	14.18	0.00	815400512	417494304	418662304
601988	中国银行	0.00	3.95	0.00	811837248	676319844	410941312
601318	中国平安	0.00	42.35	0.00	798480256	669936647	07763968
600031	三一重工	0.00	14.17	0.00	725763632	531692992	588153472
601818	光大银行	0.00	2.95	0.00	723077824	622349824	709396992
600276	恒瑞医药	0.00	48.39	0.00	680538304	672640640	631424352
000157	中联重科	0.00	6.43	9763万	652432768	649665792	202288544
601328	交通银行	0.00	5.82	0.00	651507264	589106464	668284736
600029	南方航空	0.00	5.98	0.00	627961408	551257600	598229312
600010	包钢股份	0.00	1.59	0.00	627053504	166560646	625059840
600050	中国联通	0.00	4.45	0.00	602895616	596020416	614883328

图 17-10 "历史行情.指标排序"界面打开数据报表

该列表将公式源代码中的数据名称"北上20""北上21""北上22"作为表格栏目来显示。由于数据较长,在页面中数据有重叠。

可以使用 7.5 节介绍的导出数据功能,导出 Excel 格式的文件再查看表格,效果如图 17-11 所示。

	A	B	F	G	H	I
1	历史行情.指标排序 全部A股 周期:日线 日期:2023-11-13,一 指标:北上持股报表					
2	代码	名称	北上20	北上21	北上22	
3	000725	京东方A	2,047,015,680	1,368,997,888	1,450,193,280	
4	000001	平安银行	1,904,300,544	1,744,996,480	1,245,448,448	
5	600019	宝钢股份	1,483,431,552	1,386,930,560	1,185,869,952	
6	601901	方正证券	1,474,851,712	1,296,947,456	1,215,515,776	
7	002027	分众传媒	1,440,723,584	1,632,310,528	2,218,685,440	
8	601288	农业银行	1,413,691,648	1,736,273,792	2,469,876,224	
9	600900	长江电力	1,241,098,624	1,641,434,752	1,635,673,344	
10	601398	工商银行	1,186,120,192	1,386,451,712	1,900,078,976	

图 17-11 Excel 格式的报表数据

第 18 章　选股公式实战讨论

对于普通投资者来说，市场里的交易品种太多，使得选股公式成为日常交易必不可少的工具。无论投资者选择的是长期投资策略、波段交易法，还是短期当冲、隔日冲，最先考虑的都是做哪一只股票。

通达信系统提供的每一个选股公式，背后都有相应的交易逻辑。投资者无论是使用系统公式选股，还是将指标公式或者五彩 K 线改成个人选股公式，都需要积累交易逻辑方面的知识。例如，系统公式的布林线买入对应的是区间交易策略。实战中使用公式选股后，通常应结合适当的指标来综合研判。

18.1　基本面选股

通达信软件提供的基本面选股主要使用财务函数 FINANCE(N)，以及部分时间序列函数，如收盘价、成交量等。

例如，"A006 PEG 选股"的计算公式是由英国投资大师吉姆·史莱特（Jim Slate）在 20 世纪 60 年代发明的，在美国投资家彼得·林奇（Peter Lynch）的推广下被人熟知。

"A008 巴菲特选股"使用了巴菲特选股策略最重要的三原则：高毛利率、高净利率、高净资产收益率。企业的毛利率高，说明企业护城河高，主营业务存在事实垄断地位，从而在市场上具有产品定价优势。企业的净利率高说明企业能够很好地控制营运成本（管理能力强），综合盈利能力强。而高净资产收益率（ROE）说明企业为股东带来的收益高，它也是巴菲特选股时最看重的指标。

关于如何进行基本面选股，投资者需要阅读相关书籍。一方面，可以吸收大师们挑选好企业的逻辑；另一方面，在学会编写公式后，试着分析这些选股逻辑里面，哪些可以量化，哪些需要结合宏观知识研判。

【例 1】选股公式 "A013 最近北上资金大额增仓"解析。

打开系统选股公式 "A013 最近北上资金大额增仓"的公式编辑器，如图 18-1 所示，"公式类型"为"基本面"，"复权序列"为"无序列数据"。公式有 1 个参数，选股之前可以设置 N 值的大小，缺省值是 5。公式源代码一共两行，第一行提取中间变量 DNUM1，第二行设置选股条件，要求中间变量 DNUM1 的数值大于 0，同时小于参数 N。也就是筛选出最近 5 天内有北上资金大额增仓的个股。

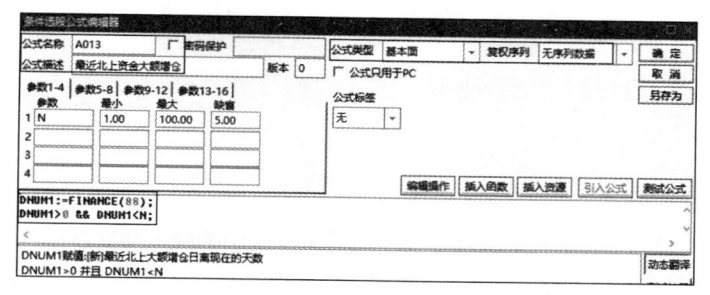

图 18-1　最近北上资金大额增仓选股公式（条件选股公式编辑器）

如图 18-2 所示，在"条件选股"窗口中选择条件选股公式 "A013- 最近北上资金大额增仓（无序列）"，"计算参数"默认为 5，单击"加入条件"按钮。单击"执行选股"按钮，等待选股结束。可以看到本次选股从 5083 只个股中，筛选出了 10 只符合条件的股票，选中率为 0.2%。

双击图 18-2 所示的股票列表中的任意个股，例如电科芯片（600877），如图 18-3 所示。该股最近北上大额增仓日离现在的自然日天数是 4 天，符合小于 5 天的选股条件。该股在 12.62 到 12.81 元之间存在一个跳空缺口，两个月内没有回补，属于市场强势信号。并且在 2 个交易日前，当北上大额增仓时，形成的是倍量阳线，同样属于市场强势信号。

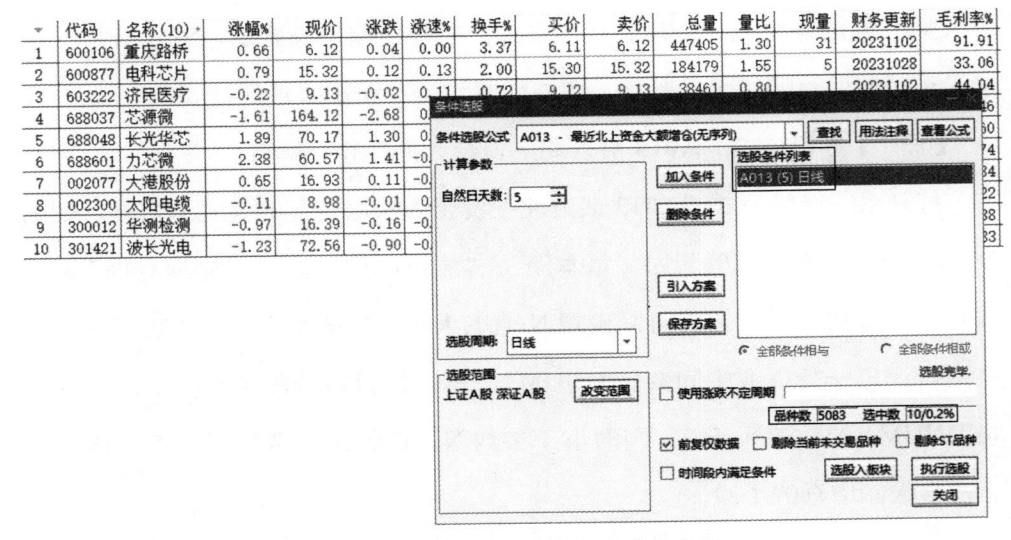

图 18-2 最近北上资金大额增仓选股

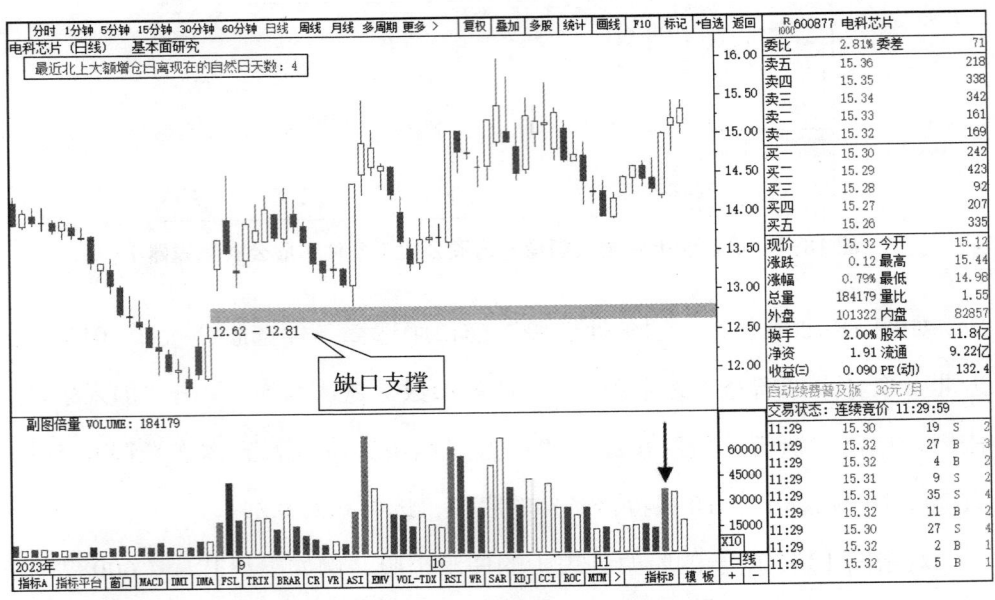

图 18-3 最近北上资金大额增仓选股结果分析（600877 电科芯片）

图 18-3 中的主图缺口显示，可以通过按快捷键 45 设置，也可以在选中主图后，单击鼠标右键，在弹出的快捷菜单中选择"主图其他设置"—"显示未回补跳空缺口"来设置。

副图使用的是 3.2 节自编"副图倍量"指标公式,感兴趣的读者可以将"副图倍量"指标公式植入炒股软件(可参照 6.2 节操作步骤)。还可结合个人交易经验,对倍量数学计算公式做个性化修改。例如将 2 倍改成其他的数值。

```
BL:=V/REF(V,1)>2;
```

【例2】选股公式"A012 最近有回购或股权激励预案"解析。

打开系统选股公式"A012 最近有回购或股权激励预案"的公式编辑器,如图 18-4 所示,"公式类型"为"基本面","复权序列"为"无序列数据"。公式有 1 个参数,选股之前可以设置 N 值的大小,缺省值是 5。

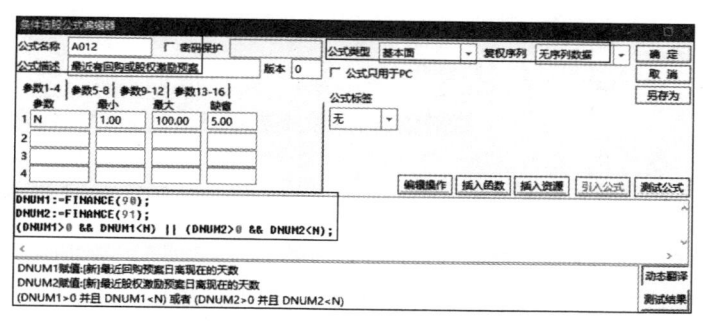

图 18-4 最近有回购或股权激励预案选股公式(条件选股公式编辑器)

公式源代码:

```
DNUM1:=FINANCE(90);

DNUM2:=FINANCE(91);

(DNUM1>0 && DNUM1<N) || (DNUM2>0 && DNUM2<N);
```

第一行提取中间变量 DNUM1,即函数 FINANCE(90),提取最近回购预案日离现在的天数。

第二行提取中间变量 DNUM2,即函数 FINANCE(91),提取最近股权激励预案日离现在的天数。

第三行设置选股条件,使用操作符"||"连接两个选股条件,个股只需满足任意一个条件即可被选出来。

条件1：中间变量DNUM1的数值大于0，同时小于参数N，也就是筛选出最近5天内有回购的个股。

条件2：中间变量DNUM2的数值大于0，同时小于参数N，也就是筛选出最近5天内有股权激励预案的个股。

如图18-5所示，在"条件选股"窗口中选择条件选股公式"A012-最近有回购或股权激励预案"，"计算参数"默认为5，单击"加入条件"按钮。单击"执行选股"按钮，等待选股结束。可以看到本次选股从5083只个股中，筛选出了11只符合条件的个股，选中率为0.2%。

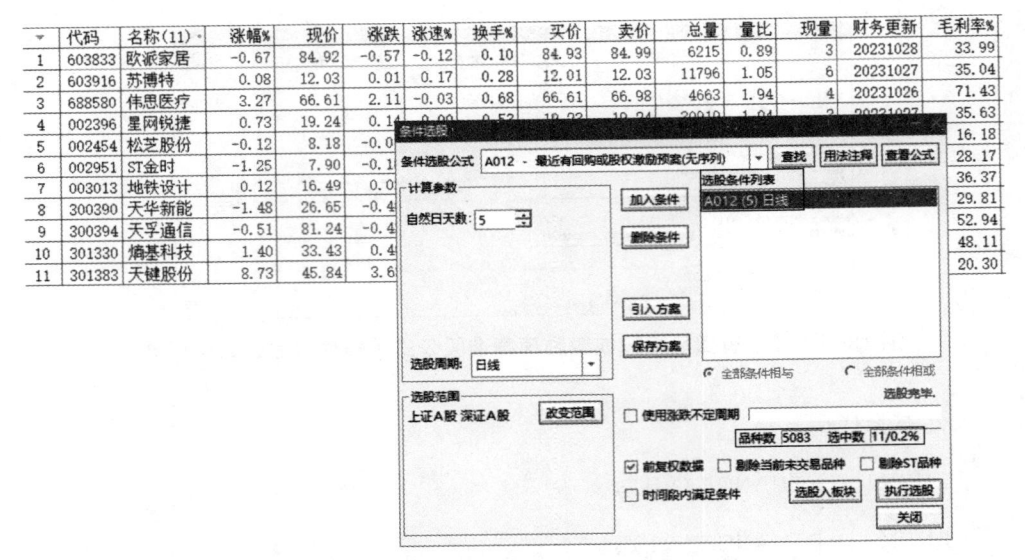

图18-5 最近有回购或股权激励预案选股

18.2 即时盘中选股

通达信软件提供的即时选股主要是使用了即时行情函数DYNAINFO(N)，以及部分K线元素公式等。结合动态翻译，大多数即时盘中选股公式的含义都很容易理解。

【例1】选股公式"B005盘中活跃低价股"解析。

打开系统选股公式"B005 盘中活跃低价股"的公式编辑器，如图 18-6 所示，此公式有 4 个参数：价格、最低涨幅、量比、内外比。

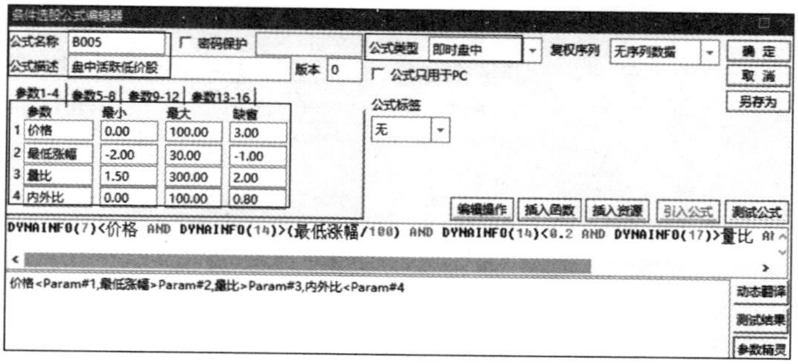

图 18-6　盘中活跃低价股选股公式（条件选股公式编辑器）

公式源代码只有一行，但略长，以操作符 AND 分隔。

DYNAINFO(7)<价格 AND DYNAINFO(14)>(最低涨幅/100) AND DYNAINFO(14)<0.2 AND DYNAINFO(17)>量比 AND (SELLVOL/BUYVOL)<内外比；

以 4 个参数的缺省值（3，-1，2，0.8）为例，该公式要求选出同时满足以下 5 个条件的股票。

条件 1：盘中的股价小于参数"价格"的缺省值 3 元。

条件 2：盘中的最低涨幅大于 -1%。此条件对应了参数"最低涨幅"。

条件 3：盘中的最低涨幅小于 20%。此条件无须设置参数。

条件 4：盘中的量比大于 2%。此条件对应了参数"量比"。

条件 5：盘中的内外盘比例小于 0.8。此条件对应了参数"内外比"。

分析此公式需结合参数设置表、公式源代码以及参数精灵，注意参数显示、设置与公式源代码的关系。

如图 18-7 所示，在"条件选股"窗口中选择条件选股公式"B005-盘中活跃低价股"，"计算参数"默认（3，-1，2，0.8），单击"加入条件"按钮。单击"执行选股"按钮，等待选股结束。可以看到本次选股从 5083 只个股中，筛选出了 10 只符合条件的股票，选中率为 0.2%。

图 18-7　盘中活跃低价股选股

【例 2】选股公式"B006 盘中分时出现金叉"解析。

打开系统选股公式"B006 盘中分时出现金叉"的公式编辑器，如图 18-8 所示。

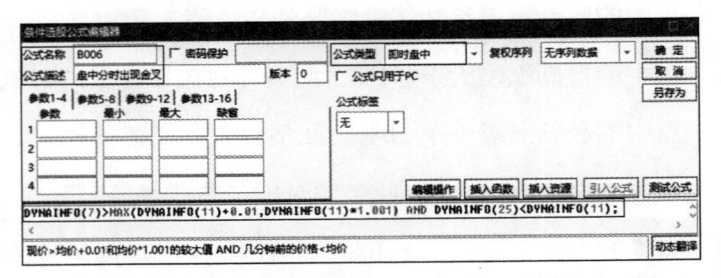

图 18-8　盘中分时出现金叉选股公式（条件选股公式编辑器）

公式源代码只有一行，但略长，以操作符 AND 分隔如下。

DYNAINFO(7)>MAX(DYNAINFO(11)+0.01,DYNAINFO(11)*1.001) AND DYNAINFO(25)<DYNAINFO(11);

该公式要求选出同时满足以下 2 个条件的股票。

条件1：盘中的股价比均价大一点。这里的"大一点"使用了数学函数类型下的 MAX 函数，取比均价大1分钱的价格与比均价高 0.1% 的价格之间的最高价。

语句中主要考虑到了某些低价股，由于价格太低（例如1元），股价的 0.1% 是 0.1 分，但是交易的最小单位是 1 分。如果使用比均价高 0.1% 的相对价格，四舍五入之后价格很可能等于均价，体现不出价格线的金叉形态。这时，选用比均价高1分钱的绝对价格更稳妥。

条件2：盘中几分钟前的价格小于均价。周期由涨速周期决定，一般为 5 分钟。

如图 18-9 所示，在"条件选股"窗口中，选择条件选股公式"B006-盘中分时出现金叉（无序列）"，无须设置参数，单击"加入条件"按钮。单击"执行选股"按钮，等待选股结束。可以看到本次选股从 5083 只个股中，筛选出了 98 只符合条件的股票，选中率为 1.9%。

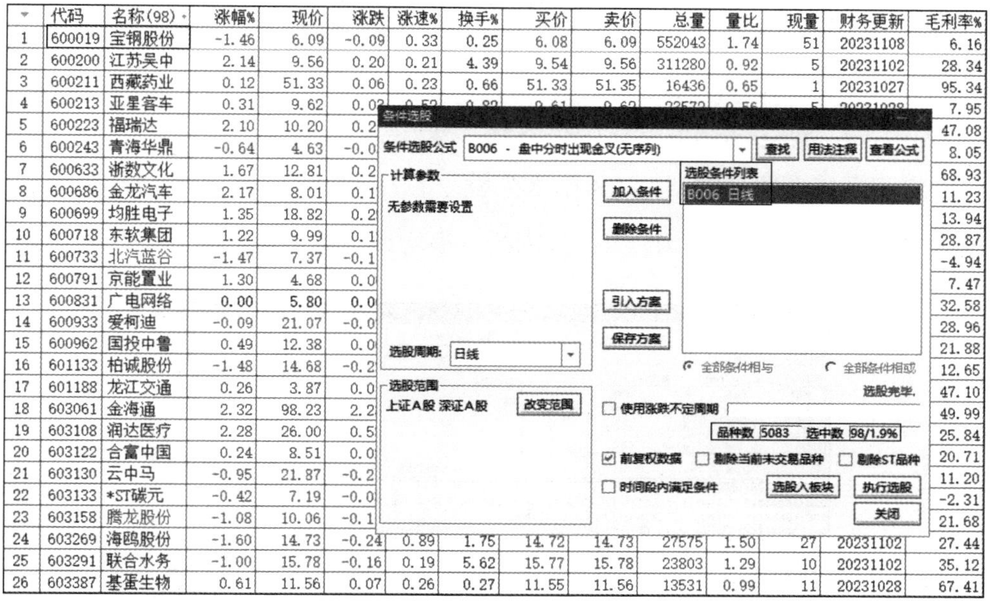

图 18-9　盘中分时出现金叉选股

双击图 18-9 所示的股票列表中的任意个股，例如宝钢股份（600019），如图 18-10 所示。切换到分时图，可以看到盘中在几分钟之前出现了金叉，即 1 分钟收盘价线上穿了均线。

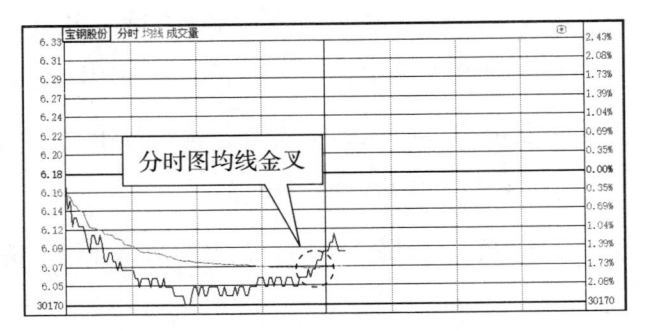

图 18-10　分时图中的金叉（600019 宝钢股份）

18.3　形态选股

通达信软件提供的形态特征选股主要是利用指标线、K 线元素公式构造出某些价格形态。研究这些公式的战法时，最好选用历史日期，结合公式中提到的相关指标公式一起进行分析。

【例 1】选股公式"CSFR 出水芙蓉"解析。

打开系统选股公式"CSFR 出水芙蓉"的公式编辑器，如图 18-11 所示。此公式有 3 个参数：S、M、N，分别给三根均线设置计算周期。

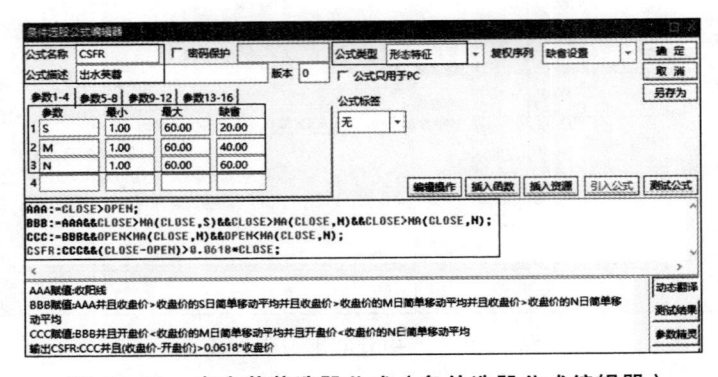

图 18-11　出水芙蓉选股公式（条件选股公式编辑器）

公式源代码共有 4 行。前三行是赋值语句，分别设置中间变量 AAA、BBB、CCC。

条件 AAA 设置逻辑判断收盘价大于开盘价，即阳线（参见表 15-2）。

条件 BBB 设置在满足条件 AAA 的基础上，还要满足收盘价同时大于三根均线。

条件 CCC 设置在满足条件 BBB 的基础上，还要满足开盘价同时小于三根均线。

第四行语句输出选股逻辑，要求选出的个股同时满足条件 CCC 和实体部分超过收盘价的 6.18%，可将其视为一根大阳线。

如图 18-12 所示，在"条件选股"窗口中，选择条件选股公式"CSFR-出水芙蓉"，计算参数默认（20,40,60），单击"加入条件"按钮，然后勾选"时间段内满足条件"，分别在开始日期和结束日期填入 2023-09-11。单击"执行选股"按钮，等待选股结束。可以看到本次选股从 5083 只个股中，筛选出了 16 只符合条件的股票，选中率为 0.3%。

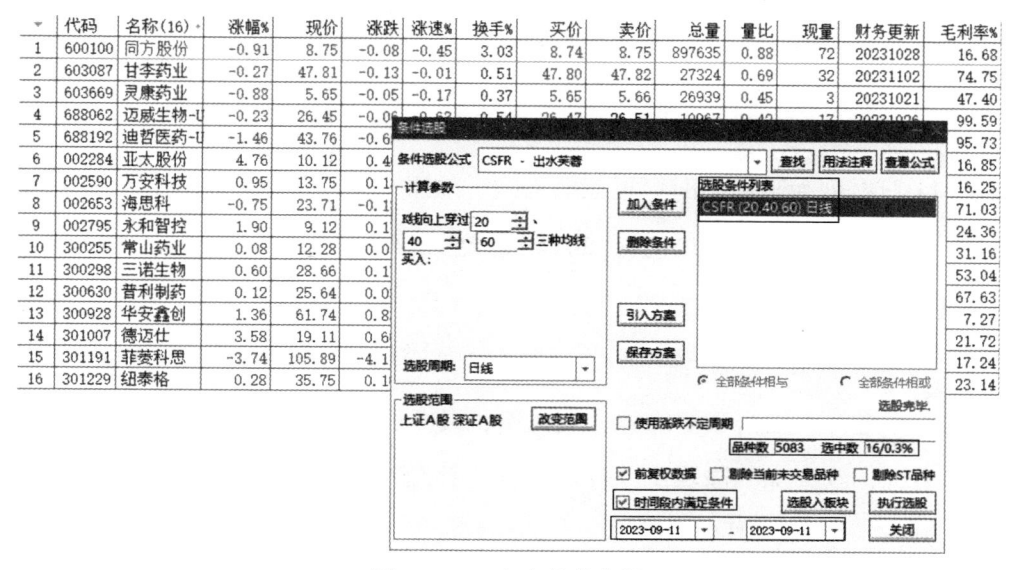

图 18-12　出水芙蓉选股

双击图18-12所示的股票列表中的任意个股，例如同方股份（600100），如图18-13所示。选中主图，按快捷键Ctrl+K，设置五彩K线指示公式为"CSFR出水芙蓉"。随后，主图指标公式选用均线多头排列自编公式（见图16-2），将参数设置为（0,20,40,60）。

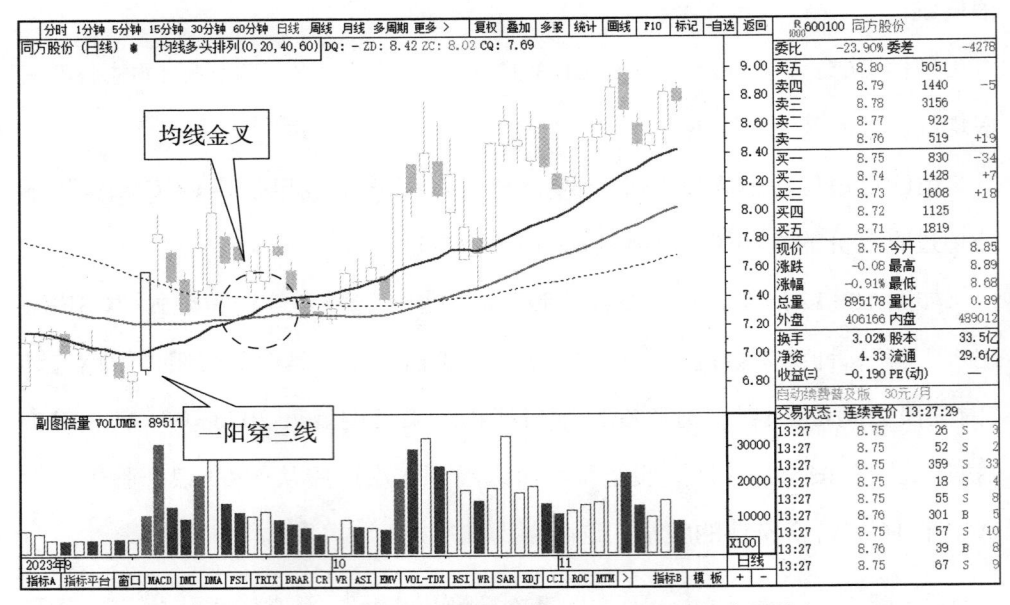

图18-13 出水芙蓉选股结果分析（600100同方股份）

由于指标公式的参数与选股公式的参数保持一致，所以可以在2023年9月11日看到大阳线同时穿过三根均线的效果。该股在出现出水芙蓉特征K线之后，开启了一段上升趋势。20均线先上穿40均线，然后上穿了60均线。

【例2】了解选股公式"老鸭头"。

"老鸭头"是很多股民都听说过的一个技术形态。系统公式"OLDDUCK老鸭头"是一个结合了双均线、成交量、最低价和最近5天K线走势的经典选股公式。感兴趣的读者可以仔细研究公式源代码，这里主要来分析它的选股结果。

如图18-14所示，在"条件选股"窗口中选择条件选股公式"OLDDUCK-

老鸭头",无须设置参数,单击"加入条件"按钮,然后勾选"时间段内满足条件",分别在开始日期和结束日期填入 2023-09-11。单击"执行选股"按钮,等待选股结束。可以看到本次选股从 5083 只个股中,筛选出了 16 只符合条件的股票,选中率为 0.3%。

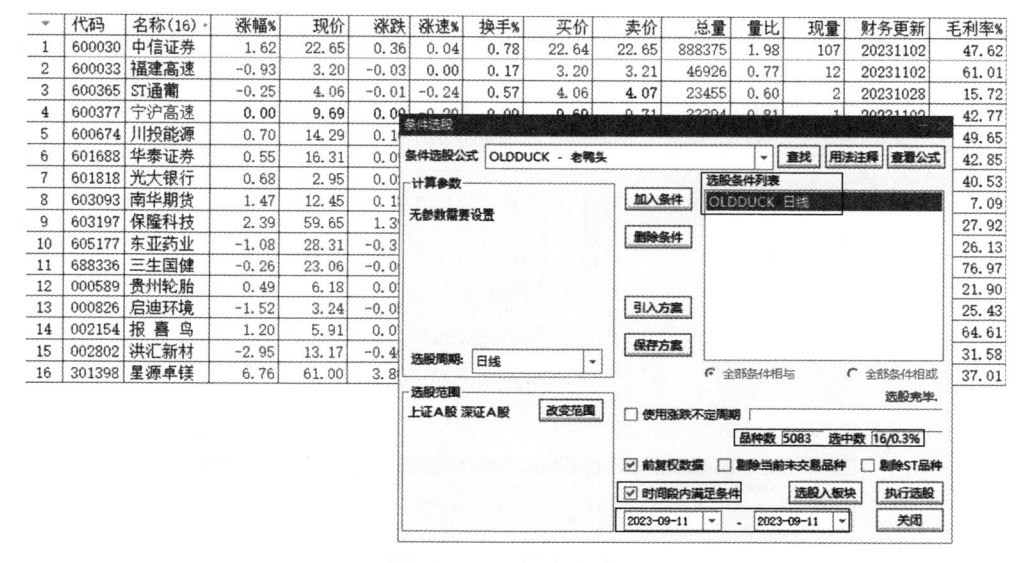

图 18-14 老鸭头选股

双击图 18-14 所示的股票列表中的任意个股,例如 ST 通葡(600365),如图 18-15 所示。主图使用自编公式"老鸭头指标线",重点是显示构造老鸭头形态的两根指标线 EMA13 和 EMA55,以及对选股日这一天进行图标标记。

观察图 18-15,虚线框出来的选股日前的一个多月时间,两根均线形成的图形大致类似鸭子头形状,此公式名字大概来源于此。

自编公式"老鸭头指标线"的公式源代码如图 18-16 所示。注意这里用的是 EMA 均线。老鸭头的判断逻辑 YT 复制的是系统选股公式,后面的画线语句读者应该能看明白。

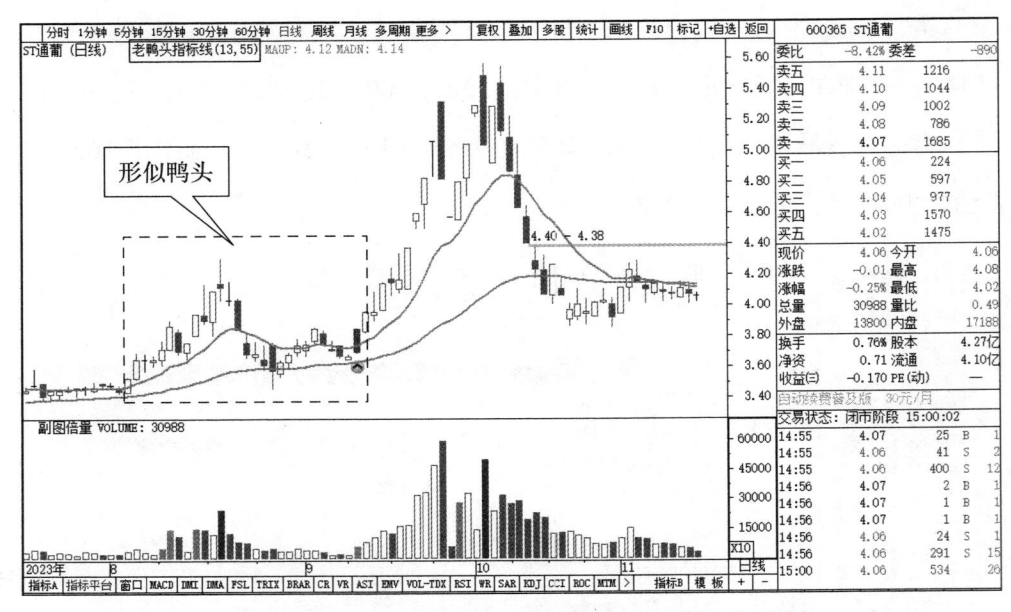

图 18-15 老鸭头选股结果分析（600365 ST 通葡）

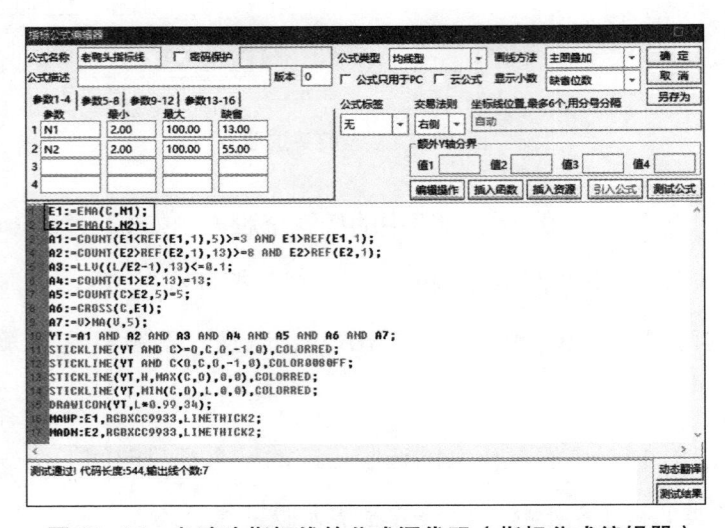

图 18-16 老鸭头指标线的公式源代码（指标公式编辑器）

最后强调一下，将交易规则量化后，通过选股公式筛选股票，个股后续的走势涨不涨是一个概率事件。可以再结合更大的时间周期行情，或者个股基本面情况综合分析。

一定不可以把选股公式当成万能的，不能选中后就一定要买，或者选中后立刻就买。使用条件选股公式，既可以筛选当下可能有交易机会的股票，也可以通过历史选股日期，来验证选股逻辑适合什么样的市场环境。这是一个复杂的系统工程，投资者要有耐心。

第 19 章　打造龙腾虎跃交易系统公式包

本书开篇给出了龙腾虎跃交易系统的画线效果、主图指标公式和选股公式。本书将从该交易系统的技术原理出发，详细讲解如何编写这套公式包，以及在实战时如何灵活运用。

19.1　交易系统的原理

龙腾虎跃交易系统是一个应用于做多交易策略的公式包，它基于价格运动的趋势变化与变轨加速的原理来编写，同时利用移动平均线技术辅助研判。

如图 19-1 所示，当市场经过一段拉升创出新高 A_0 后，开始回调，短期做横盘整理或者回调。此时，在回调区间的底部附近，如果出现一根小阳线同时上穿 5 均线和 20 均线，可以主观认为回调可能结束，后续有机会继续最初的上涨趋势。

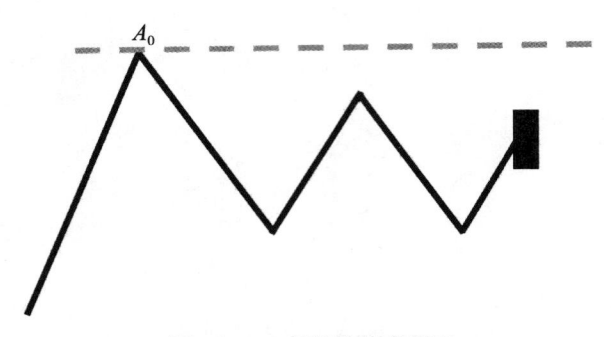

图 19-1　虎跃柱技术原理

如图 19-2 所示，当市场经过一段拉升创出新高 A_0 后，开始回调，短期做横盘整理或者回撤。此时，在回调区间的中上部，如果出现一根大阳线强势上穿 5 均线，可以主观认为市场恢复了上涨趋势，还有可能加速上涨。由于龙腾柱是大阳线，收盘价通常会高过 A_0。

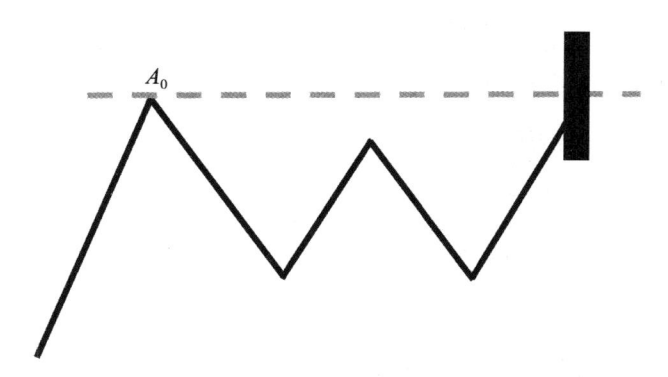

图 19-2　龙腾柱技术原理

19.2　制作 K 线分析图表

下面分步骤来编写指标公式。

步骤 1：编写指标公式"龙腾虎跃柱"，如图 19-3 所示。技术原理利用了 5 均线和 20 均线，可以利用画带状线的方式在主图指示这两根均线构造的多空趋势。

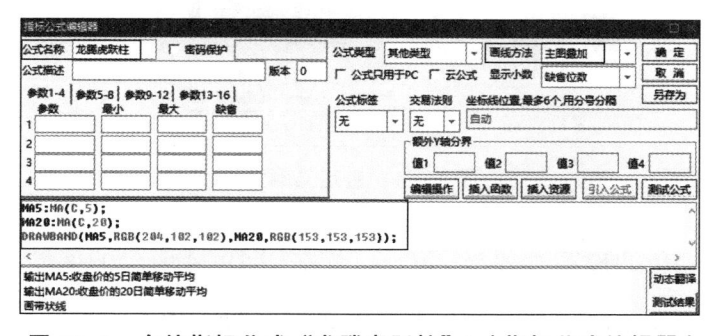

图 19-3　自编指标公式"龙腾虎跃柱"1（指标公式编辑器）

公式源代码使用了画带状线函数 DRAWBAND，它有 4 个参数，分别是：

参数 1：MA5

参数 2：RGB(204,102,102)

参数 3：MA20

参数 4：RGB(153,153,153)

第一个和第三个参数分别对应了 5 均线和 20 均线的名称，第二个和第四个参数都是设定颜色带的颜色函数。

当 5 均线比 20 均线数值更高时，在两根指标线之间填充第二个参数的颜色。当 20 均线比 5 均线数值更高时，在两根指标线之间填充第四个参数的颜色。

注意：这里的颜色函数不是常用的 COLOR 函数，而是使用的 RGB(Red,Green,Blue) 函数。它的三个参数分别对应自定义的红色、绿色、蓝色数值。这个数值可以在图 10-7 所示的调色板中，单击"规定自定义颜色"按钮，在如图 19-4 所示的弹出框中的区域 C 右侧找到。

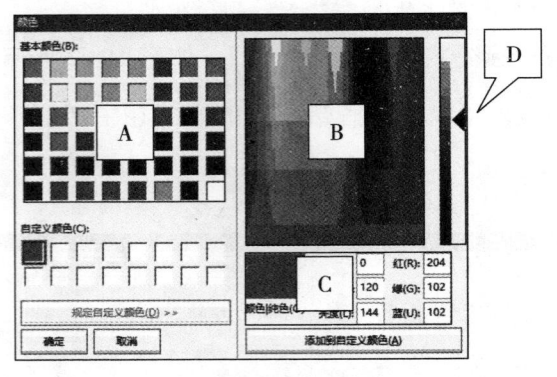

图 19-4　自定义颜色

自定义颜色的设置过程是：第一，先在图 19-4 所示的区域 A 或者区域 B 中单击任何颜色，此时区域 C 的左侧会自动显示选中的颜色；第二，上下移动区域 D 中的三角形按钮，调整颜色的亮度；第三，找到合适的颜色后，记录区域 C 右侧的红、绿、蓝输入框中的数值。

步骤 2：公式测试无误后，在主图中可以看到如图 19-5 所示的绘图效果。

当 5 均线大于 20 均线时，两根均线之间使用红色块。当 5 均线小于 20 均线时，两根均线之间使用灰色块。由于"画线方法"选用了"主图叠加"，此时带状线的色块遮挡了 K 线。

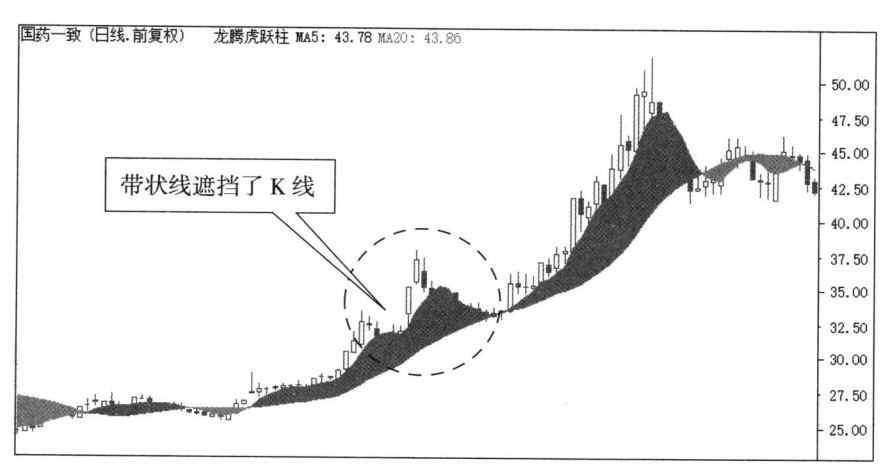

图 19-5　制作分析指标 1（000028 国药一致）

有两种方法解决图 19-5 中的带状线遮挡问题：第一种，在图 19-3 所示的公式编辑器中，将"画线方法"改为"主图叠加（后置）"；第二种，在图 19-3 所示的公式源代码第三行后面，增加手动画 K 线的语句：

```
DRAWKLINE(H,O,L,C);
```

步骤 3：编写虎跃柱的逻辑判断公式。先对虎跃柱做如下量化规则（注意本章给出的不是标准答案，重点在介绍编写实战公式的思路和步骤。读者在自己做试验的时候，应反复修改比例数值，并观察修改后的结果）。

规则 1：小阳线，今天的收盘价超过昨日收盘价的 2.5%。

规则 2：今天的开盘价同时在 5 均线下方和 20 均线下方。

规则 3：今天的收盘价同时在 5 均线上方和 20 均线上方。

虎跃柱的设计规则参考了图 18-11 所示的出水芙蓉的原理。因此，编写公式源代码也可以参考出水芙蓉的公式源代码。

将上面三条量化规则分别写作如下语句：

语句 1：(C-REF(C,1))/REF(C,1)>0.025

语句 2：MA5>O AND MA20>O

语句 3：MA5<C AND MA20<C

最后使用操作符 AND 将以上三条语句连接起来，并将数据名称定义为 HYZ，得到下面的虎跃柱逻辑判断公式。

HYZ:=(C-REF(C,1))/REF(C,1)>0.025 ANDMA5>O AND MA20>O ANDMA5<C AND MA20<C;

如图 19-6 所示，在指标公式"龙腾虎跃柱"的公式编写区，复制上述逻辑判断公式，并添加函数 DRAWICION 画 9 号钱包的小图标，在符合虎跃柱条件的 K 线下方放置小图标。

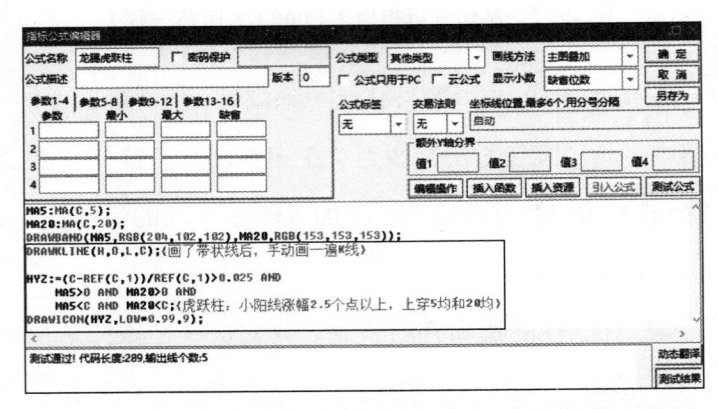

图 19-6　自编指标公式"龙腾虎跃柱"2（指标公式编辑器）

步骤 4：查看虎跃柱的标记位置。保存公式后，在主图调用指标公式"龙腾虎跃柱"，显示效果如图 19-7 所示。这里采用了步骤 2 里第二种修改方式，增加手动画 K 线的语句，图 19-7 中的带状线不再遮挡 K 线。

图 19-7 中共有三个虎跃柱的标记 K 线，分别记为①②③，以第②号虎跃柱为例（个股 000028 国药一致，2023 年 2 月 14 日，周二）。结合图 19-1 的虎跃柱原理图分析，该股在前一个交易日的收盘价为 25.88 元，当日

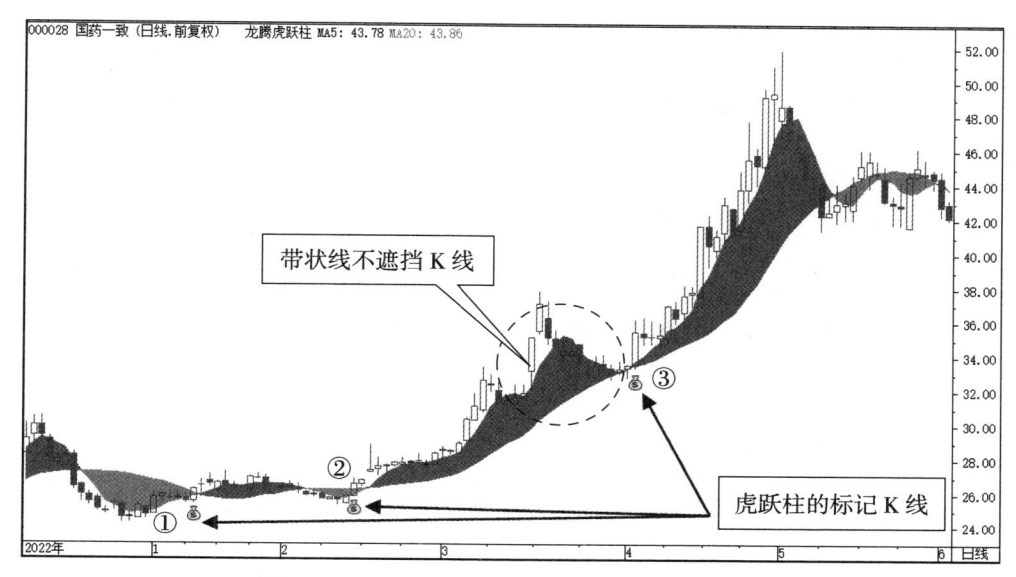

第 19 章 打造龙腾虎跃交易系统公式包 | 257

图 19-7 制作分析指标 2（000028 国药一致）

的开盘价为 25.88 元，收盘价为 26.58 元，涨幅 2.70%，符合小阳线标准，如图 19-8 所示。

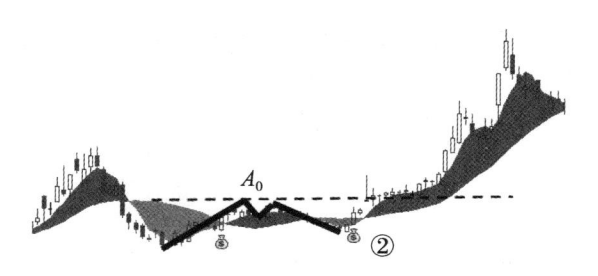

图 19-8 结合原理分析虎跃柱

当日的 5 均线价格为 25.90 元，20 均线价格为 26.27 元。开盘价 25.88 元小于 5 均线和 20 均线价格，收盘价 26.58 元大于 5 均线和 20 均线价格，符合虎跃柱的规则 2 和规则 3。说明虎跃柱的逻辑判断公式编写无误。

步骤 5：编写龙腾柱的逻辑判断公式。先对龙腾线做如下量化规则。

规则 1：大阳线，今天的收盘价超过昨日的收盘价 7%。

规则 2：今天的开盘价在 5 均线下方，同时开盘价在 20 均线上方。

规则 3：今天的收盘价在 5 均线和 20 均线上方。

在虎跃柱的公式基础上，稍作修改即可完成上面三条量化标准，分别编写如下语句。

语句 1：(C-REF(C,1))/REF(C,1)>0.07

语句 2：MA5>O AND MA20<O

语句 3：MA5<C AND MA20<C

最后使用操作符 AND 将以上三条语句连接起来，并将数据名称定义为 LTZ，得到下面的龙腾柱逻辑判断公式。

LTZ:=(C-REF(C,1))/REF(C,1)>0.07 ANDMA5>O AND MA20<O ANDMA5<C AND MA20<C;

如图 19-9 所示，在指标公式"龙腾虎跃柱"的公式编写区复制上述逻辑判断公式，并添加函数 DRAWICION 画 11 号小手图标，在符合龙腾柱条件的 K 线下方放置小图标。

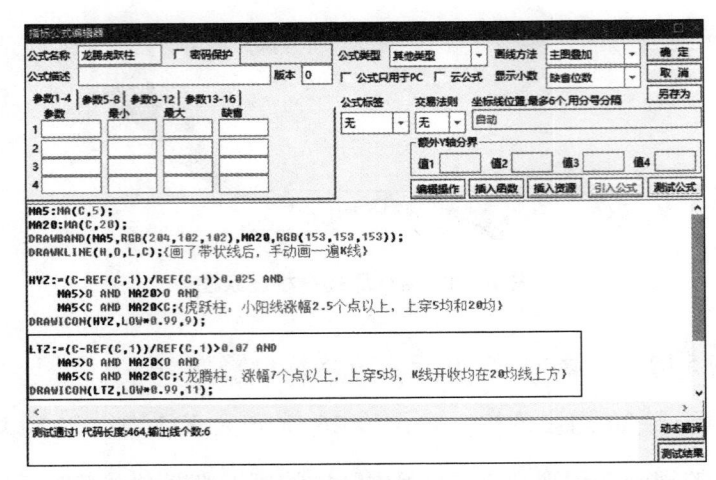

图 19-9　自编指标公式"龙腾虎跃柱"3（指标公式编辑器）

步骤 6：查看龙腾柱的标记位置。保存公式后，在主图调用指标公式"龙腾虎跃柱"，显示效果如图 19-10 所示。

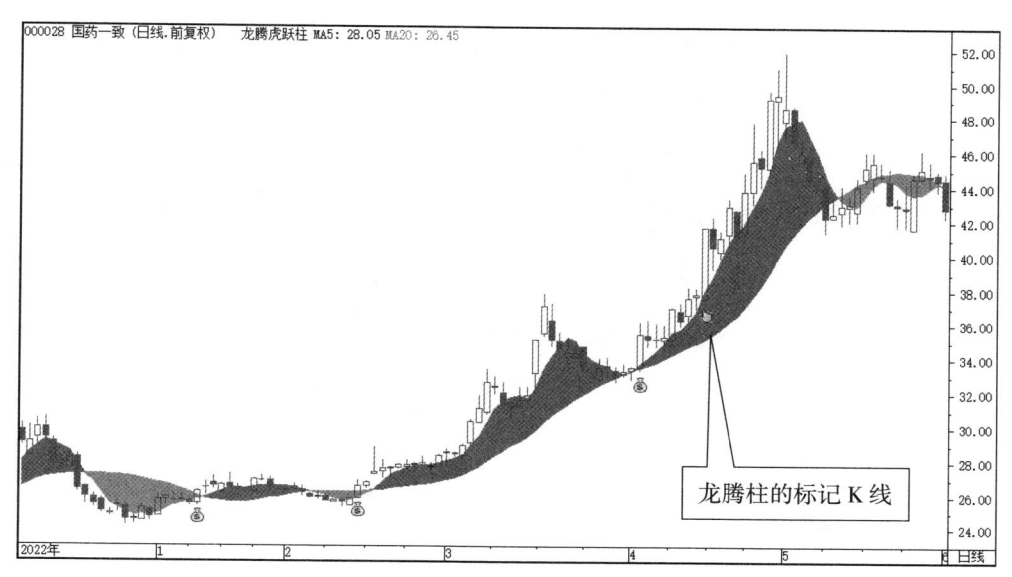

图 19-10 制作分析指标 2（000028 国药一致）

图 19-10 中共有一个龙腾柱标记 K 线（个股 000028 国药一致，2023 年 4 月 17 日，周一）。结合图 19-2 的龙腾柱原理图分析，该股在前一个交易日的收盘价为 37.82 元，当日的开盘价为 37.53 元，收盘价为 41.67 元，涨幅 10.18%，符合大阳线的标准，如图 19-11 所示。

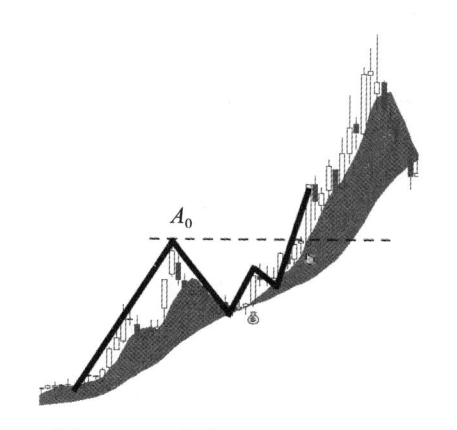

图 19-11 结合原理分析龙腾柱

当日的 5 均线价格为 38.05 元，20 均线价格为 35.14 元。开盘价 37.53 元小于 5 均线价格，大于 20 均线价格。收盘价 41.67 元大于 5 均线和 20 均线价格，符合龙腾柱的规则2和规则3。说明龙腾柱的逻辑判断公式编写无误。

步骤7：加重虎跃柱和龙腾柱的K线颜色。在指标公式"龙腾虎跃柱"的公式编写区，编写画K线的语句。

在第10行的位置，复制虎跃柱的特征K线画线语句，如图19-12所示。

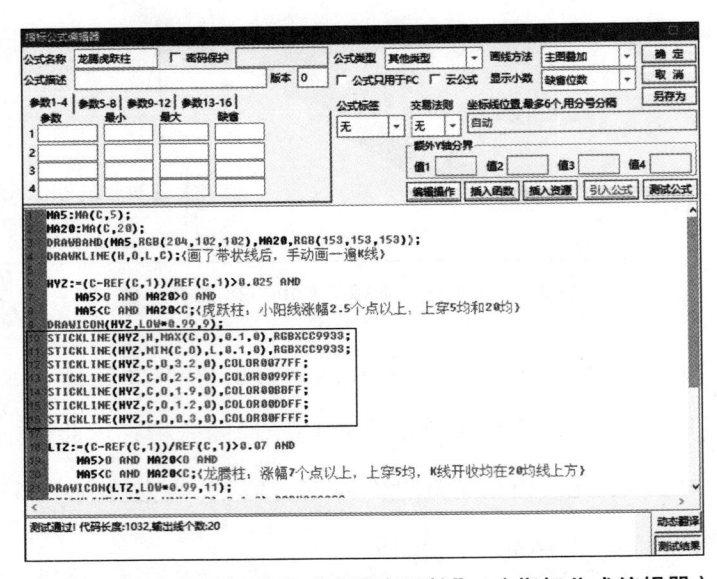

图19-12 自编指标公式"龙腾虎跃柱"4（指标公式编辑器）

虎跃柱的特征K线画线语句共有7行，前两行是画上影线和下影线，后5行是为K线实体涂色。

STICKLINE(HYZ,H,MAX(C,O),0.1,0),RGBXCC9933;

STICKLINE(HYZ,MIN(C,O),L,0.1,0),RGBXCC9933;

STICKLINE(HYZ,C,O,3.2,0),COLOR0077FF;

STICKLINE(HYZ,C,O,2.5,0),COLOR0099FF;

STICKLINE(HYZ,C,O,1.9,0),COLOR00BBFF;

STICKLINE(HYZ,C,O,1.2,0),COLOR00DDFF;

STICKLINE(HYZ,C,O,0.3,0),COLOR00FFFF;

第 19 章 打造龙腾虎跃交易系统公式包 | 261

在第 22 行的位置，复制如下龙腾柱的特征 K 线画线语句。这 7 行语句是在复制虎跃柱语句的基础上，将函数 STICKLINE 的第一个参数由画线条件 HYZ 改为 LTZ。

```
STICKLINE(LTZ,H,MAX(C,O),0.1,0),RGBXCC9933;
STICKLINE(LTZ,MIN(C,O),L,0.1,0),RGBXCC9933;
STICKLINE(LTZ,C,O,3.2,0),COLOR0077FF;
STICKLINE(LTZ,C,O,2.5,0),COLOR0099FF;
STICKLINE(LTZ,C,O,1.9,0),COLOR00BBFF;
STICKLINE(LTZ,C,O,1.2,0),COLOR00DDFF;
STICKLINE(LTZ,C,O,0.3,0),COLOR00FFFF;
```

步骤 8：检查最终的画线效果。保存公式后，在主图调用指标公式"龙腾虎跃柱"，最终显示效果如图 19-13 所示。

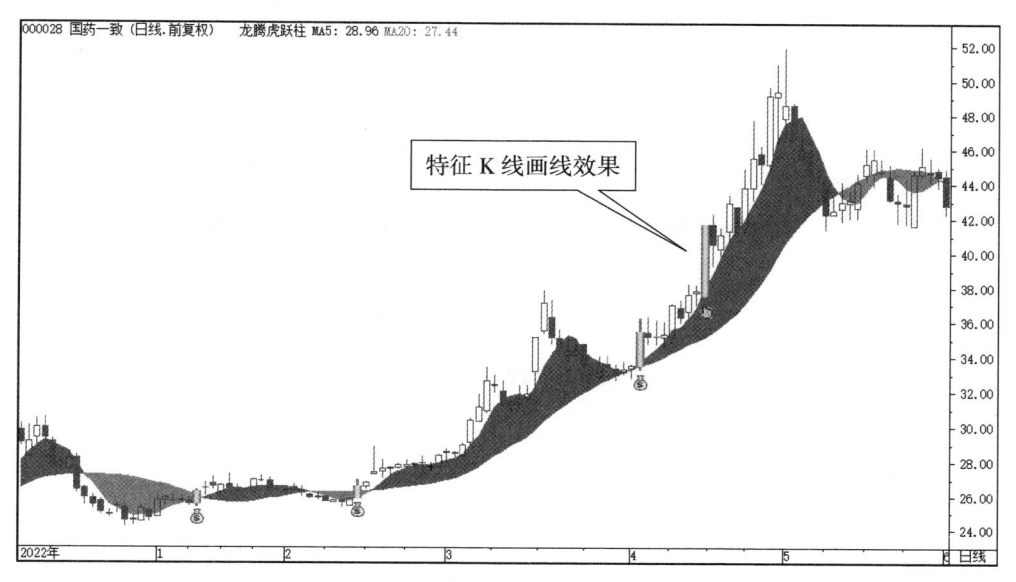

图 19-13　完成 K 线分析图表（000028 国药一致）

19.3 编写配套的选股公式

完成指标公式后，下面来编写"龙腾虎跃柱"的选股公式。

步骤1：在新建公式的条件选股公式编辑器中，单击"引入公式"按钮，如图19-14所示，单击"是"按钮。

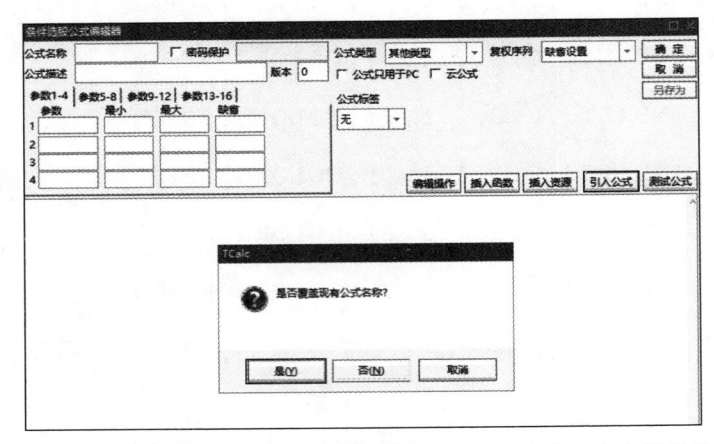

图 19-14 自编选股公式"龙腾虎跃柱"1（条件选股公式编辑器）

步骤2：在如图19-15所示的弹出框中，鼠标左键按住指标公式选择框右侧的滑块，拖动至最下方，找到最新编写的指标公式"龙腾虎跃柱"。

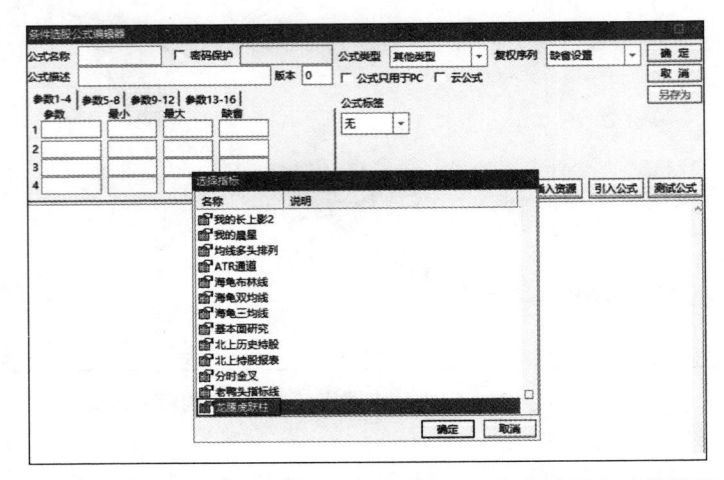

图 19-15 自编选股公式"龙腾虎跃柱"2（条件选股公式编辑器）

步骤 3：选中后单击"确定"按钮，如图 19-16 所示。"龙腾虎跃柱"的指标公式源代码自动填入了公式编写区。

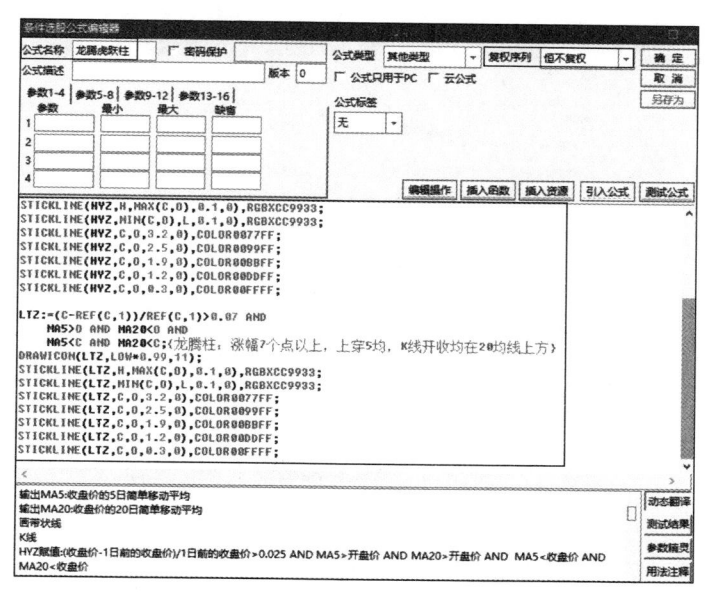

图 19-16　自编选股公式"龙腾虎跃柱"3（条件选股公式编辑器）

步骤 4：修改公式源代码为选股公式，如图 19-17 所示。将第一行和第二行语句的输出符由"："改为":="。分别删除所有的画线语句 DRAWBAND、DRAWKLINE、DRAWICON、STICKLINE。补充选股条件语句"HYZ OR LTZ;"，要求选出指定时间点上符合虎跃柱或者龙腾柱的个股。

步骤 5：选股公式编写完成，测试无误后保存公式。任选一个历史交易日，执行选股公式。如图 19-18 所示，在"条件选股"窗口中选择条件选股公式"龙腾虎跃柱"，无计算参数，单击"加入条件"按钮，然后勾选"时间段内满足条件"，分别在开始日期和结束日期填入 2023-11-08。单击"执行选股"按钮，等待选股结束。可以看到本次选股从 5084 只个股中，筛选出了 53 只符合条件的股票，选中率为 1.0%。

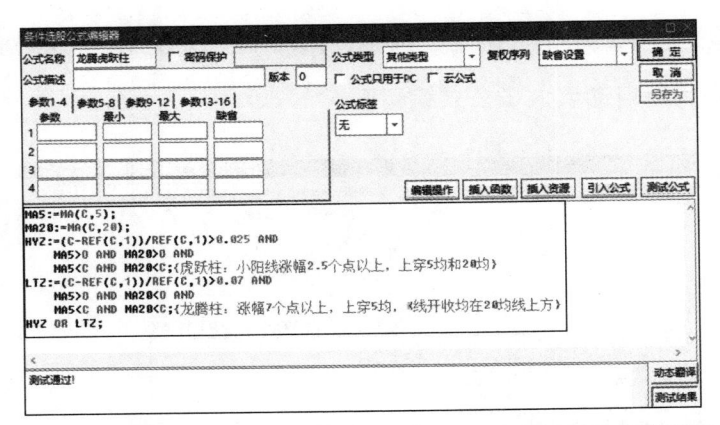

图 19-17　自编选股公式"龙腾虎跃柱"4（条件选股公式编辑器）

图 19-18　龙腾虎跃柱选股测试

19.4　选股结果分析

使用"区间涨跌幅度"功能来查看选股结果。

步骤1：按快捷键".403"，在通达信软件界面的右下角位置弹出键盘精灵，自动选中".403 区间涨跌幅度 功能键"选项，如图19-19所示。

步骤 2：按 Enter 键后，取消此时系统弹出的自动计算窗口。在列表页面左下角选择"分类"—"临时条件股"选项，如图 19-20 所示。

图 19-19　键盘精灵

图 19-20　临时条件股

步骤 3：此时以"区间分析—涨跌幅度"功能展示的选股结果列表，如图 19-21 所示。

	代码	名称	涨跌幅度	前收盘	最高	最低	收盘	振荡幅度	最大上涨%	最大回撤%	成交量
1	002584	西陇科学	4.76 79.20%	6.01	10.77	5.95	10.77	4.82 81.01%	81.01	-10.94	1045万
2	300554	三超新材	14.91 72.91%	20.45	39.50	20.04	35.36	19.46 97.11%	97.11	-13.13	197.5万
3	603991	至正股份	17.59 48.52%	36.25	58.81	36.19	53.84	22.62 62.50%	62.50	-10.00	504102
4	301297	富乐德	8.17 30.56%	26.73	38.50	26.50	34.90	12.00 45.28%	45.28	-14.91	242.2万
5	300765	新诺威	5.72 19.16%	29.86	35.77	29.00	35.58	6.77 23.34%	23.34	-6.27	104.4万
6	600246	万通发展	0.96 17.17%	5.59	6.83	5.58	6.55	1.25 22.40%	22.40	-5.28	416.3万
7	300277	海联讯	1.35 15.70%	8.60	11.97	8.56	9.95	3.41 39.84%	39.84	-21.22	320.6万
8	600962	国投中鲁	1.65 15.26%	10.81	12.83	10.75	12.46	2.08 19.35%	19.35	-3.98	624941
9	688522	纳睿雷达	6.85 13.97%	49.04	60.38	48.36	55.89	12.02 24.86%	24.86	-7.45	175916
10	300339	润和软件	3.59 13.87%	25.88	30.28	25.71	29.47	4.57 17.78%	17.78	-11.36	928.4万
11	688223	晶科能源	0.85 10.25%	9.17	10.79	9.13	10.02	1.66 18.18%	18.18	-7.88	861.2万
12	300315	掌趣科技	0.44 9.17%	4.80	5.85	4.81	5.24	1.04 21.62%	21.62	-12.31	1943万
13	605258	协和电子	2.60 9.12%	28.52	34.51	28.32	31.12	6.19 21.86%	21.86	-15.04	495053
14	600738	丽尚国潮	0.45 7.85%	5.73	6.30	5.51	6.18	0.79 14.34%	12.16	-12.54	313.1万
15	300429	强力新材	1.08 7.34%	14.72	18.27	14.20	15.80	4.07 28.66%	28.66	-17.24	736.5万
16	600860	京城股份	0.83 7.04%	11.79	12.97	11.61	12.62	1.36 11.71%	10.51	-5.94	930605
17	603215	比依股份	1.03 6.83%	16.54	20.01	16.45	17.67	3.56 21.64%	21.64	-15.04	977223
18	603357	设计总院	0.46 5.23%	8.79	9.87	8.75	9.25	1.12 12.80%	12.80	-7.60	142.7万

图 19-21　区间分析—涨跌幅度选股结果

为了将选股结果与区间分析结果匹配，在图 19-21 的列表中右击，弹出如图 19-22 所示的快捷菜单，单击"选择区间"，弹出如图 19-23 所示的弹出框。设置统计区间的开始日期和结束日期。将开始日期设置为 2023-11-08，与图 19-18 所示的"条件选股"窗口的日期保持一致。结束日期设置为最近的交易日即可。

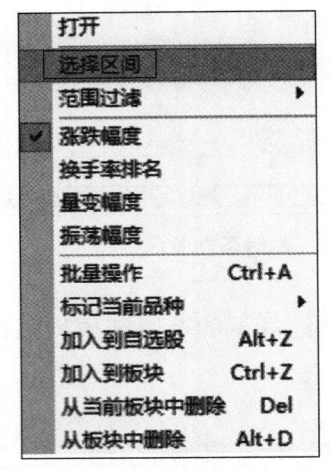

图 19-22　区间分析快捷菜单

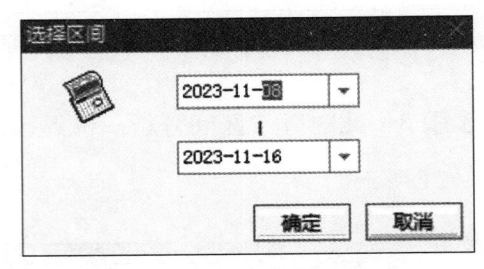

图 19-23　区间分析的日期设置

步骤 4：分析选股结果的表现情况。图 19-21 所示的列表是按照区间涨幅从高到低自动排列的，其中涨幅最高的是西陇科学（002584）。53 只股票仅有 10 只在此期间的涨幅小于 0。

双击个股西陇科学（002584），如图 19-24 所示。该股在前一个交易日的收盘价为 6.01 元，当日的开盘价为 6.00 元，收盘价为 6.61 元，涨幅 9.98%，符合龙腾柱大阳线的标准。选股日放出超级大量（741887 手），约为前一个交易日成交量（165362 手）的 4.5 倍。在选股日之前半个月内曾出现两次虎跃柱，虎跃柱的成交量也是倍量阳柱。当前这段上升趋势符合量价齐升的状态。

双击个股至正股份（603991），如图 19-25 所示。该股在前一个交易日的收盘价为 36.25 元，当日的开盘价为 36.39 元，收盘价为 39.88 元，涨幅 10.01%，符合龙腾柱大阳线的标准。该选股日也放出了超级大量（22433 手），

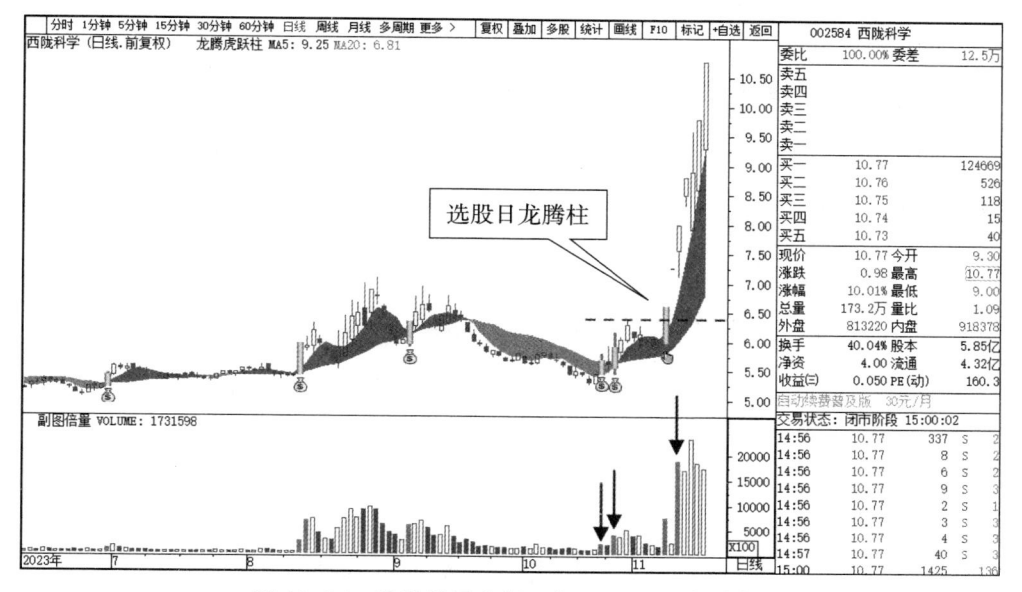

图 19-24 选股结果分析 1（002584 西陇科学）

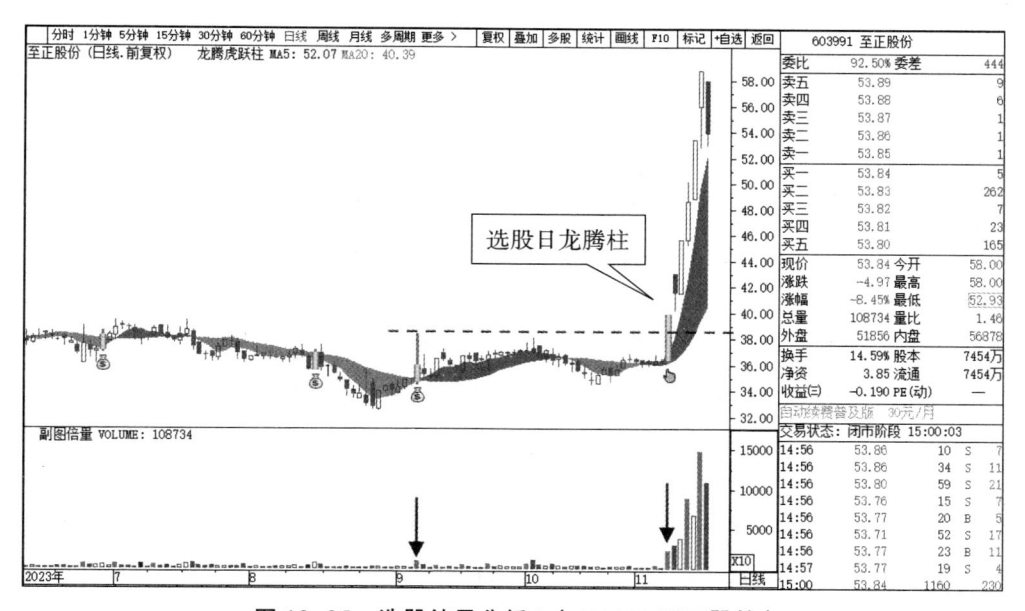

图 19-25 选股结果分析 2（603991 至正股份）

约为前一个交易日成交量（2240 手）的 10 倍。在选股日的两个多月前曾出现了一次虎跃柱，虎跃柱的成交量也是倍量阳柱。从虎跃柱到龙腾柱期间是一个窄幅收敛的状态。

双击个股九号公司-WD（689009），如图19-26所示。该股在前一个交易日的收盘价为32.95元，当日的开盘价为33.08元，收盘价为34.25元，涨幅3.95%，基本符合虎跃柱小阳线的标准。该选股日也放出了大量（77497手），约为前一个交易日成交量（33636手）的2.3倍。

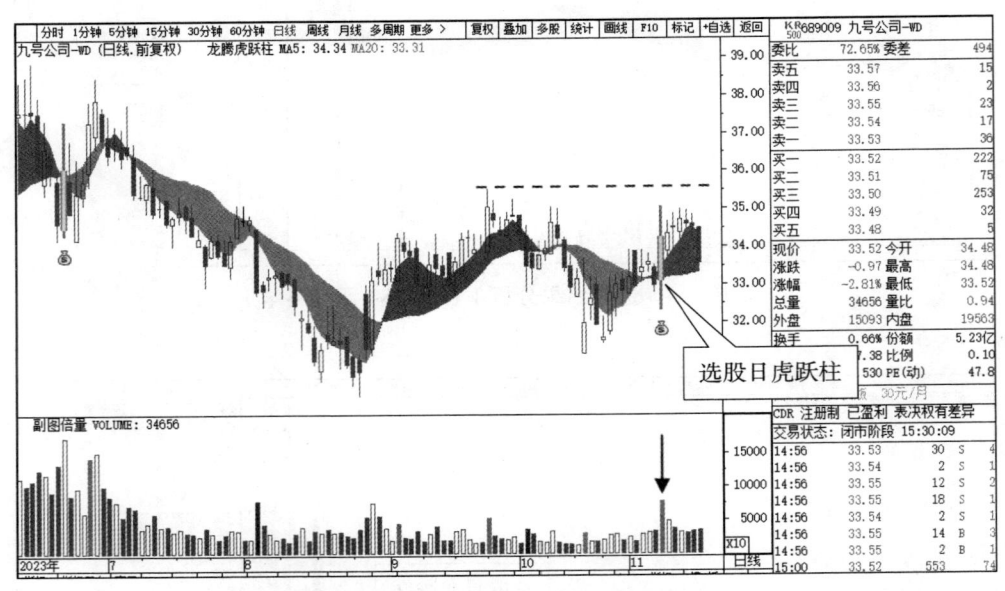

图19-26　选股结果分析3（689009九号公司-WD）

双击个股比依股份（603215），如图19-27所示。该股在前一个交易日的收盘价为16.54元，当日的开盘价为16.45元，收盘价为18.19元，涨幅9.98%。尽管该日有小钱包的图标标记，但并不符合虎跃柱小阳线的标准。另外，该选股日也放出了大量（131992手），约为前一个交易日成交量（26843手）的4.9倍。量能过大，也不符合虎跃柱的特征。

再看该股曾于2023年6月12日（周一）出现过一个虎跃柱。前一个交易日的收盘价为17.04元，当日的开盘价为17.02元，收盘价为17.55元，涨幅2.99%，符合虎跃柱小阳线的标准。该日的成交量（24308手）约为前一个交易日成交量（21508 手）的 1.1 倍，基本消化了前一天市场向下的动能。

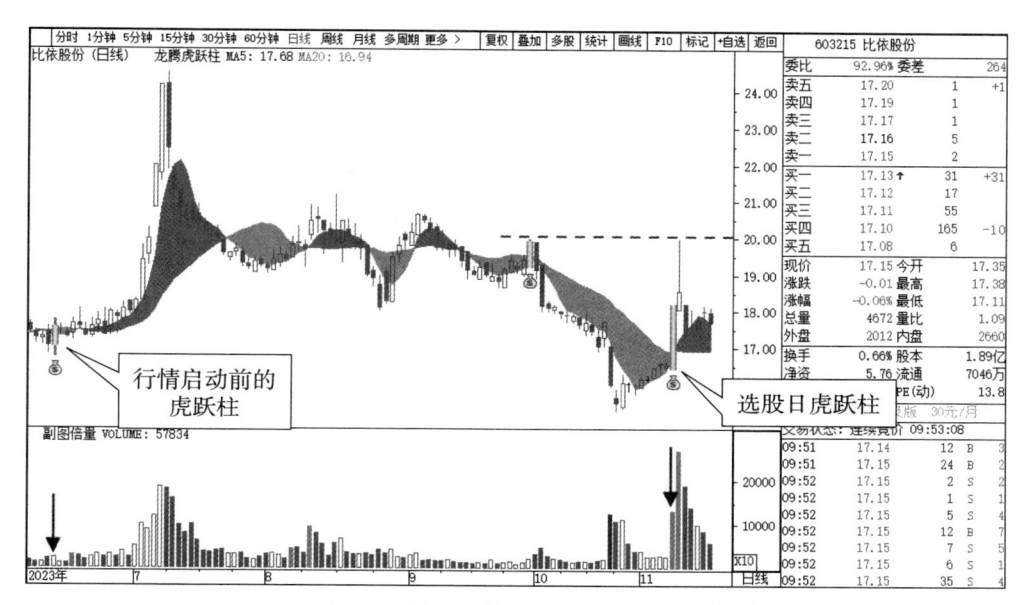

图 19-27　选股结果分析 4（603215 比依股份）

通过分析多个选股结果，可以发现出现了龙腾柱，预示着可能有一大段行情，但当处于顶部的派发位置时，就不适合参与了。而出现了虎跃柱，说明前面的下跌趋势可能止跌，也可能是下跌速度放缓，或许会开启一段上涨趋势。虎跃柱还可以作为龙腾柱的提示信号，它的选股结果既可以作为观察股票，也可以作为交易股票。此外，结合倍量柱线来研判龙腾柱和虎跃柱，可以帮助投资者更有效地感知市场的动能。